# 重い扉の向こうに

歴史和解と戦前回帰の相克

纐纈 厚

緑風出版

目次

# 重い扉の向こうに

## 歴史和解と戦前回帰の相克

## 第六章　戦前回帰志向の果てに



## 付録　纐纈厚の仕事・310

# まえがき

何度も何度も証言すること、過去の過ち、国家の過ちを認め、歴史の暗部を決して隠さないこと、それは人間とその自由と尊厳という理念を守ることにほかなりません。それが、つねにうごめく闇の力と闘うということです。（傍点引用者）

これは、今年（二〇一九年）九月二六日に亡くなった元フランス大統領ジャック・シラク氏の有名な演説の一節です。これを「フランスの沈黙　破った大統領」と題する社説で紹介したのは『朝日新聞』（二〇一九年一〇月一三日付）でした。シラク氏は大統領就任直後の一九九五年七月、第二次世界大戦中のドイツ占領下のフランスにおいてドイツ・ナチスの要請を受け入れ、フランス国内に居住するユダヤ人排撃に手を貸したフランス国家と国民の過去の過ちを謝罪したのです。

過去の過ちを認め、謝罪することの難しさは、個人のレベルはもとより、それが国家のレベルとなるとなおさらです。一時的に個人や国家のプライドが傷ついたとしても、シラク氏の言う通り、個人と国家の「自由と尊厳という理念を守る」ために過ちを認め、謝罪する勇気と智恵を紡ぎ出すのは当然の行為です。

翻って日本の現状を見るならば、その「自由と尊厳を守る」ことに酷《ひど》く後ろ向きであることに気づかざるを得ません。それは何故でしょうか。日本においては自由とか尊厳を守るという価値観が希薄だからでしょうか。それとも、そもそも日本が行ってきた過去に一点の汚れもなき正しい行為だと信じ切っているからでしょうか。

こうした課題に私たちの社会も国家も、改めて厳しく問われているのが現在ではないでしょうか。そのことに日本国内でも数多の人達が真剣に向き合い、議論や運動を重ねてきました。

数多の議論の蓄積のなかで、初めてあるべき未来の方向を語ることが可能となることは言うまでもありません。ところが現在、私たちを取り巻く議論の空間は閉塞感が覆い始めている感じを抱きます。

これまで多くのテーマで論文や評論を書き続け、講演や講義の機会を得て、私自身の考えていることを語り、議論する場を得てきました。ただ、その議論の空間は決して広いものではなく、私自身の語りの能力の限界もあって、届くべきところに届いていないのではないかという気持ちに襲われることも正直あります。

現在、益々私たちの語りの空間は狭められ、私たちの眼前には「重い扉」が私たちの歩むべき方向に大きな障害となっています。勿論、一人二人では開けようのない「重い扉」です。その「重い扉」をどうしたら開けることができるのか。私なりに苦悶している折、ある講演集会で御一緒した語り部の方の物言いに惹かれました。

それは「重い扉」を皆の力で押し倒し、その「重い扉」を「丈夫な橋」として皆でスクラムを組んで前進していこうではないか、と言う趣旨の発言でした。いつも「重い扉」の存在ばかり気になっていた私は、思わずこの言葉を使って、その先にあるものを見つめ直そうと思いました。それが本書のタイトルである「重い扉の向こうに」の意味するところです。重い扉の形状を議論の対象とするだけでなく、その向こうに私たちの未来を如何に描くのかを強く意識した命名です。

そこで私は、この一、二年の間に各地で行った講演のレジュメを、わざわざ講演をテープ起こしをして原稿化して頂いた講演主催者の思いを踏まえ、講演録集を編んでみました。

講演ではなるべく分かりやすく話をする心がけはしていますが、話は時としてあちらこちらに飛び火して焦点ボケすることも多々ありました。それを可能な限り加筆修正を施してはいます。講演録を見直すと、若干の重複もありますが、話の成り行き上、あまり大きな修正は加えていません。その点は御海容《かいよう》願いたいと思います。以下、講演録集の内容を掻《か》い摘んで紹介しておきます。

講演録は三部構成とし、各部に二本ずつの講演録を収録しています。

「**Ⅰ　蘇る戦争の記憶と現実**」は、日中戦争史を概略しながら、戦後日本人の日中戦争観の問題を論じた「第一章　終わらない戦争を辿る」と、戦争責任問題へのアプローチに絡めつつ、変わりゆく天皇制の政治機能を中心に天皇制論を論じた「第二章　戦争責任問題から天皇制を問う」から構成されています。

私は近代日本政治軍事史を主な専門分野としていることもあって、現代日本の社会構造論を論じる場合にも、近代日本の戦争史を根底に据えて論じる事が多いのです。歴史を通して現代と未来を鳥瞰するという手法です。

現在の日本で跋扈《ばっこ》する歴史修正主義・否定主義が繰り返し生産されてくる原因として、具体的には日中戦争の歴史解釈の誤りがあり、そこから侵略戦争や植民地支配にも、極めてご都合主義的な解釈が横行している現実に歴史学者としてどう向き合うべきかを自問しながら論じています。

そこでは敗戦を〝終戦〟とする読み替えに、意識的であれ無意識的であれ、便乗する数多の日本人の歴史認識に異議を唱えています。同時に天皇制の政治的機能が現在においても復活する途上において、今一度天皇制の役割期待が何処に置かれているか事実をもって検証することも不可欠であることを強調しています。

「Ⅱ　未決の植民地問題」は、現在ドラスティックに変容する朝鮮半島情勢のなかで決して忘れてはならない日本の植民地問題を取り上げた「第三章　朝鮮半島問題と植民地支配責任の狭間で」と、問われ続けている従軍慰安婦問題へのアプローチとして国際性と無時効の二つをキーワードとして論じた「第四章　従軍慰安婦問題の何が問われているか」から構成されています。

冒頭に引用したシラク氏の言葉を借りるならば、「過去の過ち、国家の過ちを認め、歴史の暗部を決して隠さないこと」のために、この問題への接近方法についても、今後大いに議論を深めていくべきに思います。

「Ⅲ　遠のく平和国家日本」は、現在、自衛隊加憲論でも議論が活発化している自衛隊の変容ぶりと、顕在化する戦前回帰志向の行き先を安倍政権批判に絡めて論じています。

具体的には、自衛隊という武装組織が国家や国民の安全を担保する組織として機能するのかしないのか、という軍事的問題に限定されず、そもそも民主主義と軍事主義の共存は可能なのかという視角からも論じている「第五章　変容する自衛隊の危うさ」と、その自衛隊の国防軍化を目指す改憲の動きを含め、戦前への回帰志向を強める安倍政権の本質と、現在における日本社会の歪曲化について論じた「第六章　戦前回帰志向の果てに」から構成しています。

以上の講演録を通して、歯止めが掛からなくなっている戦前回帰の流れの起点を探りつつ、これまで何故にその流れを止めることが出来なかったかを検証していきます。そして、その流れを堰き止めて、もう一度あるべき戦後社会を創り上げていくために、歴史和解が不可欠であることを強調していきます。ここで言う歴史和解と戦前回帰は、確かに相克の状態にあります。その現実を先ずは直視するなかで、この相克の状態を解消していく方法を紡ぎだしていく議論の一助となればと思います。

# 第Ⅰ部　蘇る戦争の記憶と現実

# 第一章　終わらない戦争を辿る
## ～日中戦争と歴史認識の不在性～

### はじめに

近代日本の戦争に関心を抱き続けている私は、その近代の戦争から常に現代と未来の戦争の予測をする習慣のようなものを身に着けてしまっています。非常に極論を言えば、確かにアジア太平洋戦争は終結していますが、戦争責任問題が未決であるがゆえに、もうひとつの〝戦争〟は、まだ終わっていない、続いているような感覚でいます。それが本題を「終わらない戦争を辿る」とした理由です。

ここで中心となるお話は、副題が示す通り、日本近代史の主要な課題である戦前期日本の対中国侵略戦争が何故起きたのか、という問題とそれに絡めての日本人の歴史認識に関わる問題を批判的に総括することにあります。

やや欲張り過ぎているかも知れませんし、全てを詳しくお話できないかも知れませんが、以下五点について論じてみようと思います。

第一に、一八七四年の台湾出兵から始まり、一九四五年の敗北で終わる日本の戦争は、最後まで日中戦争を基本軸として展開されたこと、ところが戦後アジア太平洋戦争を「対米戦争」と矮小化し、「対米敗北論」が戦後の「対米従属論」に収斂され、対アジア戦争の総括を怠ったことが戦後日本の対アジア政策を歪《いびつ》なものにしたこと、をあらためて指摘することです。

第二に戦前権力は聖断によって戦後権力にスライドされ、その過程で昭和天皇の戦争責任を棚上げにしたことによって、近代の戦争総体への責任問題をも棚上げにしてしまったこと、を強調することです。いわば聖断の政治性への着目です。

第三に、日本の戦後の原型は、戦前日本の表向き自省を装いながら、民主主義・平和主義・立憲主義的な体裁を整えつつ、連合国を中心とする戦後国際秩序に従属する恰好で高度経済成長による経済大国の地位を確保したことを確認しておきます。このことは従来の研究や議論のなかで盛んに論じられてきたことですが、演題との関係から触れざるを得ません。

第四に、その反動期を迎えている今日、「敗戦国日本」のネガティブなイメージから脱却し、日本ナショナリズムを再興し、日本の独自の立ち位置を模索することで、あらためて自立した国際国家日本への脱却を志向していることを、取り分け安倍首相が繰り返し口にする「戦後政治からの脱却」論をも俎上に挙げながら論じることにあります。

第五に、こうした自立志向が生み出される背景として、対中国脅威論の再生と過剰なナショナリズムが進行していること。そして、中国との共存関係論が何故展望されないのか、について触れておきたいと思います。今日、中国だけではなく、特に韓国との関係が非常に険悪となっていますが、そうした問題が生み出される歴史的な背景についても述べておきたいと思います。

# 1　一つの戦争が次の戦争を用意する

## "日米歴史認識同盟"

日本近代史年表を見ると一目瞭然なのですが、近代日本の最初の対外戦争であった台湾出兵が強行された一八七四年を皮切りに、日清戦争（一八九四〜九五年）、日露戦争（一九〇四〜〇五年）、さらに第一次世界大戦（一九一四〜一八年）、そしてシベリア干渉戦争（一九一八〜一九二五年）、山東出兵（一九二七〜二八年）、満州事変（一九三一年）、日中全面戦争（一九三七〜一九四五年）を経て、日中戦争の延長としての日英米戦争へと続き、最後に敗戦（一九四五年）へと辿り着きます。

非常に単純化して言いますと近代日本の戦争には、二つの大きな特徴があります

**第一**は、殆どの戦争が対中国戦争であったことです。近代日本の生成・発展・展開の総過程で、基本的には中国という存在が課題としてあり続け、交渉・軋轢・妥協の対象でありました。そして、最終的には侵略戦争と敗北として総決算された歴史が近代日本の国家の真相であったのです。

台湾出兵の戦場地は台湾最南端に位置する牡丹社《ムーダン》郷であり、中国本土ではありませんでしたが、台湾の宗主国は清国でありましたから、間接的な意味で台湾出兵は清国（中国）出兵を意味します。日清戦争は言うまでも無く、清国との戦争であり戦場地は朝鮮半島から中国本土でありました。続く日露戦争の戦場地は日本でもロシアでもなく、中国東北部でした。さらに第一次世界大戦では山東半島のドイツ租借地青島《チンタオ》周辺でした。

さらに山東出兵（済南市）、満州事変（瀋陽を中心とする中国東北地域全体）、盧溝橋《ルーコウチアオ》事件（北京市）と続くの

ですが、要するに、一八七四年から始まる近代日本の戦争とは、戦争相手国と戦場とが中国と朝鮮であり、対中国戦争の延長として対英米戦争が生起したことを考えれば、戦前国家の戦争とは〝日中七〇年戦争〟（一八七四〜一九四五年）であったと言えます。

しかし、その歴史認識は、アジア太平洋戦争を「対米戦争」（戦後、「太平洋戦争」の用語で）と矮小化されていきます。そこにはアメリカの思惑が明瞭です。つまり、連合国側の最有力者であり、唯一国土が戦場とならなかったアメリカは、対日占領計画のなかで、先の戦争は〝対米戦争〟であり、主戦場は太平洋であったことから、戦後、「大東亜戦争」の呼称を辞めさせ、「太平洋戦争」の呼称を使うように日本政府に命じたのです。

そこでは日本が対アジア、取り分け対中国戦争の比重を軽減するか無視するのです。先の戦争は、結局アメリカの戦力によって敗北したのだとする戦争の総括が推し進められたのです。それを私は、日米の合作だとも捉えています。同時にそうした歴史認識を日本国民に認知させることで日米安保のような経済・軍事の両面にわたる対米従属の方向性を創出していくのです。私はこれを〝日米歴史認識同盟〟との造語で捉えています。

重ねて言えば、日米安保体制とは、この日米歴史認識同盟を根底に据えた体制であり、それゆえに反米ナショナリズムなど脱米志向が浮上しないようにと、日本人の歴史認識操作を巧みに行っているとも思います。そうした対米従属的な歴史認識と戦争責任の不在性が、戦後保守政治を支えてきた歴史認識の根本に据え置かれているような気がします。

植民地責任問題・靖国問題・従軍慰安婦問題など、いわゆる歴史修正主義・歴史否定主義として問題化していますが、この日米歴史認識同盟が日本政府及び日本人の意識のなかに、対中国や対韓国・朝鮮への差別意識の蓄積を助長しています。具体的には、南京虐殺事件否定論、対中国侵略戦争否定論、従軍慰安婦・徴用工問題などにおいて浮上しています。

戦後歴史学界が到達した「アジア太平洋戦争」（日中一五年戦争＋対英米戦争）論への関心が深まらず、また、「アジア太平洋戦争」を「アジア・太平洋戦争」とする表記が依然として幅を利かしている現実があります。

**第二に**、いわゆる日中一五年戦争と対英米戦争を太平洋戦争と一括し、「アジア・太平洋戦争」との呼称を日本の歴史学会では用いるようになっていますが、私はこの呼称に「・」を使用するのは、戦争の性格を正しく示していないのではないかと疑問を呈してきました。つまり、「・」を用いることで「日中一五戦争」と「太平洋戦争（＝対英米戦争）」とを同格扱いとするのは間違いだと主張してきました。この点については、後でもう一度詳しく述べます。

すなわち、単に戦場域の違いに留まらず、日中戦争の延長として対英米戦争が生起したという意味で、対アジア戦争（対中国戦争）の位置について十分な把握が出来ていないのではないか、ということなのです。この呼称の問題について私は、「日中戦争七〇年から考える」（『週刊金曜日』第一一四七号・二〇一七年八月四日号）で詳しく述べましたが、私自身がこの呼称を最初に論文で使用いたのは、「アジア太平洋戦争」（由井正臣編『近代日本の軌跡5　太平洋戦争』収載、吉川弘文館、一九九五年）でした。

## 日本は中国に敗北し、アメリカに降伏した

近代日本史研究の課題は実に多い訳ですが、そのなかでも重要とされているのは、なにゆえ日本は中国との戦争に走ってしまったのか、という疑問の読み解きです。それは、現在でも多様な角度からの研究が積み重ねられています。私もその一端を担うべく、この問題に取り組んできました。私の『侵略戦争―歴史事

実と歴史認識―』（筑摩書房・ちくま新書、一九九六年）や『日本降伏―迷走する戦争指導の果てに―』（日本評論社、二〇一三年）などは、そのことを正面から扱った本に位置づけています。

それでは何故、対中国侵略戦争が起きたのでしょうか。勿論、そこには中国が日本の資本主義にとって、豊かな市場と資源の収奪対象地域としてみられていたことが根底にあることは明らかにされている通りです。つまり、中国が日本資本主義の利益構造を担保する貿易相手国であり、最後的には市場と資源の収奪対象地域と言う意味での経済的要因が第一であることは衆目の一致するところでしょう。

この点については詳しく述べませんが、私はここでは日本人の対中国認識が近代日本成立以来、連綿と続いた歪《いびつ》な中国認識が根底に存在したことを強調しておきたいと思います。この指摘も決して目新しいものではありませんが、その実証は左程《さほど》進んでいません。それでこのことに少し拘《こだわ》ってみたいと思います。

最初に、次の昭和天皇の言葉を紹介してみます。それは、「日本は支那をみくびりたり、早く戦争を止めて、十年ばかり国力の充実を図るが尤《もっと》も懸命なるべき」というものです。これは長らく天皇の侍従を務めた小倉庫次《おぐらくらじ》の日記に残された証言録です（「小倉庫次侍従日記　一九四一年一月九日の項」『文藝春秋』二〇〇七年四月号）。

注目すべきは昭和天皇自ら「日本は支那をみくびりたり」と自省している部分です。当時の日本人は天皇だけでなく中国の抗戦能力を随分と低位に見積もっていて、日本軍が一気呵成に攻め込めば短期間で白旗を挙げると盲信していたのです。日中全面戦争が始まり、首都南京が陥落した時点で日本は対中国戦争の勝利を確信してしまったのです。

ところが、その後中国は奥深く日本軍を引き込むような戦法で、日本軍の補給線を引き延ばし、補給能力にダメージを与え続け、日本軍が戦力の分散化を余儀なくされる手法を採り続けました。この昭和天皇の証言があったのは、日本が対英米戦争に踏み切るほぼ一年前のことです。中国戦線は既に泥沼化していて、一体いつ終わるかも知れない戦争を始めていたことに昭和天皇は気づかされるのです。

そして、さらに時代が下って、対英米戦争が始まって一年後には、「自分は支那事変はやり度《た》くなかった。それはソヴィエトがこわいからである。且《か》つ、自分の得て居る情報では、始めれば支那は容易のことでは行かぬ。満州事変の時のようには行かぬ」(同上、一九四二年一二月一一日の項)と弱音を吐いているのです。

国民世論も恐らく同様であったのでしょう。国内はもとより、出征兵士のなかにも厭戦《えんせん》気運さえ漂ってきたことも記録に残っています。予想外の事態に遭遇して進むも地獄、後退するも地獄の状態のなかで対中国戦争を始めてしまったことを後悔しているのです。後悔先に立たずというところです。

昭和天皇の幕僚たちは、日中全面戦争開始後、三年余にして勝敗の帰趨を予測し、対ソ連戦争に向け資源確保地あるいはソ連攻撃の軍事拠点として、中国を制圧する計画を立てていたのですが、それが破綻してしまった、ということです。その結果、中国戦線での局面打開の方策として対英米戦に踏み切ることになったのです。そこから、私は日中戦争の延長としての対英米戦という位置づけが重要ではないか、と思っています。

昭和天皇や幕僚たちと別に日本の民衆は、それでは何故戦争を支持したのでしょうか。著名な映画評論家と知られる一九三〇年生まれの佐藤忠男氏は回想録のなかで次のように述べています。

大東亜共栄圏とは、日本の主導の下でアジアがひとつの経済ブロックとしてまとまって、その城内の貿易だけで繁栄してゆけるようにしよう、という考えかたです。……資源も少なく人口の多すぎるこの国としては、その大東亜共栄圏というのがないと移民も寒い満州ぐらいにしか出来ないから、南方進出も必要だろうな。そうか、そのためにはやっぱり、アメリカ、イギリスとは戦わなければならないのか。そんな気分が、日中戦争の泥沼化していつ終るとも分からなくなってきた頃から徐々にたちこめはじめていたのです。（『草の根の軍国主義』（平凡社、二〇〇七年、「大東亜共栄圏のまぼろし」の章）

確かに「大東亜共栄圏」というと言葉は綺麗だが、何となく侵略の本音を美しい言葉で隠している偽善なのではないか、それがいかに空虚な言葉だと想像し得ても、そこに理想やある種の期待感を抱いてしまった当時の空気が強く漂っていたことは間違いありません。そんな空気は今日にも転写されていないか、とも感じます。

多くの日本人は、いつの間にか帝国日本の精強さを信じ込まされ、〝神国日本〟という世界に冠たる特殊な位置にある国が敗北する訳がなく、帝国日本の所業に間違いはない、と思い込んでいたのです。

そうした歪んだ精神の危うさに警鐘乱打する機会は段々と極小化されていきます。それは弱い者虐めする精神であり、また自力ではなく他人の力や勢いに便乗する破落戸《ごろつき》的な日本人の心性と呼んだ人もいます。それが日本の軍事力によって担保されようとする錯覚を呼び起こしていたとすれば、なおさらです。

そのことに触れて関連付けて言えば、現在への教訓として、いま、その歴史の実像が当時の時代状況と現在の時代状況との、ある種の類似性によって蘇りつつある感すらあります。それゆえにこそ、アジア論に内在する侵略思想の抽出と解体の論理の必要性を認識し、これをどう構築していくかについて繰り返し問題としなければなりません。そうでない限り、今日至る所で噴出している侵略思想や、新たな形態をともなって立ち現れるファシズム、あるいは国家主義への対抗の論理を生み出していくのも困難ではないか、と思います。

さらに言えば、依然として払拭されていない「大国意識」や「帝国意識」が、新国家主義的要素を孕《はら》んだ国益主義に結びつくとき、かつてのような国防ナショナリズムの色彩を帯びた、あらたな侵略思想に行き着く可能性は多分にあるように思われてなりません。経済発展著しい中国という、あらたな「大国」を「脅威」とみなし、これへの対抗措置として、アメリカへの依存を図りながら、再び軍事主義や国家主義の流れに身を任せようとする、危うい時代となっているのではないか。このような時に、歴史を読み返す不断の努力が求められているように思われるのです。

## 2　日中戦争をめぐる日中両国の埋めがたい乖離

### 「敵」意識の不在性

私の恩師の一人に、『人間の條件』や『戦争と人間』、『虚構の大義　関東軍私記』など歴史に範を得た作品を発表されてきた作家の五味川純平氏がいます。一九七五年に民間人による軍事問題研究会が設立されたときの理事長として中心的な役割をも果たされました。私はまだ院生の時代に入会し、同会の機関誌『軍事民論』の編集や事務局の運営にも深く関わりました。そこで五味川氏から直接に多くを学ばせて頂きました。

その五味川氏の対談集に『極限状況における人間』（三一書房、一九七三年）という作品があります。そのなかの「Ⅱ　精神の癌―日本人と対中国戦争―」で、「よくいわれるように、対中国戦争はズルズルとはじまり、拡大し、ついに敗北した。その敗北も、国民の意識では、米英ソに負けたかもしれぬが、中国には絶対に負けなかったという信仰を失わせせはしなかったと思う」と発言する件《くだり》があります。私自身も明治大学の修士時代に教えを請うた日本政治思想史の橋川文三氏との対談です。

戦後日本人の多くに共通しているアメリカには負けたかもしれない、とする思い。しかし、一方では中国には負けなかった式の戦争総括が、実は強く潜在していて、それが現在のように中国の経済大国化・軍事大国化のなかで、この思いは一層歪な感情となっているのではないか、と思います。五味川氏は一九九五年に死去されていますので、中国の現段階の変容ぶりを御存知ないままですが、御存命であれば、恐らくそのように感じられるかもしれません。

中国には負けなかったという意識は、当初「遅れた国中国」に負けるはずがないという上から目線の心情が支配的だったと思います。今日の対中国感情は、経済・軍事の両面で日本を凌駕するに至った中国に脅威の意識を抱くことで、中国との乖離《かいり》を保とうとする後ろ向きの意識となって再生されているのではないか、と思います。

弱いと思っていた相手が、いつの間にか力を得ていたとなると、どのように付き合って良いのか、実は分からなくなってしまっている。それで取り敢えず非常に分かりやすい形で中国の軍事大国化が可視化されている現状を捉えつつ、やや距離を採ろうとしているのです。

五味川氏は同書の別の個所で以下のような指摘もされています。中国に対する「敵」意識の不在性という問題です。

どのような意味かと言いますと、日本人は、一九世紀後半から二〇世紀初頭にかけて欧米諸国から、そして日本から〝半植民化〟され、侵略され国土を荒らされ続けた中国に同情してきたこと。そして、その同上が長年にわたって培われた蔑視感情あるいは差別意識を生み出してしまったと。そして、中国への憐れみの感情が、日本人をして中国人に対し、「敵」意識すら抱かせなかったのではないか、という指摘です。

少し分かりにくい表現かも知れませんが、「敵」意識の不在性が南京事件や「三光作戦」（焼き尽くす、奪い尽くし、犯し尽くす）という残虐な事件や作戦を生み出したのではないか。相手を人間と見なすがゆえに生まれるのが「敵」意識だとすると、人間としてみなしていなかったがゆえに、その「敵」意識すら日本人は中国人に対して抱かなかった、あるいは抱けなかったという指摘です。

## 日本は誰に負けたのか

もうひとつ五味川氏の著作から引用しておきたい個所があります。それは戦後から現在まで続く、対中国観に潜む日本人の多くに見られる感情です。すなわち、「もし、日本は中国にこそ負けたのであり、中国大陸で負けたからこそ太平洋でも負けたのだということを、事実と実感をもって、全国民的規模で確認していたら、戦後のわれわれの政治・思想運動の状況はいまと非常に違うものになったに相違ないのである」の部分です。

つまり、ここでは「中国に敗北した」という歴史事実を頑《かたく》なに受け入れようとしてこなかったことが、日本と日本人の戦後における対中国認識や対アジア認識を決定づけている、としているのです。

五味川氏の主張は、「日本は誰に負けたのか」の問いに、「アメリカに負けた」とする安直な解答で、それ以上に深く問うことを回避してきたことは、私たちが歴史から何も学ばなかったに等しい行為として見られることになってしまう、とするものです。それはまさに歴史を封印する行為というほかない。その封印を解き、そこに埋もれたままの歴史事実から、あらためて歴史の教訓を引き出す行為のなかで、歴史を活かす努力が求められているのです。

ここから私の結論は、「日本は中国に敗北し、アメリカに降伏した」、と言うことです。戦後日本は「アメリカに敗北」したと総括し、そのアメリカから先の戦争を「太平洋戦争」と呼称することを命ぜられました。そこでは中国を筆頭とするアジアとの戦争（＝対アジア侵略戦争）の歴史事実が歴史認識として希薄となり、忘却されていったのです。そこから戦後日本は二度と敗戦の憂き目に遭遇しないために、世界最強の軍事国家アメリカに従属する道を選んだ、あるいは選ばされたということなのです。

それでは一体日本は誰に負けたのか、との問いを設定した場合、大方はアメリカと即答する場合が多いと思います。アメリカの絶大な物量と、直接的には二発の原子爆弾によって日本は敗北したのだと。昭和天皇による「終戦の詔書」にも「新型爆弾」の威力により矛《ほこ》を収めざるを得ない、とする文面が出てくるのではないかと。

確かに詔書には「敵ハ新ニ残虐ナル爆弾ヲ使用シテ　頻《しき》ニ無辜《むこ》ヲ殺傷シ惨害ノ及フ所　真ニ測ルヘカラサルニ至ル」とあります。「残虐ナル爆弾」とは原子爆弾のことです。それもあって、日本人の多くは原子爆弾により、敗北に追い込まれたのだと総括しています。

しかし、私は日本敗北の決定打は中国との長きにわたる戦争により国力も戦力も消耗し尽くした結果、敗北を喫したと総括しています。少し細かいのですが、それを客観的な数字で述べてみます。

先ず中国本土に展開した日本軍の兵力数を見ておきます。出典は、第一復員局編『一五年戦争極秘資料集⑨　支那事変大東亜戦争間動員概史』（復刻版、不二出版、一九八八年）です。

同史料によると、対英米戦争が開始された一九四一年の段階で中国本土に展開した日本軍兵力数は約一三八万人でした。これは当時の陸軍動員総兵力数の六五％に相当します。その折、日本本土残置兵力数は約五六万五〇〇〇人、全兵力数の二七％、そして南方地域には約一五万五〇〇〇人、同じく全兵力数の七％です。

次いで一九四三年の段階で中国本土に展開された日本陸軍兵力数は、約一二八万人（当時の陸軍動員総兵力数の四四％）、一九四四年年段階で約一二六万人（当時の陸軍動員総兵力数の三一％）です。この折、南方地域には約一六三万五〇〇〇人（当時の陸軍動員総兵力数の四〇％）となっています。この段階では中国戦線より南方戦線への投入兵力数が上回っています。

ところが日本敗戦の年の一九四五年段階で中国本土に展開した日本陸軍兵力動員数は、約一九八万人（当時の陸軍動員総兵力数の三一％）、これに対し南方地域には約一六四万五〇〇〇人（同二六％）と再び逆転しています。南方戦線での戦闘が縮小した訳では決してありませんが、それを三四万人も多く中国戦線に兵力を投入せざるを得なかった訳は、同地の戦闘が一層熾烈さを増していたからです。

年を経るごとに日本陸軍総兵力数が増大しているので、数が増えても比率が下がる結果となります。それにしても満州事変（一九三一年）から始まる日中戦争は、特に一九三七年以降継続し、日本軍にダメージを与え続けていたのです。

繰り返しになりますが、日本は長期戦となった中国戦線で戦力及び国力の消耗を強いられ、弱体化していったこと。確かに最後にはアメリカ軍の戦力及び原爆投下によって最終的な敗北を結果しますが、その敗北の要因は中国戦線で形成・蓄積されたという歴史事実を踏まえる必要があります。

これまで中国戦線への兵力動員数を追ってきましたが、今度は投入した軍事費における中国戦線と南太平洋戦線との比較を、大蔵省財政史室編『昭和財政史』（東洋経済新報社、一九五五年）から見てみます。

少し遡って満州事変が起きた一九三一年の陸・海軍省費と徴兵費は合計で四億六一二九万八〇〇〇円でした。これは国家予算一四億七六八七万五〇〇〇円の三一・二％に当たります。それが日中全面戦争の一九三七年には、八倍も増えて三二億七七九三万七〇〇〇万円、国家予算の六九・二％となります。さらに対英米戦争が始まった一九四一年には一二五億三四二万四〇〇〇円と実に三〇倍近くに増えます。国家予算の実に七五・七％にも達します。

中国軍と交戦する日本軍（中国東北部）

今度は一九四一年から一九四五年までに中国戦線に投入された軍事費の総額を書き出してみましょう。

この四年間に中国戦線に投入された軍事費の総額は四一五億四一〇〇万円、同期間に占める軍事費支出の五七%、その一方で南方戦線では一八四億二六〇〇万円でした（同二五%）。軍事費支出の面からみても、対中国戦争に事実上の対米戦争であった南方戦線に投入された軍事費の二倍強を投入していたことになります。如何に中国戦線の比重が大きかったかが知れます。

いずれにせよアジア太平洋戦争と敗戦の総括の恣意的な誤りが、戦後日本の進路をも歪《いびつ》なものにしてきました。その歪さは平和憲法によって表面化することを封ぜられてきたと言えます。ところが、今日その歪さが憲法改悪論議のなかで露呈する状態になっています。私は、これを〝平和憲法綴蓋《とじぶた》論〟として説明しています。

現在、憲法「改正」の動きのなかで、この綴蓋が取り外されようとしています。それは同時的に日中戦争を中心とするアジア太平洋戦争の歴史事実が、今後一段と歪曲化（歴史修正・歴史否定）される可能性が出てきたことを意味します。それゆえに、現在的な視点に立って、日中戦争の意味を問い直す必要があるのではないかと思います。

## 3　アジア太平洋戦争とは何だったのか

### 資源収奪と膨張主義

先に触れたことですが、少し呼称に拘っていることがあります。

それは「アジア太平洋戦争」の呼称です。日中一五年戦争＋太平洋戦争（対英米戦争）を一括して、現在では「アジア・太平洋戦争」と呼称することが多くなりました。でも私は、「・」（中ぽつ）を入れないで、「アジア太平洋戦争」と表記したいと思っています。

確かに、日本の対アジア侵略戦争と帝国主義諸国間の戦争である対英米戦争とを強引に接合した呼称に違和感がないと言ったら嘘になりますが、その問題以上に「・」を入れることで、対中国戦争と対英米戦争が、実は質的には同一の戦争だという捉え方が希薄になってしまうのではないか、と思っています。

ここには、もうひとつ「太平洋戦争」の呼称が、日本敗戦後にGHQの通達によってそれまでの「大東亜戦争」に代わり、使用が義務づけられたものであり、特に先の戦争が「対米戦争」であるという矮小化を招くことになったことは、指摘するまでもありません。

その問題とは別に、私は日中戦争と対英米戦争（＝太平洋戦争）とは戦場こそ違え、日中戦争の延長として対英米戦争が起きたのですから、一つの戦争と捉えることで、この二つの戦場で起きた戦争は一つの戦争であると認識しています。それゆえに、逆から言えば対英米戦争の原因となった日中戦争の占める意味は圧倒的に大きな戦争であったと位置づけるべきではないか、と思うのです。

この呼称については、私は随分以前に「アジア太平洋戦争」(『十五年戦争史3　太平洋戦争』青木書店、一九九〇年、収載)と題する短い論文を発表しています。敢えて「アジア太平洋戦争」のタイトルを付して何気にアピールしたのですが、説得力不足で殆ど反応がないまま現在に至っています。

私がこの名称に拘るのには、もう一つ理由があります。

それは対中国戦争が侵略戦争だとする認識は、多くの日本人に共有されているとは思います。でも日本のメディアも出版界も、この侵略戦争を否定する内容で書かれ、発言する傾向が圧倒的に多い訳です。

これに関連してジョン・W・ダワー(John W. Dower)氏は、日本人の多くは先のアジア太平洋戦争は侵略戦争だと認識しているとしていながら、「いまのほとんどの日本人もまた、この一五年戦争は侵略戦争だったとみとめている。外国メディアがくりかえし、日本人右翼の見解を強調する結果、日本には戦争にたいする真摯で批判的民衆意識があると想像する余地もなくなってしまうために、このことは日本人以外の人にとっては、驚きと思えるかもしれない」(ダワー〈外岡秀俊訳〉『忘却のしかた、記憶のしかた』〈岩波書店、二〇一三年、「第三章　愛されない能力」、一二三頁〉と指摘しているように、数多の日本人の歴史認識が正しくメディアや出版物に反映されていないというのです。

さきほど侵略戦争と認識する日本人が多いと記し、ダワー氏も認めていますが、近年になって時代を逆行するかのように、侵略戦争否定論が温度差はあれ増加しているようにも思います。そのこともあり、私は対中国戦争が侵略戦争であり、その侵略戦争の延長としての対英米戦争とは、もう一つの侵略戦争という総括が必要だと痛感しているのです。

勿論、対英米戦争はアジア地域の覇権をめぐるアメリカ、イギリス、そして日本の帝国主義諸国間の戦争という把握は間違いないと思います。それで中国侵略戦争も、実は帝国主義間の戦争として一括することが必要です。ある意味では当然の捉え方かも知れません。非常に大枠的なことを言えば、満州事変から日中全面戦争までは、欧米諸国間の戦争とは別に、中国を単独で制圧する機会を得、その後予測された欧米諸国とのアジア地域での覇権戦争に備えようとしたのです。

その意味で満州事変から日中全面戦争を経由し、日本の敗北で終わる日中一五年戦争は、文字通り日本帝国主義と中国との二国間戦争でした。しかし、日本が中国の首都南京を陥落させて以降、欧米諸国が注目する戦争として、日中一五年戦争は国際化する様相を呈してきます。ヨーロッパではドイツの台頭への対応に苦慮していたイギリスやフランスは、日中一五年戦争への関心を維持するものの、結局は中途半端な対中国支援に終始します。その間隙を縫って日本は中国本土の完全制圧を試みますが、既に一九四〇年代に入る前後から中国戦線は泥沼化していきます。

## 日中戦争の延長としての対英米戦争

その泥沼から這い上がるために、中国支援を強化しつつあった英米との戦争が不可避となったのですから、日中一五年戦争は対英米戦争とは一対の戦争であり、総じて帝国主義間戦争であったと言えます。言い換えれば、日中一五年戦争の延長として対英米戦争が起きたということです。

もうひとつ、アジア太平洋戦争は、要するに植民地獲得戦争ではなかったのか、と言うことです。少し具体的に言いますと、台湾出兵（一八七四年）で台湾植民地化の先鞭をつけ、日清戦争（一八九四〜九五年）で朝鮮半島を、日露戦争（一九〇四〜〇五年）で中国東北部を、第一次世界大戦（一九一四〜一八年）で中国東北部・遼東半島を、第二次世界大戦（一九四一～四五年）で、東南アジア・南太平洋諸島などを次々と占領獲得していきました。

そうした一連の植民地獲得戦争の目的は何処にあったのでしょうか。実に多くの史料を私たちは閲覧することが可能ですが、ここでは二つの資料を紹介しておきます。

一つには、「**南方経済施策要綱**」（一九四〇年八月一六日　閣議決定）の「基本方針」です。そこには以下の文面があります。一部ですが書き出してみます。

すなわち、「一、南方経済施策ノ目標ハ支那事変処理上並ニ現下世界ニ生成発展ヲ見ツツアルブロック態勢ニ対応スル国防国家建設ノタメ皇国ヲ中心トスル経済的大東亜圏ノ完成ニアリ」と明確に示したうえで、その施策の目的が、より具体的には「皇国ノ軍事的資源的要求ヲ基礎トシ」としています。あまりにも露骨な資源収奪の目的が明記されているのです。

同史料には、さらに以下なる文面が続きます。

すなわち、「二、南方各地帯、地域ノ経済施策ノ軽重緩急ハ左記ニヨル。イ、仏領印度支那、泰国《タイ》、緬甸《ビルマ》、蘭領印度《インドネシア》、比律賓《フィリピン》、英領馬来《マラヤ》、英領ボルネオ、葡《ポルトガル》領チモール等ノ内圏地帯ノ施策ニ重心ヲ置キ、英領印度、濠洲、新西蘭《ニュージーランド》等ノ外圏地帯ハ第二段トス。ロ、各地域ノ施策ハ皇国ノ軍事的資源的要求ヲ基礎トシ内外ノ情勢ヲ顧慮シテ緩急ソノ序《ついで》ニヨリ適宜之ヲ行フ。三、南方経済施策ニ当リテハ之等地域ニ皇国政治勢力ノ扶植ニ努ム」（国立公文書館所蔵『公文別録87』ゆまに書房、一九九七年、二五九～二六五頁）など日本の南方攻略作戦の目的が赤裸々に記されているのです。

二つには、「**南方占領地行政実施要領**」（一九四一年一一月二〇日、大本営政府連絡会議決定）です。

そこでは日本の戦争目的が、「大東亜共栄圏」あるいは「大東亜新秩序」の建設及び「自存自衛」に置かれたとしています。そのうえで、それは表向きの戦争目的であり、事実上の戦争目的は、「占領地ニ対シテハ差シ当タリ軍政ヲ実施シ治安ノ恢復、重要国策資源ノ急速獲得及作戦軍ノ自活確保ニ資ス」（参謀本部編『杉山メモ』（上巻、原書房、一九六七年、五二六頁）とし、ボーキサイト・錫・石油・ゴム・タングステン等重要戦略資源の獲得にあることを明確にしているのです。

これら二つの史料は、特に対英米戦争前に南方侵略の目的を明確にしています。インドシナ半島諸国、インドネシア、フィリピンなどの資源を収奪し、そのうえで対英米戦争を遂行し、植民地と資源確保の同時的達成を戦争目的に据え置いているのです。

そうした戦争目的でありながら、そのことを正面から知ろうとせず、むしろ日本政府及び国民の多くが、アジア太平洋戦争における日本の敗北原因を英米との兵站能力や工業能力の格差にばかり求めるのです。そうした日本の戦争目的に対する、アジア民衆の抵抗運動や反日ナショナリズムが、実際上の敗北の原因であったことに無自覚でした。

実際の戦争目的について知ろうとせず、何故に抵抗運動や反日ナショナリズムが生じたのかについて深く言及し、その戦争目的が誤ったものであったことを認識しない限り、侵略戦争であったと漠然と捉えていても、真摯なる反省という段階には進まないと思います。

## 4　戦争・植民地支配責任不在性の原因

### 責任意識の不在性をめぐって

戦争と植民地支配責任の不在性の理由は、以下の二点に要約できると思います。

**第一**には台湾・朝鮮の植民地支配責任の不在性の理由とも指摘可能ですが、冷戦構造を背景に台湾では蔣介石《チアンチエシー》・蔣経国《チアンチングオ》による国民党の支配が長年続き、韓国では一九六一年五月一六日、朴正熙《パクチョンヒ》少将の軍事クーデターから始まる三〇年近い軍事政権の下、台湾や韓国の人々は開発独裁型の政治体制下にあって、日本の植民地責任を問う声を事実上封殺され続けたことが背景にありました。

つまり、これは繰り返し指摘されてきたことですが、日本の植民地支配責任を問う機会を被植民地者たちは逸してしまった、と言えます。個人の基本的人権に関わる権利が、その国の権力者たちによって阻まれるという、ある意味で被植民地者たちは二重の辛苦を舐めることになった、ということです。

勿論、被植民地者たちの人権を抑圧してきたのは、国内の抑圧だけではありません。その国内の抑圧者たちを背後で支えたのはアメリカとソ連を中心とする冷戦体制でもありました。米ソ二極体制のなかで、両国とも直接間接に独裁政権を支え続けてきました。アメリカなどは、国内民主主義と国外軍事主義の双方を上手く使いこなしていたわけです。

こうしたなかでソ連崩壊による冷戦体制の終焉後に、韓国や台湾では独裁権力が後退し、被植民地者たちはようやく日本の戦争責任、そして個別具体的な問題としての従軍慰安婦問題や徴用工問題などを追及し、個人賠償請求訴訟を次々と行っていきます。

中国も同様でした。米中国交回復・日中国交回復以後、中国の戦争犠牲者たちは毒ガス問題、重慶爆撃問題、花岡鉱山事件など、いくつかの帝国日本の犯罪への日本政府の謝罪を求めて訴訟を行っています。そのような被植民者たちの声に対しても、日本政府も日本国民も極めて鈍感な反応しかしていません。

それは日本政府も日本人も多くが植民地支配責任の本質が理解できないか、理解しようとしない姿勢に原因があります。そこには台湾も朝鮮も、日本敗戦と同時に解放され、それぞれ独立国となるのですが、朝鮮の解放と独立の政治プロセスに日本も日本人も全く関与しなかった、正確には関与できなかったことが、台湾を五〇年、朝鮮を三五年も植民地にしておきながら、その責任の所在を痛覚できていない原因かも知れません。

日本人は敗戦の結果、占領期間を得て殆どアメリカのペースで再軍備も新憲法制定も進められ、日本国としての独立も日本人としての自立も確保されないまま、戦後を歩み始めたのです。そうした日本を取り巻く環境が植民地支配責任を希薄なものにしている原因です。だからと言って、希薄なのは仕方ないでは済まされません。

六年の占領期間が終わり、独立国家として再出発した訳ですから、独立国家に相応しい戦争責任の取り方はいくらでもあったはずです。日本政府は一九六〇年代以降、被侵略国や被植民地国への経済支援の形で戦争賠償は終わった、とする捉え方で責任を果たしたとの総括を急ぎました。

それで留飲を下げたのは日本の権力者と日本の国民たちでした。しかし、直接の被害者たちにその経済支援すら満足に届くことはありませんでした。そして、被侵略国や被植民地の権力者たちが政治の舞台から後退した前後から被害者たちが、漸《よう》く声を挙げ始めたということです。

**第二**には、天皇と軍部主導による戦争、国民不在の戦争であったことです。個人雑誌『近きより』の編集人で弁護士の正木ひろしが、「天皇による天皇のための戦争」と喝破したように、それが国民不在の〝天皇の戦争〟であったからです。正木のことばをそのまま記しますと、「実は朕の身の安全のために宣戦し、朕の身の安全のために降伏したと見るべきである」（正木ひろし『近きより―戦争政策へのたたかいの記録―』（弘文堂、一九四六年、四〇二頁、昭和二一年一月再刊第一号）と記しました。

ここから戦後になって天皇の戦争責任論の有無をめぐり沢山の議論が起きることになります。一九八〇年代頃まで、戦前の憲法体制と天皇制の関係のなかで、主に憲法論や国家組織論などの視点から天皇の戦争責任論が活発に論じられ、多くの論考や著作が刊行されました。それが昭和天皇の死去から平成天皇の時代に入り、埋もれていた昭和天皇の証言が次々に発掘され、公表されるようになりました。

その動きは平成が終わった令和の時代にも続いています。数多の証言の読み解きが盛んに行われ、それは学会誌や研究論文以上に、一般の雑誌などにも積極的に取り上げられました。その限りでは昭和天皇の心情が明らかにされています。

その結果、クリアになったことも沢山ありますが、結局のところ天皇は戦争遂行に深く関わり、時には極めて些細な作戦にも具体的な戦争指導を行っていたこと、天皇周辺を固める高級軍事官僚たちにも厳しい評価を下していたこと、概して昭和天皇自身は、強力な戦争指導を進めたいと観念していたことが明らかにされています。

ここでは数多の昭和天皇の証言を紹介はしませんが、かつて私の本にも紹介し、多くの研究者が引用する昭和天皇の言動を二つだけ取り上げてみます。ひとつは一九四五年二月一四日の近衛文麿元首相が昭和天皇に戦争を終わらせるよう進言した事実です。

あまりにも有名な一節を書き出しておきます。

それは、「敗戦は我國體《こくたい》の一大瑕瑾《かきん》（恥のこと）たるべきも、英米の輿論《よろん》は今日迄の所國體の変更とまで進み居《お》らず（勿論、一部には、過激論あり、又将来如何に変化するかは測知《そくち》し難し）随《したが》て敗戦だけならば國體上はさまで憂ふる要なしと存候《ぞんじそうろう》。國體の護持の建前より最も憂ふべきは敗戦よりも敗戦に伴ふて起ることあるべき共産革命に御座候《ござそうろう》」というものです。

要するに敗戦より怖いものが敗戦に伴う共産革命であり、その結果天皇制解体の危機が迫ってくるので戦争を止めるように進言したのです。いわゆる近衛上奏です。被害を受け続けている国民の生命が問題ではなく、天皇制国家支配体制、いわゆる国体の護持のために矛《ほこ》を収めるよう要請したのです。それに対して昭和天皇は「(連合国に)一泡吹かせてからでないといやだ」と拒否の言葉を言い放ったというものです。

時間は前後しますが、これより四年前の一九四一年一月のことです。陸軍側から中国との戦争は短期間で日本の勝利により終結するとの報告を信じていた昭和天皇は、侍従であった小倉庫次《おぐらくらじ》に次の言葉を語ったとされています。

すわなち、「支那が案外に強く、事変の見通しは皆があやまり、特に専門の陸軍すら観測を誤れり。それが今日、各方面に響いて来て居る」(「小倉庫次侍従日記　昭和天皇戦時下の肉声」一九四〇年一〇月一日の項、『文藝春秋』二〇〇七年四月特別号)と内心を吐露していました。対英米戦争が始まる一年と少し前のことです。

この昭和天皇の発言は、「(日本は)中華を侮《あなど》って侵略した」(『蔣介石日記』(一九五二年二月二二日の項、スタンフォード大学所蔵)の発言と見事に符号します。中国の抗戦能力を完全に見誤った日本への批判は、現在まで続く中国人の対日感情に連続していると思われます。日中相互の国民に存在する不信と疑念の感情から解放される方途は何処にあるのか。歴史事実から学び合い、友好増進のための歴史和解を押し進め、歴史認識を深める過程で未来の歴史を共有しようとする精神性が不可欠ではないか、と思われます。昭和天皇としては、したくもなかった戦争だったと悔いの念を赤裸々に吐露していたのです。さらに一〇年ほど前の満州事変の折に、当初は満州地域に武力侵攻することに欧米の動きを警戒するあまり、その軍事行動を裁可するか躊躇していた天皇は蓋を開けてみると、上々の戦果に関東軍に向かって「忠烈を嘉《よみ》す」と褒めたたえ勅許を出したこともあります。

時代を遡及して昭和天皇の発言を少しピックアップしてみましたが、要するに確固たる方針や信念の下で戦争指導を行っていたわけではなく、国際情勢の変容を気にかけつつも、結局、軍事官僚の強行派に押されて戦争発動を許していく没主体的なスタンスが目立ちます。そして最後の沖縄戦では、本土への連合国軍の攻勢が近づくにしたがって、急に国体護持への恐怖心に苛《さいな》まれ、戦力が枯渇している現実を直視しないまま、無理な作戦展開を命じていく始末となります。

正木の言う〝天皇の戦争〟も、こうして無残な結果に終わりましたが、戦後天皇制が残置されて、事実上国体は護持されます。その一方で、遅すぎた聖断の結果、東京大空襲（一九四五年三月九、一〇日）に象徴される敗戦時まで続く都市空襲、国土が唯一戦場となった沖縄戦、ソ連の中国東北地区への侵攻、広島・長崎への原爆投下など、防ぎ得た数多の戦火を受ける日本国民の存在がありました。その意味からも国民保護を全く視野に入れないという意味で、やはり〝天皇のための戦争〟でありました。

## 5　敗戦を〝終戦〟と読み替える

### 敗戦責任回避の意図

戦後の日本で戦争を総括する場合、〝終戦〟の用語が当然のように使われてきました。それは実は大きな問題です。

第一には敗戦の総括を回避し、価値中立的な用語である〝終戦〟と表現することで戦争責任の曖昧化を意図したものであるからです。しかし何らの違和感もなく、敗戦を〝終戦〟と言い続けるのは何故でしょうか。それは戦死者を〝戦没者〟とする表現と同質の感があります。

私は日本の降伏決定過程を追及した拙著『日本降伏―迷走する戦争指導の果てに―』（日本評論社、二〇一三年）のなかで「それは、『敗戦』の言葉から発する屈辱感を忌み嫌う心情からか、また、『敗戦』は歴史事実に正確ではなく、大日本帝国が目指したアジア解放の理想が頓挫したに過ぎない、という思いからか」（同書、六頁）と記しました。

つまり、〝終戦〟と読み替えるのは、屈辱感を嫌う心情からという消極的理由と、先の戦争はアジア解放戦争で、敗北でもなく一時頓挫しただけであるから敗戦ではない、とする積極的排除論に分けられるかも知れません。

しかし、もう一つの側面から言えば、この〝終戦〟の呼称は、極めて政治的な成果を期待したものであり、実際にその期待は裏切られることはありませんでした。つまり、〝終戦〟とは、昭和天皇の聖断を美化し、戦後の平和創造の功労者として確定していく作業が企画され、国民意識への刷り込みに成功していくうえで不可欠な呼称でありました。敗戦となると、誰が敗戦の責任者かという問いが発せられますが、〝終戦〟では「終戦責任者」という用語が成立しないように、〝終戦〟で責任を誰も問われない、それを想定しない呼称なわけです。

つまり、〝終戦〟とは責任者不在を固定化する役割があったのです。勝者も敗者も、被害者も加害者も、その区分や存在を全く前提としない非歴史的な呼称ということになります。それを現在まで、比較的リベラルで戦争責任を問う人たちまでが、思わずかどうかわ分かりませんが、〝終戦〟の呼称を使うのです。

そこに私は敢えて作為性を感じます。敗戦ではなく〝終戦〟への読み替えです。日本の敗戦から戦後にかけて、沢山のいわゆる読み替えが進められました。「大元帥の天皇」から「背広の天皇」、「大東亜戦争」から「太平洋戦争」などはその最たるものですが、そうした読み替えの頂点に位置しているのが〝終戦〟の用語です。先ほども述べたように、単に保守主義者だけでなく、リベラリズムを自認する人たちをも含め、堂々と口にしている有様ですから、その浸透力は生半可なものではありません。

そうした意識状況を背景に八月一五日を「終戦記念日」とし、それが若い世代まで継承されているのです。非常に悍《おぞ》ましいとも言える状況が出現しているということです。

敗戦を〝終戦〟に読み替えるうえで、もうひとつ歴史の改竄《かいざん》が行われました。それが先ほどから触れているような聖断論です。戦争終結に踏み切れないでいた天皇の幕僚たちに向かって、昭和天皇が最後に聖断を発し、それが戦争終結に繋がったのだという創作です。つまり、天皇の決断を聖断と称することで、天皇の力で国民が八月一五日以降の惨禍から守られたというのです。

しかし、それは先に紹介した正木ひろしの言うように、アジア太平洋戦争が「天皇の　天皇による　天皇のための戦争」という戦争の本質を隠蔽し、同時に天皇の戦争責任を封印するものであったことは、明らかです。実際に聖断は、戦前の天皇制権力の戦後への温存と復権を担保し、戦後天皇制の存続と正統性の継続を確保し、天皇制に内在する反民主主義・反人権主義を覆う外皮としての役割を担うことになったのです。

この聖断論は、現在においても天皇制賛美論・受容論を醸成する根源の一つとして政治的機能を発揮し、同時的に戦前と戦後の連続性を担保する役割を果たしています。この聖断論の戦後効果は、戦前への否定的感情を封印しつつ、むしろ緩やかに戦前的なるものへの憧憬と回帰志向を醸成しています。

こうして戦争終結後の日本は連合国軍、実質的にはアメリカの軍門に下ることによって日本としての自立や自尊心やアイデンティティをも喪失し、とりわけ戦後体制がアメリカから強制された憲法の下にアメリカ的日本、外国的日本が形成されてしまったこと。それは単に憲法と政体とかのレベルに留まらず、日本の伝統や文化への誇りさえ奪ってしまったとする言説が振り撒かれていきます。

これらの言説は、戦後、様々の場で組織された、いわゆる右翼組織の行動原理になっていくのですが、それは特に日本会議のような組織に収斂《しゅうれん》していきます。自民党の国会議員や地方議員を含めて、温度差は当然あるでしょうが、日本会議のメンバーとして行動する議員が、少なくとも自民党内外で有力な動きをしています。

彼らのスローガンこそ、安倍首相が頻繁に使う「戦後レジームからの脱却」です。それは裏返せば、〝戦前レジームへの回帰〟を意味しています。戦前に回帰するためには、それを戦前へと繋がるドアの前で立ちはだかる日本国憲法が、どうしても邪魔なのです。そのドアを抉《こ》じ開けて戦前への道に舞い戻り、自衛隊を旧帝国陸・海軍として再編したい。それが自衛隊の国防軍化構想です。

これはなかなか世論の抵抗が強いので、少し遠回しの策として思いついたのが、先ずは憲法に自衛隊を組み込むことでした。いわゆる自衛隊加憲論です。

そこで構想・期待される自衛隊改め国防軍は、装備や編制こそ完全に生まれ変わっていますが、旧帝国陸・海軍のように国体を護持する物理的基盤としての立ち振る舞いが構想されているわけです。その構想に一歩でも接近するために、現在自衛隊内ではソフト面での改編が旧ピッチで進められているのです。

## 拍車のかかる戦前回帰志向

それでは戦前回帰を志向する背景と、その目的は何処にあるのでしょうか。非常にはっきりしていることは、戦後は新憲法体制によって戦争の出来ない国家へと切り替わったことが最大の特徴です。近代日本は戦争に次ぐ戦争によって国家発展の原動力としてきた、いわゆる「戦争国家」そのものでした。戦争によって国家や国民を養ってきた、とさえ言えます。

勿論、戦争によって塗炭の苦しみを味わってきたのは国民でしたから、国民を養ってきた、というのは極一部の中間層か上層に位置する国民、戦前の憲法で言う「臣民《しんみん》」でした。

新憲法によって戦争のできない国とされてしまったことは、大方の権力者や保守的な国民層からしてみれば国家としての体面を著しく損ない、国家なき国家として自尊心を痛く傷つけられたと感じた訳です。まるで自分自身の存在が否定あるいは解体された感覚に襲われたのです。恐らくそれが自信喪失となって、深刻なトラウマになってしまった。そのトラウマを抱きながら国際社会に名誉ある地位を占めることに、強い抵抗感を抱いたのでしょう。

経済界の人たちは少し違う感覚です。確かに戦前は戦争によって莫大な利益を上げることは出来たものの、敗戦によって経済力を破壊され、経済復興には随分と苦労を強いられて来た。戦後は軽軍備のなかで軍事による利益は期待できなくなった分だけ平和経済体制によって、戦前を遥かに凌ぐ経済力を手にした訳ですから、戦争ができなくても結構だということになった。安定した持続可能な経済発展を担保するのは平和だということになった。このように、経済界の人たちは現状の経済発展や利益構造が棄損されない限り、現行の憲法体制で良しとしているわけです。

ですから現行憲法で一向に構わないというのが本音のはずです。ただ自民党保守政権は最も都合の良い政権なので支持はしていくが、憲法を変えて戦争の出来る国家に切り替えていくことには本音では反対だと思います。勿論、経済界にも、自衛隊の使い方について強硬な発言をする人も確かにいます。

それでは「戦争のできる国」とは、一体どのような国のことを指すのでしょうか。あるいは、私たちはどのような意味をこの言葉に託そうとしているのでしょうか。それは単に近い将来において戦争発動する意図と能力を兼ね備えた国家へと、国家自体の性格をも切り替えていくことなのですが、その中身を考えるうえでテロリズム論を引用してみたいと思います。

立命館大学で長らく教鞭を執られ、比較文化論研究者であった西川長夫氏は、「戦争」と「テロリズム」を、「戦争は強者のテロ、テロは弱者の戦争」と定義されました。

その著作から正確に引用すると、「『戦争』と呼ばれるものは強者（国家）の行うテロリズムであり、『テロリズム』と呼ばれるものは弱者の行う戦争である」と書いたことがあるが、戦争とテロに本質的な違いはなく、ともに暴力の応酬であって、正義の神のかかわるところではないだろう」（西川長夫『〈新〉植民地主義論―グローバル化時代の植民地主義を問う―』平凡社、二〇〇六年、二四八頁）と。

つまり、アメリカを筆頭とする〝国家テロ〟が横行し、帝国主義を貫徹する究極的な手段としての〝国家テロ〟は強者の戦争であると。それで、戦争の常態化は何を意味するのかを問いつつ、現代帝国主義は「戦争」によってのみ衰退の危機回避が不可能になったことを指摘しているのです。この西川長夫氏の指摘は、次に今日我々が盛んに用いているグローバリゼーション論にも繋がっていきます。

スイス生まれの政治家で社会学者であるジャン・ジグレール（Jean Ziegler）氏は、二〇〇一年九月一一日のニューヨークでのテロ攻撃後にドイツの雑誌『シュピーゲル』に、「グローバリゼーションは日々のテロである」（ジャン・ジグレール／渡辺一男訳『私物化される世界―誰がわれわれを支配しているのか―』阪急コミュニケーションズ、二〇〇四年、一一〇頁）と記しています。

つまり、グローバリゼーションとは、アメリカ資本主義が世界を持続的な市場として確定していくために、人々の暮らしを平準化・画一化していき、大量生産を担保する大量消費型社会の再構築を意図するうえで、不可欠なイデオロギーだと思います。人々が多様な価値観を大切にし、また共有する姿勢を確認しようとするとき、一つの価値観で纏め上げようとする野心こそ、アメリカ資本主義を発信元とするグローバリゼーションではないか、ということです。

そしてこのイデオロギーに抗する人たちを徹底して排除していき、地球全体にローラーをかけていく日常的な行為をジャン・ジグレールは「日々のテロ」と呼んだのではないでしょうか。多様な価値観や思想、習慣、伝統、歴史、文化など、それぞれの個性をグローバリゼーションなるイデオロギーで一色に染め上げていく行為は、物理的暴力行為としてのテロと同様、もうひとつのテロと呼んで良いのではないか、ということです。

## 再び戦争という暴力が罷り通る時代に

軍事力という物理的行為だけでなく、非物理的行為によっても、他者を自ら望む価値観のなかに強制導入する行為こそは暴力以外のなにものでもないということです。それはかつて日本が朝鮮植民地の折に行った創氏改名や宮城遙拝などの強制による朝鮮民族文化の抹殺行為も、ここでいうテロリズムそのものでした。そのような時、私は野村浩也氏の「脅迫や強要、あるいは心理的恐怖を通じて、その本質上、政治的、宗教的、イデオロギー的であるような目的を達成するため、計算された暴力を行使し、あるいは、その脅しを行なうこと。これがテロリズムの定義である。しかも、この定義の出典は、現代アメリカ軍の軍事マニュアルなのだ」（野村浩也『無意識の植民地主義―日本人の米軍基地と沖縄人―』御茶の水書房、二〇〇五年、一九三頁）の指摘に遭遇しました。つまり、アメリカ軍をはじめ、アメリカはテロリズムを極めて意識的に戦争という形式によって行っているということです。

日本は日米同盟とやらの同盟関係を強化していく方向に拍車をかけていますが、要するにアメリカ発の国家テロリズムに加担する意図を世界に向けて発信し続けていることを意味します。それが「戦争のできる国」の向かう方向であるとするならば、私たちが本来めざすべき世界との乖離は一目瞭然です。

その意味を込めて、私たちは「戦争のできる国」への変容を阻むこと、同時にアメリカ発のグローバリゼーションなるイデオロギーに与《くみ》しないことは出来るはずです。

「戦争のできる国」への変容は、勿論安倍政権単独の判断ではありません。そこにはアメリカの非常に厳しい外圧があったことも確かです。言うなれば、アメリカのために海外で戦争を実行可能な国家へと脱皮していくために、九条改悪による「国防軍」の創設（自民党の「日本国憲法改正草案」二〇一四年四月二七日）に端を発する集団的自衛権行使容認の動きがありました。「集団的自衛権の禁止は日米同盟の障害」と断じるアメリカからの強い圧力への返答として、九条を実質削除する一方で、「内閣総理大臣を最高指揮官とする国防軍を保持する」の条文が憲法草案に盛り込まれた経緯があります。

日本はいまやアメリカの覇権主義と共同体制を敷く国家として、軍事力の増強著しい中国だけでなく、近年「帝国主義的自由主義」論の台頭著しいドイツ主導下にあるＥＵの積極的な軍事介入路線への対抗策からも、アメリカは覇権主義を貫徹するために同盟国日本の軍事力への期待感が増大しているのです。その面だけを切り取ってみると、第九条実質削除とアジアでの覇権を画策する安倍政権と利害一致するのです。

かつて一九三〇年代の日本では、「国家改造計画」論が活発に議論もされ、その実践過程で二・二六事件に象徴されるクーデターによる国家改造計画の断行を目指す動きがありました。一口に「国家改造」と言っても、天皇親政を目標とする天皇親政国家構想もあれば、国家社会主義や統制経済システムの導入による国家総動員構想なども提起されます。陸軍内でも前者を皇道派、後者を統制派と呼称したりしますが、実際には線引きも曖昧で、それに関わったのは陸軍に限らず、政界・経済界・学界など含めて多種多様でした。

基本的にはアジア太平洋戦争は東条英機に代表される、いわゆる統制派に主導されたことになっていますが、既存の国家体制を革命的に破壊・解体するのではなく、あくまで外皮を改造していく、リホームしていくものでした。芯に相当する部分は国体、天皇制国家支配体制という基本核は不変であったことは言うまでもありません。

それで、二・二六事件は「国家改造」を目標としたものであって、それはあくまで国体の強化を目的としたはずですから、それで、天皇制を支える天皇の幕僚を殺害した行為は、天皇制に抵触するものと昭和天皇が受け止めたがゆえに、天皇は、「朕自ら近衛師団を率い、これが鎮定に当たらん」と反乱部隊の討伐の意欲を側近に漏らした訳です。

その歴史と比較しつつ考えますと、戦後日本の核となるものは言うまでも無く現行憲法ですから、新たに憲法を創るということは、戦前に繰り返された国家改造運動とは少し質の異なる国家改造と言えます。

戦前の国家改造推進者たちは、国粋主義の傾向を色濃く保持しており、英米中心の国際秩序を打破しない限り、アジアでの覇権は貫徹不可能と考えていました。それゆえ、共産主義国家ソ連の打倒の前に、総力戦を戦い抜く総力戦国家の構築を最優先とする、いわゆる統制派主導の戦争を引き起こします。そのためには、ドイツともイタリアとも共闘しようとしたのです。

翻って今日の国家改造は、新憲法を制定して戦後国家を解体し、あらたな戦後秩序を創りあげること、そのためには当面は日米同盟を担保する日米安保体制を戦前の国体に代わる戦後の国体として、新国家日本を創造していくことが、日本会議や安倍首相周辺のイデオローグにほぼ共通する志向です。

ただ、日米同盟は外圧となって、日本が目指す方向とは別の作用を効かすことも多々あり、その都度修正を強いられてきた訳です。ところが、そのアメリカ自身の国力の相対的低下に伴う課題に向き合う時、アジア地域の問題は極力同盟国日本及び韓国に負担を強いる方向性のなかで、アメリカはアジアにおける覇権を維持しようと躍起になっている訳です。

ところが韓国が現時点では親北朝鮮の方向性を具体的な行動のなかで示すに及び、アメリカとしても北朝鮮との接触を図ることで、将来における南北朝鮮統一の場合にも、一定の影響力を確保する戦略に切り替えつつあります。その辺のことは北朝鮮に確り読み抜かれている訳です。

このような朝鮮半島情勢の変容のなかで、当然ながら日本の立ち位置も修正を強いられ、言うところの国家改造にも当然ながら影響が出てくるのです。しかし、日本には、少なくとも安倍政権にはアジア秩序のなかでの日本の立ち位置なり、役割なりを打ち出せるような外交戦略が不在ですから、一見するとただただ傍観するばかりの有様です。

## 戦争責任の不在性が戦争を呼び込む

外交戦略の不在性は、恐らく現行の国家改造が極めて内向的であって、詰めれば詰める程ドツボに嵌《は》まって、段々と視界が狭くなっていくことが原因です。

安倍政権が進める、ある種の戦後版国家改造は、そこにあるべき歴史認識の深まりも、戦争責任の痛覚もなく、その結果として歴史和解の道を閉ざすものでしかありません。ここで繰り返してきたように、何よりも近代日本の戦争を今一度総括するなかで、歴史認識の鍛え上げを急ぐ必要があります。

「戦争のできる国」への変容のなかで、その機会が失われていくこと自体が、極めて危険なことです。いつまでも強国日本として、南北朝鮮に高飛車な姿勢を続けられるものではありません。同時に経済大国・軍事大国としての道を奔走する中国に対しても、胸襟を開き堂々とした姿勢で平和大国日本を対置することによって、共同の利益が何処にあるのかを模索していくべきです。

ただただ物理的に対抗するのでは限界があるばかりでなく、むしろ無意味なことです。取り分け、中国の軍事大国化は、かつての被侵略国家中国のトラウマの結果であり、日本が恒久的な平和国家であり続けることを具体的に採り続ければ、軍事大国化が直ちに脅威と算定する必要はないのです。

また、中国も北朝鮮も、その軍事大国化の目的が強大なアメリカの軍事力にあることは明白です。ならば、日本は中国や南北朝鮮との間に平和共同体を構築し、固い平和ブロックを形成することでアメリカの軍事介入や恫喝を辞めさせていくために、イニシアチブを採る役割があります。そのためにも、歴史和解が不可欠です。

しかしながら、現実の日本は南北朝鮮の接近、米朝の接近という現実がありながら、それを正面から受け止めることを回避し続けて居るのです。その理由は、明らかに植民地支配責任問題を受け止め、謝罪を含めて歴史和解への行動をどうしても忌避したい心情があるからです。昨今、従軍慰安婦問題や徴用工問題で悪化する一方の日韓歴史問題に、日本政府はひたすら韓国政府批判を繰り返し、また差別的貿易の導入など強硬姿勢を強めるばかりです。しかし、歴史問題は逃げ切れるものではありません。

話は前後しますが、今日において「国家改造」が進められているとすれば、それは内圧の側面と外圧の側面とがあると思われます。外圧とは、言うまでも無く同盟国アメリカからの圧力の事です。アメリカとしては日本を軍事同盟相手国と算定し、内実を伴った軍事同盟相手国とするためには、それに相応しい軍事体制を敷いて貰わないと安心して情報提供など出来ない訳です。

これに関連して、共謀罪が強硬採決されました。あれやこれやの国民を納得するための説明が行われましたが、共謀罪の本質は日米軍事同盟を確実に運用していくために不可避の法律です。それは日米同盟の強化・深化に伴い、増大するアメリカからの秘密情報を保護するのが最大の目的であり、日本の外交・防衛に関わる秘密以上に、アメリカからの要請を受けての法整備としてあったのです。これこそ、日本の対米従属ぶりが背景にあるというものです。これに関連して言えば、「特定秘密保護法」も、〝情報統制・自己検閲・日米秘密同盟〟として括れるものと思います。

つまり、やや強引な言い方を許されれば、集団的自衛権行使容認の閣議決定、安保関連法の強行採決、共謀罪や特定秘密保護法など一連の閣議決定や法整備は、日米同盟の強化にともなう「国家改造」の断行という枠組みで読み取ることも可能に思います。

その意味では、改憲などせずとも、「戦争のできる国」としての国家体制が着実に敷かれつつあるのが現状です。それゆえ私たちは個別の法整備や閣議決定などを単一の問題としてみるだけでなく、それらを国家改造なり安保国体の強化なりという全体的な視点から抑えておくべきだと思います。

本当はあまり考えたくないことですが、日本がアメリカの対中国海洋戦略の前面に〈日中再戦〉の可能性を含め、アメリカは日本を側面支援する方向を採用することは間違いありません。〈中米戦争〉の肩代わりを日本が負う構造になってきているのではないか、とさえ思います。

かつて、イギリスとロシアとの対立のなかで、日本が日英同盟によりイギリスの代わりにロシアと戦争を行った日露戦争ですが、それは本来〝英露戦争〟であった訳です。時代を超えて、今度はイギリスがアメリカに代わり、ロシアが中国に代わりました。日英同盟が日米同盟に代わり、日本はアメリカの代わりに〈日中再戦〉を強いられる、あるいは〈日中再戦〉の可能性が肥大化されていくことも想定し得る状況です。

これを過剰な反応と捉えたいのですが、そのベクトルの向こうで、日中和解と東アジア平和共同体構築への展望について胸襟を開いて語り合えないとするならば、これこそ日中両国民だけでなく、東アジアの平和安定化に逆行するものと思います。

（二〇一九年七月七日　埼玉県与野市での講演から）

# 第二章　戦争責任問題から天皇制を問う

## ～沖縄・朝鮮、これからの日本～

### はじめに

毎年の八月一五日が近づくと、どこかで日本の敗戦とは何だったのか、の問いを考える講演会にお誘いを頂くようになっています。今年は「戦争責任問題から天皇制を問う」との演題を与えられました。とても大きなテーマです。天皇制に比重をおくのか、戦争に比重をおくのかで話の内容は、ガラリと変わります。サブタイトルとして「沖縄・朝鮮、これからの日本」が付されていますから、これである程度話の方向性が見えてきます。

このサブタイトルに誘導されながら、この遠大なテーマに触れていきたいと思います。戦争責任と天皇制という一個二重の問題として捉える視点のようなものを意識しつつ、以下の三点を主な柱として話をしてみたいと思います。

**第一**に、近代日本にとって沖縄と朝鮮・台湾は、帝国日本が存立するに不可欠な差別と搾取の対象であり、その構造が戦争によって鮮明化されたことを指摘することです。そのために沖縄差別と朝鮮分断の歴史過程を紐解き、差別と搾取を本質とする帝国日本の戦争が、対アジア・対中国侵略戦争であったことを確認していく必要を指摘することです。

**第二**に、対アジア・対中国侵略戦争責任及び朝鮮・台湾植民地支配責任の根幹に位置する昭和天皇・天皇制が、何故に今日に至っても責任が問われないのか、同時に〝令和の時代〟に入り、新天皇制論的議論が生まれつつある背景は何かを考えていくことです。そこでは当然ながら昭和天皇の戦争責任に触れざるをえません。その点について、聖断論に拘りつつ、問題点を指摘していきたいと思います。

**第三**に、以上の前提として、そもそもアジア太平洋戦争とは何だったのか、の問い返しが不可欠だということです。私自身の歴史総括として随分以前から繰り返し主張してきた「日本は中国に敗北し、アメリカに降伏した」（＝日中戦争の延長としての対英米戦争）の意味を天皇制と戦争とを同時的に捉える視点に繋げていくために紹介してみたいと思います。

## 1　沖縄・朝鮮の位置と天皇制

### 沖縄（琉球）位置

最初に戦前期日本における国内植民地としての沖縄、国外植民地としての朝鮮・台湾の位置をクリアにしておきたいと思います。戦争の問題に触れるとき、その戦争に翻弄され続けた沖縄の歴史と現実に直ぐに行き当たります。

私はかつて「沖縄戦を考える会・東京」と題する研究会の一員として沖縄戦研究に没頭したことがあり

ます。一橋大学の恩師である藤原彰先生を中心とした研究会です。私はそこで国内的植民地としての沖縄の現実が、沖縄戦における住民虐殺事件やスパイ視問題などで表出した経緯を、当時はあまり使われていなかった史料により明らかにする作業に取り組みました。

沖縄第32軍司令部壕内での作戦会議

私はそうした問題を「沖縄の秘密戦」（纐纈厚『侵略戦争—歴史事実と歴史認識—』収載、筑摩書房・新書、一九九六年）、共著である『国土が戦場となったとき』（青木書店、一九八一年）や『沖縄戦と天皇制』（立風書房、一九八一年）などで論じています。

また、同会は沖縄の琉球放送（RBC）が作成し、一九八八年六月に放映した「遅すぎた聖断」と題するドキュメンタリーにも出演するなど活動をしてきました。このドキュメンタリーは大きな反響を呼び、日本ジャーナリスト大賞を受賞するなど、実は現在までも映画会などが開かれているようです。

沖縄（琉球）は、近代日本の膨張侵略過程で琉球処分を含め、国内植民地でした。アジア太平洋戦争中には「捨て石」として帝国日本に犠牲を強いられ、戦後には昭和天皇よりアメリカ政府に半世紀、つまり五〇年間にわたり「リース」され、冷戦期アメリカの「要石」(キーストーン)にさせられました。

沖縄は、戦前帝国日本に隷属を強いられ、戦後はアメリカに従属する日本政府に隷属を強いられます。その意味で沖縄は戦前と戦後を通して差別の構造の上にありました。

敗戦の年の一九四五年、沖縄本島は周囲を凡そ一〇〇万の兵士と一〇〇〇隻余りの艦艇によって包囲されます。そして、同年四月一日にアメリカ軍は沖縄の読谷《よみたん》村の海岸を中心に上陸を敢行します。沖縄守備軍である第三二軍は塹壕を掘って持久戦を採用します。これを見た昭和天皇は、上陸を許してしまった第三二軍の牛島満《うしじまみつる》司令官に反撃を命じます。

すなわち、包囲する連合国に対し背後から攻め、逆上陸を敢行したらどうか、とまで要求します。すでに日本の制空権や制海権は喪失されていましたから、昭和天皇の督促は無謀なものでした。昭和天皇の脳裏には甚大な犠牲を強いられている沖縄住民の生命と財産は微塵もなかったのでしょう。こうして沖縄は国体護持と本土防衛のために、文字通り「捨て石」とされました。

一九四五年八月一五日の敗戦を契機に沖縄は、今度は米ソ冷戦の時代のなかで、今度はアメリカの「要石」とされ、軍政統治下に置かれた沖縄は丸ごと基地化されていく状況に置かれます。「捨て石」から「要石」とモノ化されていった沖縄(琉球)の歴史は、そのまま帝国日本の実態と戦後アメリカの対日姿勢とを示しています。

こうした沖縄の歴史には天皇制という日本固有の政治システムが大きく作用しています。後からも述べますが、天皇制維持のために国内外の植民地を不可欠とする天皇制ゆえに、沖縄の歴史は翻弄されてきました。それは戦後にも継続されていきます。

戦前戦後を通して天皇制維持と保守のために、沖縄は徹底して利用されたのです。それは天皇制が差別の構造を前提にして存在する政治体制であることを遺憾なく証明しているのです。沖縄は、天皇制国家日本を成立させていくために不可欠な〝国内植民地〟であったのです。

現在では差別の構造的表現としてのオキナワの問題が様々な形態を伴って噴出しています。固有の名称としての沖縄から、広義の意味におけるオキナワの問題が浮上しているということです。

薩摩藩による琉球処分から敗戦にともなう天皇の「沖縄メーセージ」に込められた、第二の〝琉球処分〟(アメリカによる軍政統治)から一九七二年の本土復帰後も基地問題を筆頭に、差別の連続性や顕在化に拍車がかかっています。現在では反基地運動の形で、事実上は反差別運動として表面化していますが、本土のオキナワ化が進行しているのではないか、との問いが発せられているからです。

例えば、岩国基地強化に象徴されるオキナワの全土化と矛盾の拡散と深化、山口や秋田に配備計画が持ち上がっているイージス・アショア配備問題の本質は、日本全土がアメリカの対中国・対ロシアの軍事拠点化される事例だと思います。

日本がアメリカに従属する方向性のなかで、当然の如く出てきた課題が日本に突きつけられているのです。イージス・アショアとは、決して日本防衛のための迎撃ミサイルシステムではなく、一端配備された暁には攻撃ミサイル基地化することは軍事的には、既に常識の範疇に入っているのです。

つまり、アメリカへの軍事的従属性を象徴するものとしてオキナワがあり、その延長線上に本土内におけるミサイル攻撃基地が設営される計画が着々と進んでいるのです。それゆえ沖縄の歴史を辿ることは天皇制の位置を探り、日本が置かれた現実に肉薄していくための欠かせない課題となっています。その意味でオキナワを問うことは、戦争や天皇制、そして現在の安全保障に関わる課題を含めて現代を問う拠点としての意味があろうかと思います。

### 朝鮮と台湾の位置

さて、本題に戻します。国外植民地であった朝鮮もまた天皇制維持のための直轄植民地としてありました。日清・日露戦争の〝勝利〟で、天皇制国家日本は朝鮮半島を橋頭保として大陸に進出し、市場と資源の収奪を企画します。天皇制が長期的安定的に存続するためには海洋国家日本ではなく、大陸国家日本として朝鮮半島から中国東北部（満州）を日本の植民地や領土とすることが絶対に不可欠とする、いわゆる「大陸国家論」が勢いを増していきます。

その主導者が表向きは軍部、それを側面から右翼勢力が支えていましたが、大陸国家日本を望んでいたのは三井・三菱・住友・安田の四大財閥と、これに先んじて親軍部の姿勢を遺憾なく見せつけ、いち早く大陸の市場と資源を目当てにしていた古河（古河電工）や日産（日本産業）、日曹（日本曹達）、日窒（日本窒素）など新財閥でした。

そして、新旧財閥の大株主が天皇であったのです。少し具体的に言えば、日本銀行の筆頭株主であり、事実上その配下にある横浜正金銀行は植民地経済を統制する日本銀行の海外出先機関として重要な役割を果たしています。このように日本銀行から都市銀行、さらには財閥が経営する大企業というラインの頂点に天皇が君臨したことも事実です。

台湾・澎湖《ポンフー》諸島から朝鮮の植民地化、さらに第一次世界大戦における中国の山東半島を主戦場とする日独戦争で日本は漁夫の利を納めます。つまり、中国山東半島の青島に置かれたドイツ権益を奪い、同時に南太平洋のビスマルク諸島を占領し、後に南洋諸島と名付け、ここに南洋庁を開設して事実上の植民地にしていきます。特に台湾と朝鮮は、いわば天皇の〝天領〟として位置付けられました。

徳川封建体制の時代、例えば佐渡島などは金山があったことから将軍の直轄地、すなわち「天領」と称しますが、近代における台湾や朝鮮は天皇の直轄地とも言い得る場所であったのです。その支配最高責任者は天皇の最高位の官僚（親任官《しんにんかん》）で軍人でした。植民地には議会も政党もなく、天皇独裁システムが貫徹された場としてありました。

陸軍始観兵式で閲兵する大元帥昭和天皇（1938 年 1 月）

つまり、帝国日本は専制権力を用いて被植民地人の抵抗を排して政治を行うことが可能であった訳です。最も、台湾併合後にも台湾独立運動や民主化運動が続きます。そして、その専制権力の根源こそ天皇制であったのです。

歴史学では大体一九二五年位まで独立運動が各地で展開され、それを大江志乃夫氏などは台湾植民地戦争なる用語で説明しています。尤《もっと》も台湾高砂族の反乱事件として有名な霧社《ウーショウ》事件が起きるのは満州事変の前年、一九三〇年一〇月二七日の事でした。

朝鮮でも日本当局が「匪賊《ひぞく》」と称した植民地支配に抵抗するゲリラ闘争を各地で展開していたことも良く知られているところです。その意味で言えば、植民地支配への抵抗運動は一貫して続けられていたのです。天皇制の物理的基盤、日本軍部の侵略の拠点であった植民地経営は、厳しい状況のなかにあったことも事実です。

朝鮮は日本の大陸国家化の目的のための軍事的橋頭保として、台湾は帝国日本の南方侵略に先鞭をつける場として位置付けられます。特に一九三〇年以降、これら二つの植民地は、経済的収奪の場であると同時に、軍事主義に傾斜する帝国日本の軍事的基盤として徹底して利用されつくされることになりました。

台湾・澎湖諸島及び朝鮮、さらには南洋諸島も日本敗戦によって独立を回復します。しかし、朝鮮においては大戦終了後、早くも冷戦萌芽期に相当し、米ソの駆け引きのなかで、本来ならば敗戦国日本が分断の憂き目に遭うところ、米ソ対立の境界線が朝鮮半島の三八度線に設定されてしまいました。これは日本の大本営が近づく本土決戦に備え、三八度線以北を関東軍の管轄とし、三八度線以南の朝鮮軍を大本営の直轄としたことに由来しています。重要な事実は、朝鮮分断の背景に日本の大陸侵攻・大陸国家化・帝国化の企画があり、その結果として分断ラインの始まりがあることです。

日本敗戦に伴い、関東軍がソ連軍に、朝鮮軍が米軍にそれぞれ武装解除されることになります。朝鮮半島は米ソ冷戦の最前線として位置付けられ、米ソはそれぞれの朝鮮半島において厳しい対立を引き起こし、それが一九五〇年六月二五日に起きた朝鮮戦争の遠因となりました。分断の憂き目に遭うことを回避できた日本は、南北朝鮮の対立が深まるなかで、植民地支配責任を問われることもなく、朝鮮戦争が起きるやアメリカの地域外調達、いわゆる「特需」により経済復興の機会を得ます。

要するに戦前日本は朝鮮半島を橋頭保として、大陸（中国）侵略の前進拠点とし、戦後は朝鮮戦争での「特需」で経済復興の契機を掴《つか》むことになります。戦前・戦後を通して、戦前期朝鮮は軍事の、戦後は経済の「足場」とされるのです。

一方の台湾でも中国から逃れてきた蔣介石《チャンチェーシー》率いる国民党が台湾の実権を掌握し、蔣介石・蔣経国《チャンチングオ》と親子二代にわたる独裁政治の下で、日本の植民地責任を問う機会を奪われていきます。一九六〇年代以降は、韓国・インドネシア・台湾・フィリピンなどへの経済輸出攻勢（＝経済植民地化）により、日本は表向き民主化を進めつつ、周辺諸国の軍事化を支援することで、内実は経済軍事大国への道を歩むことになります。坂本義和氏はこれを「周辺軍国主義」「代替軍国主義」と名付けています。

## 2　植民地支配と天皇制

### 昭和天皇の沖縄観

昭和天皇という一人の人物と天皇制という制度（システム）とを分離して捉えるのか、あるいは一対のものとして捉えるのかで、見方は変わってくると思います。私は天皇制というシステムの本質を考えるうえで、昭和天皇が沖縄をどのように見ていたかは重要に思います。

先ほど植民地支配は天皇制というシステムを起動させるうえで不可欠な課題であったと論じました。天皇制は旧財閥であれ新財閥であれ、産業資本であれ金融資本であれ、その利益構造に深く関わった存在でありましたから、植民地経営は天皇制というシステムを経済的に支える重要な土台としてもありました。明治以前の天皇制が経済的に極めて劣位に置かれていたことは周知の通りです。徳川幕府の権力と財力には遠く及ばないどころか、加賀藩や長州・薩摩などの大藩と比較しても見劣りしていました。その規模は時代にもよりますが、四〇万石前後程度であったとされています。

そのこともあってか近代の天皇制はまずは財力を確保し、それで権力を担保することになったのです。そのためには国内の市場や資源だけでは財力の拡充は困難であり、植民地経営は重要な課題であったのです。その意味で天皇制と財閥は深く絡み合っていくのです。

少し史実を取り上げて言うならば、一九三一年九月一八日、関東軍の石原莞爾《いしはらかんじ》たち急進派の将校たちは満州占領計画を行動に移します。いわゆる満州事変です。その後に関東軍は中国東北部の要衝を占領していきますが、この軍事行動を追認するかどうかという時、昭和天皇もそれなりにアメリカやイギリスの出方に不安を覚えます。しかし最後には、「満州は田舎だから大丈夫だろう」という言葉を残し、結局関東軍の行動を認めます。それどころか関東軍の行動を褒めたたえる言葉さえ発しています。

正確に言えば、一九三二年一月八日、閑院宮載仁《かんいんのみやことひと》参謀総長を宮中に招き、そこで関東軍への「勅語」を出しているのです。その一部には、「勇戦力闘を以て其禍根を抜きて皇軍の威武を中外に宣揚《せんよう》せり、朕深く其忠烈を嘉《よみ》す〔褒《ほ》めること〕」との言葉が含まれています。結局、関東軍は昭和天皇の「勅語」により、謀略で始めた満州占領という軍事行動が承認されたことになり、一気に勢いづきます。

昭和天皇は、人口約三〇〇〇万人、石炭や鉄鉱石の地下資源、それに大豆や玉蜀黍《とうもろこし》などの食料資源が豊富なこの地を事実上の植民地化することによって財力を拡充したい、という誘惑を抑えることが出来なかったのです。昭和天皇の政治・戦争指導の実態について、随分と研究が深められていますが、こうした経済的な観点からする意図の実際をもう少し分析していく必要があろうかと思います。

昭和天皇が非常に具体的かつ詳細な軍事政治指導を行っていたことは、明治大学の山田朗氏の『大元帥・

昭和天皇』（新日本出版社、一九九四年）、『昭和天皇の軍事思想と戦略』（校倉書房、二〇〇二年）、最近の『日本の戦争Ⅲ　天皇と戦争責任』（新日本出版社、二〇一九年）など一連の研究で一層明らかにされています。そこには昭和天皇が決して軍事官僚たちのロボットではなく、むしろ軍事官僚たち以上に、時には常軌を逸した戦争指導さえ強行して幕僚たちを苦しめていた現実が浮き彫りにされています。

例えば、先ほど触れたように沖縄戦の折、逆上陸作戦を沖縄守備軍に強要した昭和天皇は、それによって住民の被害の増大が十分に予測されることなど想像外の事だったのでしょう。作戦の無謀さと沖縄住民の生命・財産に甚大な被害が生まれることなど、どうでも良かったのかもしれません。戦力が枯渇し、押されっぱなしの状況に、すでに冷静な判断能力を失っていたのでしょうか。

しかし、見落としてならないことがあります。そうした判断を敢えて押しつけようとした、その根底には昭和天皇の沖縄観があるように思います。琉球処分によって日本国土に編入されたとは言え、昭和天皇及び日本人の多くには沖縄を国内植民地だとする観念が非常に強かったのではないでしょうか。

そのことは戦後アメリカに対して沖縄を五〇年間アメリカにリースしたい、と申し出たこと。それが契機となり、米軍による沖縄軍政統治が沖縄返還の一九七二年まで継続され、その間に沖縄の米軍基地化が進められたことにも示されています。これは昭和天皇による「沖縄メッセージ」として、あまりにも有名な歴史事実です。

## 脱植民地戦争としての朝鮮戦争

次に国外の植民地となる朝鮮に少し目を向けます。

一九一〇年八月二二日、極めて違法性の高い「朝鮮併合条約」により朝鮮の植民地化が開始され、日本は朝鮮半島を大陸侵攻の橋頭保にして「大陸国家」日本の野心を遂げようとします。以後、三五年にわたり、日本は朝鮮の文化を抹殺しようとし、その豊かな資源を収奪していきます。日本の敗戦により、朝鮮は植民地支配から解放されますが、大国の覇権主義に翻弄されるなかで分断国家となります。それゆえに本当の意味での朝鮮独立は困難となります。大国の論理によって、再び引き裂かれた南北朝鮮の不条理を克服するため、一九五〇年六月二五日に朝鮮戦争が起きます。

朝鮮戦争についても、これまでに膨大な研究成果が次々と発表されてきました。そのなかで私は朝鮮戦争を「脱植民地戦争」と捉える議論に与《くみ》しています。日本敗戦によって朝鮮は植民地支配から解放はされますが、暫くの時を経て朝鮮は米ソ冷戦の萌芽期において、まさに大国の論理と野心により分断国家を強いられます。植民地支配された国が分断され、敗戦国であった日本がまさに朝鮮の分断と引き換えに分断を免れ得たのです。この不条理が戦後にまで続くこと自体が異様です。そのために朝鮮の実態を正常に戻すべく引き起こされたのが、朝鮮戦争だと思います。

国際政治上は確かに北朝鮮からの侵攻で開始されたことになっています。事実に相違ありませんが、問題はどちらが先に軍事行動を起こしたかではなく、何のための戦争であったかを問うことが大事に思います。この戦争は、そもそも武力統一の手段を用いての朝鮮分断の不正常を正常に戻すための戦争のはずでした。

しかし、分断を主導したアメリカは朝鮮戦争に加担することで、不正常な状態を堅持しようとしました。ソ連と中国は、北朝鮮の意図が実現できるように様々な形で軍事的経済的支援を敢行します。そのため表向きには「国際内戦」の様相を呈してしまい、脱植民地戦争という戦争目的が希薄化されていきます。アメリカは朝鮮が旧来の植民地支配の戦後バージョンとして、分断された朝鮮が好ましいと考えていたのです。そのため一九五三年七月二七日に休戦協定成立後も協定違反を繰り返し、休戦状態を事実上反故にしてしまいます。休戦協定で約束したはずの核戦力等の朝鮮半島への持ち込みを、アメリカは次々と強行しました。

こうして戦前に帝国日本の専制権力によって植民地化されていた朝鮮は、戦後になって、今度は分断という形で、もう一つの〝植民地〟化を強いられている、と言ってもよいでしょう。韓国はアメリカに従属することで分断固定化の恩恵を受けようとし、北朝鮮は当初は中国及びソ連の支援により国力増強を図りますが、昨今では対中国・対ロシアとも同盟を締結せず、主体的で自立的な路線を歩もうとしています。

アメリカの同盟国として恩恵を確保し、発展を遂げた韓国でも、自立への志向が高まりつつあります。それが特に南北接近、さらには近い将来の統一への展望を視野にいれた動きを加速させています。恐らく、韓国でも統一により、植民地状態から脱することが極めて重要な課題と意識する人々が増えてきているはずです。

分断状態の起点に、日本の植民地支配があることは言うまでもありません。その意味で分断固定化に手を貸してきた日本は、意識するとしないに拘わらず、分断という形で戦後バージョンの植民地支配を続けている、というのが実態に近いのではないでしょうか。いま、戦前回帰志向を益々強めている安倍政権に代表される日本政治の向かうべきは、分断国家の継続ではなく、南北朝鮮の平和的自主的統一を全面支援することで、かつての帝国日本が行った植民地支配という負の遺産を清算することでしょう。

## 3　昭和天皇の戦争責任と受け継がれる「聖断論」

### 戦前と戦後とを繋ぐもの

次に繰り返し問い続けなければならない昭和天皇の戦争責任の問題に触れておきます。私は長年にわたり「聖断」論に拘ってきましたので、この点から少し述べさせてもらいます。

戦後日本人は、敗戦を境に戦前と戦後は切断されたと考えてきた、ある人は切断されたがゆえに、新しい戦後が用意されたのだ、と捉えてきました。いわゆる「断絶論」です。

「断絶論」には、これまた多様な解釈が存在します。一つには、二度とあの忌まわしい軍国主義の時代を繰り返したくない、という教訓が込められています。自らの辛かった戦争体験を乗り越えて、豊かさを取り戻すために、過去との決別を志向する。二つめには、必ずしも戦前を全否定する訳ではないにせよ、敗戦という現実の前に、どこか後ろめたさの感情が自らの精神を取り巻いていて、そこから逃れたいという思いから「断絶論」を主張するものです。

例えば、これら二つの断絶論は、大方の戦後日本人に共通するものではなく、戦争という歴史事実からの逃避という消極的な感情と言ってよいと思われます。これらと反対に戦前と戦後は、あくまで時間の経過を意味するだけであり、敗戦によっても、戦前と戦後は不変であり、連続しているという立場を抱く日本人も、実に多いはずです。

つまり、戦争という歴史事実が終息しただけであって、天皇制を中心とする日本という国の形や本質は変わっていないとするのです。

天皇制も元首天皇制（絶対主義的天皇制）から象徴天皇制（民主主義的天皇制）へと天皇制の民主化が行われたことは否定し難い。だけれども日章旗も「君が代」も、一九九九年八月一三日に法制化され、「国旗・国歌」となりました。流石に現在では希なケースとなりましたが、戦後から暫くは天皇制の象徴であった「御真影《ごしんえい》」が各家庭の床の間に飾られるのは極普通の風景でした。実は私の実家にも長らく「御真影」が床の間か父母の寝室に飾ってあったことを記憶しています。また、「菊の御紋章」は現在でもパスポートなどに残されています。

日本と同様に敗戦国となったイタリアやドイツが、戦後に国歌も国旗も新しく変更した事例と比べ、日本は戦前を敗戦によっても全否定されなかった、という強い思いが、戦後日本人の有力な「連続論」を説明するうえで持ち出されます。そのような「連続論」を説く人たちは、要するにアジア太平洋戦争の結果を敗戦と受け止めず、終戦という価値中立的な表現で捉えます。さらには、内心では侵略戦争とする評価を下していても、その戦争発動は、合理的でかつ正当な目的のもとに遂行された尊い行為とする位置づけを用意するのです。

アメリカに降伏したのは事実だが、それは正当で崇高な目的を何ら貶《おとし》めるものではなく、むしろ日本の戦争行為は、日本の内外から称揚されてきたとする主張を繰り返します。いわゆる、「大東亜戦争肯定論」です。このような議論に与《くみ》する人たちは、現在においても決して少なくありません。

むしろ、靖国神社参拝問題を頂点とする歴史問題が浮上するのに比例して、こうした議論が様々な装いを凝らしながら再生産される時代潮流にあります。実は私も「連続論」を採りますが、それは以上に挙げた連続論と決定的に異なります。それは何よりも、新たな戦前を創造しようとする思惑に反対であることです。そして、戦前なるものの復権であれ回帰であれ、それが再び戦争という暴力国家への道を辿る可能性が現実味を増しているからです。あれだけの侵略戦争と加害行為を積み重ねながら、それでもなお戦前期日本の国家体質を払拭できないのは、どうしてでしょうか。

## 戦前回帰の何が問題か

それでは戦前回帰のどこが問題かで考えてみます。以下、三点だけ指摘してみたいと思います。

第一に、天皇制が残置されたがゆえに、戦前の国家体制（国体）が形を変えて生き残っている事です。それが戦後民主主義を総批判し、戦後の政治体制を解体しようとする政治的な思惑へと繋がっています。戦後の否定のために、戦前を肯定するという形式議論と同時に、内実としても戦後日本を丸ごと戦前に回帰させようとする志向性も強いのです。

ですが単純な戦前回帰やナショナリズムでは、戦後生まれが七割に達した現代日本で、あらたな戦前の創造は無理なはずです。多数の政治的無関心層が拡散している現状のなかで、それでも新たな戦前を創造しようとすれば、何が必要か、どのような道具立てが用意されるべきか、実はそのような思惑を抱く人々のなかにも決め手はないのです。

そこで再三持ち出されてきたのが聖断論です。すなわち、天皇の決断による「終戦」（所謂「聖断」）という高度な政治戦略が日本と日本人とを救い、戦後の復興を牽引する原動力となったと。その聖断ストーリーが、天皇制存置に結果しただけでなく、天皇制国家固有の思考方法や組織（特に官僚組織）をも存置させ、それがそっくり戦後に持ち込まれたのです。そこでは岸信介に代表されるような人物をも戦後に復権させる機能を発揮したのです。その意味で「聖断」が戦前と戦後の橋渡しをしたと言えます。

第二には、戦争指導者としての昭和天皇及び日本陸・海軍軍人は、非選出者であり、国民の意思と関係なく戦争指導を遂行しました。その結果、国民不在の戦争として先の戦争があった。そこから敗戦責任、戦争責任への自覚は、国民の間で生まれようがなかったと考えられます。

戦争との関わり方は、「被害者」や「騙《だま》された」とする没主体的な位置に徹することによって、被侵略諸国家及び被植民地国の人々から加害者として見られている事実に全く無自覚であり得たのです。しかし、例え明治憲法下において「臣民」と位置づけられようとも、それは自らが加害者ではないことの弁明にはならないのです。

第三に、「聖断」によって昭和天皇の戦争責任が免罪された事です。特に、戦後日本人にとって、侵略戦争の責任主体を明確にし、責任の所在を明らかにすることが不可欠でした。そうでなければ本当の意味で戦後は出発できなかったはずです。しかし、「聖断」が戦争責任の所在を曖昧にし、むしろ最大の戦争責任者を、最大の平和貢献者へと移し替えてしまったのです。それは戦後において、「平和主義者天皇」という虚像を再生産することで、戦後日本人にも戦前期日本への回帰さえ促してきました。

その一端が、靖国神社であり、「神の国」日本への憧憬《どうけい》という日本人意識です。この点を正面から論じなければ、日本人は戦前から解放されないのではないか、と思うばかりです。

## 徹底して美化された聖断

ここで少し聖断の経緯を追っておきます。

一九四五年八月一四日の午後一〇時半から宮中内で閣僚と最高戦争指導会議連合の御前会議が開催され、そこで戦前最後の首相となる海軍大将であった鈴木貫太郎首相が「聖断」を上奏し、これに応える形式で、昭和天皇が「国体に就《つ》いては敵も認めて居ると思う。毛頭不安なし」（原書房編集部編『敗戦の記録』原書房、一九六七年）と言い切ります。

御前会議を踏まえ、閣議で聖断を受ける形でポツダム宣言を受諾し、連合国に降伏することが正式に決定されました。そして、戦争終結を内外に公表するために「詔書」が作成され、同日の午後一一時半に天皇自ら「詔書」を朗読し、録音された訳です。それが翌日の正午に放送された、いわゆる「玉音《ぎょくおん》放送」です。「詔書」の内容からは、昭和天皇の聖断のシナリオを主導した宮中グループの姿勢が読み取れ、同時に詔書を朗読した昭和天皇の戦争認識及び戦争責任意識の欠落ぶりが如実にされています。

詔書は最初に「非常の措置を以《もっ》て時局を収拾」にあたった結果が聖断であったとし、戦争終結に到った原因に触れて、「戦局必ずしも好転」しなかったとし、あくまで日本が敗北したという事実を認めていません。

それどころか、敵の「残虐なる爆弾」（原子爆弾のこと）により多くの死傷者を出す結果となり、このまま戦争を継続すれば日本民族の滅亡と、人類文明の破滅を招来する恐れがあり、これを聖断によって救った、としています。つまり、原子爆弾の投下に至る経緯や背景については一切口を瞑《つむ》り、むしろ原爆投下の責任を暗に仄《ほの》めかすだけで、原爆投下を誘引した国内政治指導の過ちに背を向けています。

さらに、今回の戦争の位置づけに関しては「抑々《そもそも》帝国臣民の康寧《こうねい》を図り万邦共栄の楽を偕《とも》にする」ためと、「帝国の自存と東亜の安定とを庶幾《しょき》する〔心から願う〕」ことにあったと位置づけています。そこでは、中国をはじめアジア諸国への侵略戦争や朝鮮など植民地支配による多大の人的物的損害を与え、日本国民にも計り知れない苦渋を味合わせた戦争責任の所在を棚上げにしています。あくまで今回の戦争が、日本の自立とアジアの安定を願う、まさに「大東亜共栄圏」の建設を企図した事業の一環だと言い募るのです。

そこには降伏の文字は全く使用されず、ついで侵略の事実も、敗北の結果も、深刻な反省も一切見られません。さらに聖断による戦争終結の結果、「朕は茲《ここ》に国体を護持し得て、忠良なる爾《なんじ》臣民の赤誠《せきせい》に信倚《しんい》〔信じて頼ること〕し、常に爾《なんじ》臣民と共に在り。（中略）確《かた》く神州の不滅を信じ、任重くして道遠きを念《おも》ひ、総力を将来の建設に傾け、道義を篤《あつ》くし、志操《しそう》を鞏《かた》くし、誓て国体の精華を発揚し、世界の進運に後《おく》れざらむことを期すべし。爾臣民其《そ》れ克《よ》く朕か意を体《たい》せよ」と締めくくっています。ここまで来ても相変わらず、「国体護持」「神州不滅」が金科玉条の如く使用されているのです。

戦争終結で天皇制国家の一大事業が一端中断されはしたが、「臣民の赤誠」、すなわち日本国民の天皇への忠誠心を頼りにして、再びこれまで追求してきた目標を実現しようという文面で全体が纏められているのです。

こうして、宣言受諾により無条件降伏という事実が隠蔽され、併せて敗戦による戦争指導・政治指導の最高責任者としての天皇の地位と天皇制温存への新たなシナリオが、この「終戦の詔書」において巧みに練りあげられることになったのです。同時に、天皇自ら国民に向けて肉声で訴えるという形を採用したことは、戦争の被害と敗戦の衝撃で混乱の極致に陥ると予測された大部分の国民のなかに、天皇の戦争責任を免責する心理的効果をも生むことになりました。

東条英機ら七名がA級戦犯として絞首刑にされ、アジア太平洋戦争の終結が、天皇の聖断によって決定されたことは、重要な問題を提供しています。

それは何よりも、天皇の明確な意思によって日英米戦争が開始され、アジア太平洋戦争が終結したということです。換言すれば、聖断という旧憲法の枠組みを踏み越えた形式によってのみ、戦争終結を果たすことが可能であったということです。そのことは天皇の大権を代行する政治・軍事機構が、その内部調整と統制に行き詰まったとき、最終的には天皇の権威を背景とする調整と統合に依存するしかない国家体制であったことを示すものでありました。

明治国家体制が、国家緊急事態に陥った場合、国会も内閣もあるいは巨大な官僚機構も、何ら有効な機能を発揮し得ず、天皇の権威に縋《すが》るしかなかったことは、その根本原因が明治国家体制の分権性という点に求められます。そのことは、天皇制支配国家の弱点を克服し、さらに非常事態を乗り越えるには、天皇の持つ大権にもまして、天皇の権威が護られたこととの対比のなかで、一層鮮やかに昭和天皇免責論を醸成していくことになります。戦後天皇制を保守することにより、戦後保守権力が再生・復権するため、聖断の政治手法は決定的な役割を担ったことになるのです。

## 「聖断神話」の形成

敗戦によって本来解体されるべき戦争指導の主体が、自らの再生を目的として、言うならば自己変革を遂げることによって戦前権力の中身を保守することに成功していきます。それゆえに、軍事組織の解体や憲法の全面的改定といった政治変革によっても、天皇制はあらたな施しを得て温存されることになったのです。

確かに、統帥権者など天皇の政治権力は敗北によって失われましたが、天皇の権威は聖断という政治的儀式によって、逆に倍加される機会を与えられたと言えます。聖断による開戦決定および戦争終結の方式が採用されたことで、アジア太平洋戦争の戦争責任の所在が曖昧にされ、戦争行為を発動した国家の意思をもまた不明確にする結果を招くことになったことも極めて重大な問題です。

要するに、聖断は戦争責任を棚上げしたばかりか、天皇制機構を戦後における新国家体制へとスライドさせるうえで重要な役割を担ったことになります。その過程で天皇の戦争指導政策の失敗と責任が不問に付され、天皇制機構が温存されたのです。事実、戦後の保守再編強化の過程で、この聖断によって「平和」天皇に〈変身〉した新たな天皇を〈象徴〉という形式にして利用していくのです。

その意味で天皇〈象徴〉化の背景には様々な政治上の思惑が混在していますが、これまで述べてきた文脈で言うならば、昭和天皇あるいは近代天皇制を非政治的な存在として内外に認知させることで、戦争責任者としての主体性を曖昧化あるいは不在化することにあったのです。非政治的かつ非主体的な存在に戦争責任という歴史事実から派生する具体的事象は問えない訳ですから。

陸海軍という戦争の実行組織の統帥者である天皇の責任を不問に付するうえで、最も不可欠で説得的な方法として天皇及び天皇制の再定義を敢えてなし、戦争責任回避への道を聖断によって切り開いたのです。そこには戦争責任者でないがゆえに、聖断の主役を担える資格と条件を備えていた昭和天皇というイメージが創り出されたのでした。

確かに常識からすれば、責任者自ら責任を問い、自らを裁くことは出来ません。その常識を利用したのです。戦後、多くの「平和天皇」論が流布され、その過程で天皇の聖断によって「平和」がもたらされ、「日本国民」を戦争の惨禍から救ったという「聖断神話」が形成されてきましたが、その根底にはこの「常識」に便乗した判断が作用しているのです。

そして、この「聖断神話」を成立させるためには、天皇の立憲主義が過剰に強調され、絶対主義的側面が後方に追いやられたのです。恰《あたか》も昭和天皇が「君臨すれども統治せず」とする立憲君主制の原則を曲げず、アジア太平洋戦争も東条英機《とうじょうひでき》、梅津美治郎《うめつよしじろう》ら陸軍主戦派の横車に押されて、仕方なく開戦を決意し、最後には自らの権能を発揮して陸軍主戦派から戦争指導権を取り上げ、戦争終結に持ち込んだというストーリーが創作されたのです。そこでは昭和天皇と東条英機との信頼関係の厚さという事実は、周到に退けられています。

「平和天皇」であるためには、幕僚との関係は希薄化されなければならず、陸軍主戦派と対立関係にあった米内光政ら海軍穏健派との関係や、聖断による戦争終結論を説いた近衛文麿《このえふみまろ》や高松宮宣仁《たかまつのみやのぶひと》との実際以上の良好な関係が強調されます。そうした戦後から今日まで連綿と続く、ある種の歴史の歪曲のなかで「聖断神話」が戦後日本人の心性を掴《つか》んでいくのです。

東京裁判で一旦はA級戦犯に指名され、公職追放された戦前の権力者たちが、追放解除されて政界や官界で息を吹き返す背景には、聖断が一種の濾過装置の役割を果たしたとも言えます。言うならば、戦前の悪しき権力者や権力機構が、国体護持を図るための手段として創作された聖断という濾過装置にかけられ、そして洗浄されて衣服を着替え、戦後に同じ顔で再登場したのです。

戦前の天皇制が憲法の改編のみならず、財政面においても皇室財産・資産の凍結が占領統治の主要な政策として強行されるなかで、天皇の政治的かつ物理的な基盤が大幅に削がれていったことは事実です。その一方で昭和天皇自身は、新憲法制定前後から政治への関心を失わないばかりか、積極的な政治関与を敢えて行うことになります。

少し聖断論に拘り過ぎかも知れませんが、その役割について、以下四点を強調しておきたいと思います。

**一つ目**には、アジア平洋戦争が「天皇の　天皇による　天皇のための戦争」（正木ひろし）という本質を隠蔽し、天皇の戦争責任を封印するものであることです。

正木は、「実は朕の身の安全のために宣戦し、朕の身の安全のために降伏したと見るべきである」（『近きより─戦争政策へのたたかいの記録─』（弘文堂、一九四六年、四〇二頁、一九四六年一月、再刊第一号）と天皇と戦争の関係を喝破しています。帝国日本の戦争を〝聖断〟によって浄化しようとする現在まで続く聖断論の政治的役割への徹底批判が一層求められるところです。

**二つ目**には、戦前天皇制権力の戦後への温存と復権を果たすものであることです。そこに戦前権力と戦後権力との連続性を担保するものとしての聖断の役割があったのです。それゆえに敗戦を経ながら、日本は戦前的なるものを清算できないまま、〝新たな戦前〟を迎えようとしている、と言っても過言ではないでしょう。

**三つ目**には、戦後天皇制の存続と正統性の継続的確保を意図したものであることです。天皇の代替わりに関わる儀式のなかに、極めて色濃く反映される天皇即位式の実態を見るにつけ、そのことを思うばかりです。

四つ目に天皇制に内在する反民主主義・反人権主義を覆う外皮としての役割期待があることです。現在においても、天皇は天皇制賛美論・受容論を醸成する根源の一つとしての政治的機能を発揮し、同時に戦前と戦後の連続性を担保する役割を担っているのです。

なお、ここまで話した内容について、より詳しくは山田朗氏との共著『遅すぎた聖断』（昭和出版、一九九一年）と纐纈厚『日本降伏―迷走する戦争指導の果てに―』（日本評論社、二〇一三年）をお読み頂ければと思います。

## 戦後天皇制の復活と昭和天皇の言動

さて、新憲法体制の発足後において、天皇の地位・身分が「象徴」の用語で骨抜きにされたこともあり、天皇自ら政治を手繰り寄せることは無理でした。しかし、天皇周辺および戦後内閣の閣僚たちは、天皇への「内奏」を繰り返すことによって、自らの政治的権威を高めようとし、天皇もまた「内奏」を受けることで、脱政治化された天皇及び天皇制に、新たな息吹を吹き込もうとしました。

「内奏」を行動に移した典型事例が片山哲《かたやまてつ》内閣の外務大臣であった芦田均《あしだひとし》によるものでした。芦田は、一九四七年七月二二日、天皇に拝謁する機会を得たのですが、その折りに日本の対ソ外交方針をめぐり天皇自らの見解を披歴しています。つまり、日米関係を重視し、ソ連とは一定の距離を保つべしとしたのです。その後、芦田外相は、何度か天皇への内奏を行っています。

例えば、一九四八年八月一〇日の拝謁の折りには、昭和天皇から「共産党に対して何とか手を打つことが必要と思ふが」とする問いに芦田は、「私は共産党の撲滅は第一に思想を以てしなければなりませぬ」と答えたと日記に記しています（『芦田均日記』一九四八年八月一〇日の項）。

歴代の首相でも内奏に積極的であった佐藤栄作をはじめ、幾人かの政治家がいました。内奏に及んだ閣僚あるいは政治家たちにとって、昭和天皇は依然として戦前的な権威を保持した君主として認識されていたに違いないのです。そうであればこそ、昭和天皇は、「人間宣言」を行った後にも、今度は「人間天皇」として、新憲法によって制約された自らの政治的行為の禁止を意に介することなく、次々と政治的発言や政治的行為を重ねていくのです。

後から政治問題化しますが、アメリカ軍による沖縄占領統治の願望を語ってみせ、また、日米安保の締結に積極的な姿勢で臨もうとした昭和天皇のアメリカ追随と沖縄の切り捨てという姿勢も、天皇自身のひとつの政治判断として、間接的ながら政府の態度決定に大きな影響を与えました。その意味で、天皇は自ら意識する以上に政治的行為を重ねていたのです。

新憲法による規制がありながら、昭和天皇が次々と政治判断や政治的影響力を事実上行使することが可能であった昭和天皇の政治的行動の背景には、天皇自身とその周辺が、天皇の戦争責任が問われなかったことから、引き続き一定の政治的行為や言動が許容されているという認識が存在したからです。また、それこそが、聖断論を再生産させる原動力となったのです。

そこでは文字通り、聖断が政治的演出として格好の役割・期待を与えられました。事実、天皇の政治的役割は、一九四五年九月当時から始まった天皇の「地方巡幸」によって、一段と高まることになりました。地方巡幸は、「人間宣言」を行うことで、天皇の神格性・神聖性を喪失させることと引き替えに、あらたな〝天皇認知〟を獲得する手段として考案されたイベントでした。

聖断の効果を確認するかのように開始された昭和天皇の地方巡幸は、戦後の象徴天皇制を保持するための行為でありましたが、天皇周辺に存在した不安と懸念とを払拭する結果となりました。つまり、地方巡幸は、予想外の好意的な反響を引き出し、また、天皇への親和性を醸し出したのです。そのような結果が、聖断論を不動な地位に押し上げることにもなったのです。

## 戦争責任を問う声の希薄さ

しかし、再三指摘するように、そのことが昭和天皇の戦争責任を問うことによってアジア太平洋戦争の本質を探り、戦後世代にもその侵略戦争を問い続ける機会を奪っていったと思います。その結果、昭和天皇の戦争責任や天皇制それ自体を問うことも、戦前と同様に事実上はタブー視されることになりました。天皇報道への管理・統制ぶりが、際だっている戦後日本のジャーナリズムの実態を指摘するまでもないでしょう。

また、一九九〇年一月一八日、天皇の戦争責任に言及した本島等長崎市長（当時）が銃弾を浴び、地方議会において、天皇の戦争責任に関する質問を行った議員への問責決議や戒告処分など、明らかに言論封殺とも思われる愚行が繰り返されました。

こうした言論封殺の行為に、ジャーナリズムは毅然とした態度を採ることをせず、概して傍観者の立場に終始する有様でした。そのようなジャーナリズムのスタンスは世論にも内在化しており、同時に多くの保守系政治家たちの天皇観にも表現されていきます。

なかでも、森喜朗首相（当時）の、「日本は天皇を中心とする神の国」と論じた、いわゆる「神の国」発言（二〇〇〇年五月一五日）は、現職の首相が主権在民を基本原理とする戦後民主主義を否定してみせる言動の異様さと、これに毅然とした姿勢を見せないまま、この発言を事実上受容していく世論やジャーナリズムの姿がありました。

最後にもう一点だけ付け加えておきたいと思います。

それは、「天皇政治」が敗戦によって解体されたことは事実だとしても、天皇制を将来における日本政治の中核に据え、「新生日本」の再構築を目指す動きが顕在化していることです。昭和天皇の証言録の史料公開が進められている背景には、軍人天皇であった昭和天皇を〝平和天皇〟とする証拠立てを用意する意図が透けて見えます。昭和天皇の戦争責任論を回避するために徹底した人柄論に倭小化する試みが、ある種の政治的意図を伴ってなされているのです。

それは天皇制及び昭和天皇の脱政治化です。その意味は二つあります。**一つ**には、戦後の天皇制研究や昭和天皇研究によって、聖断により戦後天皇制と政治体制とが表裏一体の関係にあることが明らかにされてきました。そのことを通して、戦後日本がこれらの関係のなかで戦争責任を問えない、問わない構造を創り上げてしまいました。私たちはこの構造を解析し、解体する努力することなくして、昭和天皇の戦争責任を問う視座を確立することはできないのです。

いまや平成の時代が終わり、令和という元号の下で昭和天皇よって明らかにされた天皇は、政治・軍事との一体性という制度的かつ歴史的事実を可能な限り薄められている側面もあります。「人柄論」を先行させた昭和天皇の証言が、相次ぎ出されている理由がここにあります。

**二つ**には、天皇制自体の脱政治化です。天皇が国家的地位を保ち続けるためには、脱政治化は不可欠と踏んでいることとです。天皇制の政治的位置の変容をどのような視点で捉えるかは、今後の天皇制研究の大きな課題です。元首天皇制から象徴天皇制、さらに脱政治化の方向で示された「新天皇制」像は一体どのようなものとなるのでしょうか。

復古主義的天皇制でも、民主的天皇制でもない、とすれば意図される天皇は、かつての天皇機関説論のような国家主義的天皇制とでも言いうるような国家機関の主要な一つとしての位置なのか。

そうなると最終的には脱政治化への試みとは逆に、天皇制の政治化が目論まれ、現行憲法における天皇関連の条項も変更が政治日程に上がってきましょう。天皇制のあり方に決着をつけるところまで、今後議論が発展するか否かは定かではありません。しかし、それが戦後に蓄積された民主主義の成果を否定するものであってはならないと思います。

何れにせよ、民主主義制度の深化を阻むような「新天皇制」への脱皮を許してはならないことだけは、はっきりさせておきたいと思います。

## 4　戦争観の形成と天皇制

### 日本の戦争への寛大な措置

聖断論を中心に特に昭和天皇の戦争責任問題を話してきましたが、日本敗戦時において天皇制の廃止か存続かで連合国側で激しい議論が展開されたことは周知の事実です。その結果として、結局天皇制存続というアメリカの対日方針が決定されていくのです。戦後の国際社会を主導する連合国、取り分けアメリカの思惑が天皇制存続を結果しただけでなく、昭和天皇の戦争責任問題にも重要な作用を与えていたことも繰り返し俎上に挙げられてきました。

その経緯について先ず簡単に整理しておきます。

戦勝国であるアメリカを筆頭とする連合国側は日本の戦争責任規定に関して、サンフランシスコ講話条約の第一四条で「日本国は、戦争中に生じさせた損害及び苦痛に対して、連合国に賠償を支払うことが承認される」と明記する一方で、アメリカは対日賠償請求権を放棄します。そのことによってアメリカは対日講和が寛大な講和であることを強調し、戦後日本がアメリカへの〝帰依《きえ》〟（＝物理的かつ精神的な従属感の涵養）を意図していきます。

同条約は、戦争責任者には厳しい措置を採用することを以下のような文言で謳っています。すなわち、「日本国民を欺瞞し、之《い》をして世界征服の挙に出ずるの過誤を犯しめたる者の権力及び勢力は永久に除去せられざるべからず」（第六条）とか、「吾等の捕虜を虐待せる者を含む一切の戦争犯罪人にたいしては、厳重なる処罰を加えられるべし」（第一〇条）などの条文です。

その一方で天皇の戦争責任は曖昧にされていきます。すなわち、「降伏の瞬間から天皇および日本政府の国を統治する権限は連合国軍最高司令官に従属するものとする」とし、占領下でも天皇の統治する権限が残ることを示唆しているのです。

つまり、天皇の免責を用意していきます。天皇免責の政治意図には、戦後のアジア冷戦体制を射程に据えた天皇の政治利用が意図されていたことは明らかですし、それが結果的に天皇の戦争責任を正面から問題にする機会を奪うことになったのです。

それでは戦争責任をめぐる国民意識は、一体どのようなものであったのでしょうか。それを先に一言で言ってしまえば、払拭されない「帝国意識」ということになるでしょうか。具体的に言えば、中国人・朝鮮人の自治能力や抗戦能力への過小評価、侵略戦争への認識の欠如、アジアに対する優越意識や帝国主義的な勢力圏の吐露などです。

戦争責任問題への関心の希薄さと責任意識、敗戦による海外領土放棄という植民地支配終焉の歴史状況、敗戦による虚脱感が植民地放棄の事実への無関心など、責任意識が深まらなかった理由があります。その根底には自分たちは戦争指導者たちの命令に従っただけで、自分たちは騙《だま》されただけであり、悪いのは指導者なのだとする、いわゆる「指導者責任論」が極めて強かったことがあります。

## 戦争認識が深まらなかった理由

それでもう少し日本人の戦争認識が深まらなかった要因について触れてみます。それは、やや繰り返しになりますが、以下の二点だけ指摘してみたいと思います。

**第一**には、「帝国意識」からの脱却が出来なかったことが挙げられます。それが、加害意識を曇らせる原因ともなり、また、対アジア侵略戦争への「後ろめたさ」も国民意識の深いところで内在したことも確かです。どこかで加害者としての自己と向き合いつつも、それを認めたくない。あの戦争は本当ならやってはいけない侵略戦争だと理解していても、それを口に出して認めることは、自らを加害者として規定することになる。その勇気も覚悟もない。

そうした思いのなかで、虚勢を張り続けるしかなかった戦争当事者たちも少なくなかったはずです。そうしたうしろめたい気持ちを払拭するためにも、逆に戦争責任の火の粉が飛んでこないように、侵略戦争批判者に異議を唱えることで精神の均衡を保とうとする姿勢です。

**第二**には、先ほども触れた「騙された」論です。これは「騙した側」の問題と「騙された側」の問題に分かれますが、「騙された」という意識を突き詰めていけば、なぜ騙されたのかという国民自身の問題にも突き当たります。騙した側を騙された側が批判したとしても、それは遅きに失した問題です。重要なことは、なにゆえ騙されてしまったか、とする発問を自らに向かって突きつけない限り、再び騙されてしまう可能性が論理的には生まれます。

この問題に関して二人の知識人の言葉を引用しておきます。

一人目は映画監督の伊丹万作《いたみまんさく》氏です。伊丹氏は「戦争責任者の問題」（『映画春秋』映画春秋社、創刊号一九四六年八月、『新装版　伊丹万作全集』第一巻所収、筑摩書房、一九六一年）のなかで、「一度騙されたら、二度と騙されまいとする真剣な自己反省と努力がなければ人間が進歩するわけがない。此の意味から戦犯者の追及ということも無論重要であるが、それ以上に現在に日本に必要なことは、先ず国民全体が騙されたということの意味を本当に理解し、騙されるような脆弱な自分というものを解剖し、分析し、徹底的に自己を改造する努力を始めることである」と記しています。

騙された、という思いを抱きながら、自らは加害者でなく被害者だと規定することに終始する余り、しかし被侵略者からすれば加害者と認定されているかもしれない立場から逃避しようとする姿勢からは、戦争責任問題への関心は生まれようがありません。

都立大学で教鞭を執り、弁護士でもあった戒能通孝《かいのうみちたか》氏は、「戦争裁判は何を教えるか」（『地上』一九四八年四月号）で、「軍がどれほど強力でも、国民の消極的支持がなかったら、あれほどまで乱暴な行動を続けていくことはできなかったはずである。東京裁判の被告らが、それぞれの立場から糾弾されたのは、ことばを変えて言えば、われわれの何処かにあるごろつき的な精神や、便乗的な精神が、何かの形で糾弾されているのであって、それをまともに受けることがなかったならば、本当の国家再建は、まだまだ遠い先のことだろう」と述べています。

つまり、総力戦として戦われた先の戦争では、民衆の自発的な戦争参加が不在であれば成立し得ない戦争であった、としているのです。民衆不在の戦争ではなかったとしている訳です。そこに権力者とは異なる次元ではあっても、民衆の戦争責任が存在し、その存在を自覚して受け止めない限り、戦争責任意識が生まれてこない、と指摘しているのです。

昭和天皇の広島巡幸（1947 年 12 月 7 日）

## ダブル・スタンダード（二重基準）の成立

敗戦直後の時期、つまり一九五〇年代において戦争責任を感じている人々が皆無であった訳ではありません。存在はしましたが、そうした人々のなかにも、戦争責任意識の在り様については混乱と矛盾が生じていました。

そこでは東京裁判による最低限の戦争責任の受け入れと、国内における戦争責任問題の事実上の棚上げ、ないし否定という相矛盾した姿勢を採るケースも目立っていました。具体的には、一九五二年四月二八日の講和条約発効後、日本国内で戦犯釈放を求める国民運動が活発化します。

例えば、一九五三年一一月一一日、「抑留同胞完全救出巣鴨戦犯全面釈放貫徹国民大会」が両国の旧国技館で開催されました。主催者の発表では、参加者約一万三〇〇〇名、演壇に約三〇〇〇名分の釈放要求署名が積み上げられました。国会における戦犯釈放要求の決議文が読み上げられ、国会議員への働きかけが果敢に行われました。

そこに参集あるいは支持した人たちの考えは、勿論一色ではありませんでした。

その一例を紹介します。この動きは前年の一九五二年一二月九日に開催された第一五回国会に提出された「戦争犯罪による受刑者の釈放等に関する決議案」の審議のなかにも以下のような形で影響していました。すなわち、共同提案者の一人で、左派社会党に所属していた古屋貞雄《ふるやさだお》衆議院議員が行った賛成理由の発言は、戦争責任問題を考えるうえで実に疑問とせざるを得ない発言でした。

世界の残虐な歴史の中に、最も忘れることのできない歴史の一ページを創造いたしたものは、すなわち広島における、あるいは長崎における、あの残虐な行為であって、われわれはこれを忘れることはできません。(拍手)この世界人類の中で最も残虐であった広島、長崎の残虐行為をよそにして、これに比較するならば問題にならぬような理由をもつて戦犯を処分することは、断じてわが日本国民の承服しないところであります。(拍手)

古谷議員は侵略戦争や植民地支配という加害の事実と広島・長崎への原爆投下による被害の事実を比較して、後者の方が行為として許せるものではなく、そこから日本の戦争責任は相対的に低いと言わんばかりです。問題は、侵略戦争の加害事実を正面から先ずは受け止めることです。広島・長崎をはじめとする被害の事実に対し、日本人として原爆投下者のアメリカへの異議申し立てをすることが重要であることは言うまでもありません。

この二つの加害と被害は軽々に比較可能なものではないのです。しかし、この決議案は賛成多数で可決成立することになります。そこで、この議案に堂々と反対弁論をした労働者農民党の館俊三《たてしゅんぞう》議員の発言も紹介しておきましょう。

周知のように、戦争犯罪人を断罪した極東裁判は、ポツダム宣言受諾によつてなされたものであります。B、C級等下級戦犯者の釈放等は、従ってポツダム宣言にのっとる中ソ両国を含む全面講和の早期締結によつて初めて可能なものであります。本決議案は、この点を全く無視したものであります。本決議案の真のねらいは、第一に、これによってサンフランシスコの単独講和の既成事実化を推し進め、これを合理化することであり、第二にB、C級等下級戦犯者を釈放した上、これらの人々自身の意に反して、これを軍国主義と再軍備のための宣伝と組織に利用せんとするものであり、第三には、A級戦犯の全面釈放のための伏線であり布告であると私は断ずる。（発言する者あり）

館議員の指摘する、戦犯釈放が直ちに日本軍国主義に繋がる、あるいはその復活を意図したものとは言い切れませんが、加害責任を当然に追うべき指導者が軽々にその罪を許されてはならないとする主張には合理性があります。

ただ、館議員の主張の骨子は戦前における反戦運動を担った、いわゆる政治犯の釈放を優先すべきであるとするところにありました。「今日戦争反対、再軍備反対を叫ぶ熱心な多数の平和愛好者、平和運動者が全国各地で不当にも逮捕され、投獄されていることによっても、おのずから明らかであります。わが党は、これらの平和運動者の即時全面釈放と、それらの人々に対する国家の正当な補償を要求するものである」の件《くだり》です。至極真っ当な見解に思います。

館議員は、ここを最も強調したかったのかも知れません。それにしても当代でも社会党左派に所属する議員が、加害者である戦争指導者の釈放を要請する議案で、先に述べた内容により賛成意見を述べていたことに少々驚きます。

そこには加害と被害の峻別が十分に出来ず、加害責任の重さへの無自覚ぶりが浮き彫りになっているように思います。左派社会党議員でさえ、こうしたスタンスであった訳ですから、このことは、戦争責任意識を明確にすることが如何に困難であったかを示唆しているようです。

## 時代と戦争観の変容

占領期に東久邇宮稔彦《ひがしくにのみやなるひこ》内閣の「一億総懺悔《そうざんげ》」論による戦争責任の曖昧化と平等化については良く知られていることと思います。戦争敗北の理由を物的格差に求め、敗戦の責任を「一億総懺悔」論で棚上げしました。また、開戦責任は完全無視を決め込みます。これは勿論連合国軍最高司令部（ＧＨＱ）の政策と完全に一致したものでした。

つまり、戦争指導層と国民とを分離し、戦争指導層の戦争責任だけを強調して国民の責任を免罪することにより、アメリカへの同調を求めたのです。同時にアメリカは「大東亜戦争」の呼称を廃止させ、「太平洋戦争」の呼称の普及に努めます。そこでアメリカは一九四五年一二月一七日、全ての全国紙にＧＨＱ提供の「太平洋戦争史　真実なき軍国日本の崩壊」の掲載命令を発したのです。

一口に言ってしまえば、戦争名称の変更命令の意図は、先の戦争がアメリカを相手とする戦争であって、日中戦争は対米戦争の附属的な位置にあるとする戦争史観を日本人に植え付けることにありました。

アメリカから強要された史観を「太平洋戦争史観」と呼称するならば、それは以下の特徴を持つものと言えます。

**第一**に、日本の長年にわたる戦争相手であった中国との日中戦争の意義を低く見積り、日本軍国主義を打倒したのはアメリカの巨大な戦力であることを強調していることです。それがまた戦後の日米安保体制を受容する日本人の歴史認識を生むことになります。これを私は〝日米歴史認識同盟〟と呼んでいます。

日本が敗戦の憂き目に遭ったのは、アメリカの途方もない巨大な軍事力と工業力であり、そこから日本は二度と敗戦の憂き目に遭遇しないために、世界最強国家アメリカと随伴すること。それが日本の安定と平和に結果するとして、対米依存・従属の認識を持ち込んでしまったのです。

**第二**に、軍部を中心とした「軍国主義者」の戦争責任だけが問題とされ、天皇及び宮中グループ・財界・新聞人などの「穏健派」は、「軍国主義者」に対立した勢力として位置づけられたことです。そして、国民は「軍国主義者」に「騙された」存在として捉えられました。昭和天皇を免罪すると同時に、日本国民をも免罪するものです。

事実、アメリカ政府の初期対日占領政策では、日本陸・海軍を中心にした軍部の戦争責任だけを問題化します。そして、その他の対象者（組織・団体）の戦争責任を隠蔽・矮小化・黙殺していきます。

一九四五年九月二二日、アメリカは「日本国民に対して其の現在及将来に関し陸・海軍指導者及其の協力者が為《な》したる役割を徹底的に知らしむる為《ため》一切の努力が為《な》さざるべし」（『降伏後における米国の初期対日方針』「第三部　政治　第一項　武装解除及非軍事化」）を明らかにします。ここに良く言われるように軍国主義者（帝国陸・海軍）と軍国主義の被害者（日本国民）とを分離することによって、日本国民のアメリカへの同調を確保しようとしたのです。

こうしたアメリカの思惑はものの見事に功を奏していきますが、私の言う〝日米歴史認識同盟〟はアメリカとの間には成立しても、同じ連合国であったイギリスやオランダでは異なりました。

例えば、一九七一年九月から一〇月にかけて昭和天皇は訪欧の旅に出ます。ところがイギリスやオランダでは昭和天皇の訪問に反対するデモが頻発します。戦時中におけるイギリス人捕虜への虐待や軍政統治下においたインドネシア在住オランダ人女性の従軍慰安婦化などの問題が浮上し、昭和天皇糾弾の声が挙がったのです。

この訪欧前後から昭和天皇の戦争責任を問う議論が日本国内で活発化します。その訪欧の旅からの帰国後、一九七一年一〇月三一日、記者会見に臨んだ昭和天皇は、戦争責任問題についての質問に、「わたしはそういう言葉のアヤについては、私はそういう文学方面はあまり研究もしていないので、よくわかりません」と答えてしまったのです。

周到に責任問題への回答を回避したのか、本当に関心がなかったのかは定かではありませんが、「文学方面」と戦争責任問題を一蹴してしまった姿勢には、国内外からも批判と不快の思いが拡散しました。

## 5　あらためて戦争責任を問う

### 外的構造からのアプローチ

戦争責任意識が不在あるいは希薄である内的構造のような話をしてきましたが、それに対して外的構造とも言うべき側面も見逃す訳にはいきません。つまり、日本人の歴史認識に絡む内的構造の問題とは別の、戦後日本が置かれた国際政治上の位置に起因する戦争責任不在性の問題です。

これは良く指摘されていることだと思いますが、戦後北大西洋機構（ＮＡＴＯ）という並列型の集団自衛条約が締結され、ドイツがこれに参入するためには被侵略諸国家への謝罪や戦争再発防止の宣誓が不可欠の状況にありました。これに対して、日本はアメリカ直列型の二国間での安保条約が締結され、アジアの被侵略諸国家への謝罪が必ずしも必要とされなかったという違いがあります。

ドイツの場合にはアメリカ、イギリス、フランス、ソ連の連合国四カ国による直接軍政統治が行われましたが、日本の場合にはアメリカによる間接統治として戦後出発しています。

そこでドイツと日本の戦後戦略の相違を少し整理してみます。

先ず、戦前においてドイツはヨーロッパのドイツ化を目指して戦争に投入します。日本はアジアの日本化です。それが戦後にどうなったかと言えば、ドイツはドイツのヨーロッパ化に尽力し、日本は結局アメリカ化に奔走します。その結果、フランスやイギリスをはじめ、かつての戦争相手国であった諸国はドイツを友好国として迎え入れ、現在では欧州連合（EU）を創設し、ドイツが中心国とまでなっています。

これに対して日本はアメリカとの事実上の二国間条約として安保条約を締結し、経済的政治的かつ軍事的に依存・従属関係のなかで戦後出発をします。日本はアジアに回帰する選択をせず、中国をはじめ近隣諸国とはアメリカの肩越しにしか接点を見つけようとしない国家となっています。

戦争責任の在り方についても、ドイツと日本には多くの相違点が指摘されています。そもそも戦争決定過程では、ドイツが選挙で選出された国家社会主義ドイツ労働者党（NSDAP）、いわゆるナチ党が戦争発動に踏み切りました。そのことは合法的に選出された政党主導の戦争発動にはNSDAPを選んだ多くのドイツ国民が加担したことを意味します。それゆえ、戦後多くのドイツ国民は戦争発動の直接的かつ間接的な責任を痛感し、反省せざるを得なかったのです。

ところが日本では御前会議により開戦が決定されました。御前会議とは、超憲法的な会議であり、国民の認知不可能な場で開戦が決定されてしまった訳ですから、国民不在の戦争と言えます。日本国民が当然ながら開戦責任を含めて、戦争責任を自覚することは困難なことでした。

戦後の出発においても両国では歴然とした差異がみられました。両国の戦犯を裁く国際軍事裁判において、ドイツのニュルンベルク裁判では米ソ英仏の平等原則が貫徹されましたが、東京裁判では米ソによる冷戦の論理が適用され、アメリカは昭和天皇を訴追せず、日本の間接統治政策に利用します。こうしてアメリカはソ連の日本への浸透を阻止していきました。

それは戦後改革においても示され、天皇制及び官僚機構は事実上温存されました。つまり、戦前の権力構造が戦後にスライドされたのです。ドイツで戦前期の前国家機構が徹底して解体されたこととは大違いでした。

公職追放の比較においてもドイツの場合は約一一二万人が追放され、追放解除の機会は与えられませんでした。しかし、日本ではその五分の一程度の約二一万人が公職追放され、かつ三〜四年後には追放解除がありました。追放解除された政治家や軍人は、例えば岸信介のように総理大臣にまで上り詰める政治家もいましたし、警察予備隊の指揮官に採用された旧帝国日本の軍人も少なくありませんでした。

こうした一連の相違を外的構造あるいは外的要因という言葉で捉えるならば、ドイツと日本との戦争責任意識の違いのメカニズムが透けて見えようと言うものです。

## 戦争犯罪の三区分とその内容

私たちが戦争責任と言う時、それが漠然とした実に曖昧な用語であることに気づきます。あまりにも抽象度の高い用語であり定義も容易ではありません。そこで戦争犯罪の用語が使われることが多くなっていると思います。それは、一般には、国際法上の法則や慣例に違反した罪、平和に対する罪、人道に対する罪のことを一括して戦争犯罪と呼びます。

ここで言う戦争犯罪の用語に拘って言えば、三つに区分可能に思います。

**第一**には、日本が行った侵略戦争としてのアジア太平洋戦争を戦争犯罪とする認識です。そこでは侵略戦争に至る明治国家成立以降の近代化総体に迫る試みが不可欠であり、主に歴史研究者がこの問題の解析を積み重ねています。つまり、侵略戦争が国家による戦争犯罪であり、国家（＝天皇）の名で遂行された国家による組織暴力という把握の確認が進められました。同時に様々な留保がついたとしても、国家犯罪に加担し、これを消極的あるいは積極的に許容してきた民衆の罪責問題も重要な問題として捉えられています。

**第二**には、国際法に照らして行った非人道的行為を戦争犯罪とする認識です。日本軍による他民族虐殺、捕虜虐待、軍隊慰安婦、朝鮮人や中国人などの強制連行、毒ガス兵器や細菌兵器の使用などが具体的事案として俎上に挙げられている訳です。その背後にある日本人の対アジア認識や、異民族への差別意識を助長する政治意識や歴史認識の検証が不可欠です。

**第三**には、冷戦構造の「受益者」として戦争責任・加害責任を棚上げにしてきた戦後責任を戦争犯罪とする認識です。日本は戦争責任問題を不問に付しながら、冷戦構造のなかでアジアにおいて唯一「冷戦構造の受益者」として、経済的繁栄を謳歌しました。さらには日米安保を〝武器〟に、戦前と同質の対アジア抑圧をし、さらには相互信頼醸成システムの構築を放棄し、アジアを経済市場の対象としてのみ把握することをも戦争犯罪とする認識です。軍事侵略に替わる経済侵略を堅持する現状への異議申し立ての意味を含みます。

現在では戦争責任という倫理上の問題に傾斜し易い議論から、個別具体的な事実を資料や証言の収集に重きを置いた、具体的な戦争犯罪論が有力となっています。そこには、ドイツの著名なジャーナリストであったラルフ・ジョルダーノ（Ralph Giordano,1923-2014）の『第二の罪　ドイツ人であることの重荷』（白水社、二〇〇五年、原題は“Die zweite Schuld oder Von der Last Deutscher zu sein. Translator”）で明示された「第二の罪」論が注目されました。それは、ドイツの戦争犯罪を「第一の罪」（＝侵略戦争を犯した罪）とし、戦後政治のなかで「第一の罪」を隠蔽・歪曲・無視することを「第二の罪」（＝戦後責任）と指摘しています。そして、「第二の罪」を侵し続けるドイツ国内の動きを批判したのです。まさにジョルダーノは世代を越えた戦争責任論を展開し、日本における戦争責任論に大きな影響を与えることになりました。

ドイツでは戦争犯罪から、さらに進んで「罪責問題」（Schudfrage）の課題を設定し、「戦争責任」（kriegs-Schudfrage）によって、責任の対象を戦争一般に解消するのではなく、ナチスの戦争犯罪に関わった全ての人々の責任を問うことで、二度と戦争に加担したり支持したりしない政治意識や歴史認識の育成に尽力しているのです。

## これからの日本と私たちの立ち位置は

以上の話を含めて私たちは、一体どのような選択をすべきなのでしょうか。三点だけ箇条書き的に述べて話を閉じたいと思います。

**第一**に、戦後政治に孕まれた天皇制が、本物の民主主義の平和主義の成熟の阻害要因であることを自覚することです。天皇制に内在する政治原理と民主主義の基本原理とは、本来は共存不可能です。それを強引に共存させているがゆえに、民主主義社会でありながら、それと逆行する政治的光景に出くわすことになります。こうした矛盾や不合理を続けている限り、日本に本来の民主主義が根付くとは到底思われません。

第二に、歴史としての天皇制、政治としての天皇制、文化としての天皇制の総体を同時的に把握することです。天皇制の政治的文化的役割は憲法により封印されているはずですが、解釈換えが果敢になされている現実があります。つまり解釈換えによって、事実上の憲法違反行為が堂々と罷《まか》り通っているのです。

憲法解釈が恣意的に強行されていることは、別に天皇制に限ったことではありませんが、護憲の立場からして許容範囲を大きく逸脱してしまったことに馴れさせられている傾向があります。民主主義の根源を繰り返し問いつつ、この逸脱行為を是正する方向性のなかで、天皇制の問題を議論の俎上に挙げていく必要があります。

そこにおいては、天皇制や疑似民主制に代替する共和制など市民主体の政体構築を展望する議論も不可欠に思います。護憲運動を再定義するなかで、「第一章　天皇」の章を如何に捉えるのか再考する時だと思います。

第三に、私は拙著『私たちの戦争責任』（凱風社、二〇〇九年）の帯に、「過去の戦争に責任はなくとも、明日の戦争には責任がある」と記し、「未来責任」の用語を使いました。いま、世代を超えた戦争責任問題を論じ尽くす、粘り強い議論と持続性に富む運動が求められています。

そこでは近代日本の歴史をアジア、そして世界を射程に据えて捉える視点を保持すること、さらには当面は「アジア平和共同体の構築」を目途として〝民際交流〟の促進を図ることも思考すべきだと思います。

（二〇一九年七月二〇日　名古屋市での講演から）

# 第Ⅱ部

# 未決の植民地問題

# 第三章　朝鮮半島問題と植民地責任の狭間で

## ～東アジア平和共同体構築に向けて～

### はじめに

現在、ドラスティックな変容を遂げつつある朝鮮半島情勢と日本の植民地責任とを絡めて話してみたいと思います。朝鮮半島情勢を論ずる場合、かつての日本の朝鮮植民地支配の歴史事実は、繰り返し俎上に挙げなければなりません。現在の朝鮮半島情勢を創り出した素因としての日本の植民地責任と、その責任問題を語らずして朝鮮半島情勢は語り尽くせないからです。

それで、以下大きく三つの柱を立てて進めて参ります。

**一つ目**の柱として、朝鮮分断と日本の植民地支配の問題です。そこでは分断の歴史にも少し触れつつ、日本はいまだに朝鮮を植民地支配したことに、謝罪や補償などの責任をもった充分な対応ができていないことを強調していきます。そこでは日本人総体の歴史認識の不在性、あるいは稀薄性の背景にあるものを指摘していきます。

二つ目の柱として、急変する朝鮮半島情勢について、どう捉えるのか。現在多様の評価が飛び交う中で、私の見解を述べてみたいと思います。私は、ここで朝鮮戦争が、「脱植民地戦争」であったとする最新の見解を踏まえて論じてみたいと思います。

三つ目の柱として、アメリカと日本の対朝鮮政策の本質と問題性について触れておきたいと思います。アメリカは本気で朝鮮半島の自主的平和的統一に貢献しようとしているのかが大きな問題です。そして、そこにおける日本政府の姿勢が抱える問題点も合わせて指摘できればと思います。

## 1　朝鮮分断の歴史を追う

### 朝鮮半島分断前史から

最初に一つ目の柱として朝鮮半島の分断の歴史が何時から、如何なる経緯で開始されたのか、について概略から触れることにします。

実に多くの学説が存在しますが、その起点は、一九四五年八月一〇日から一一日にかけて作成されたアメリカの「日本占領計画」に求められます。それは同月一六日に完成しますが、アメリカの三省委員会、正式には「国務・陸軍・海軍調整委員会」(State-War-Navy Coordinating Committee 以下、SWNCC《スウィンク》)と言いますが、同委員会のなかでアメリカ陸軍はソ連による朝鮮全土の単独占領の可能性を阻止し、三八度線での分断方針を構想しています。それで「国務・陸軍・海軍調整委員会」が、一体何を根拠にして三八度線分断方針を構想したかですが、言うならばその前史があったのです。

例えば、日清戦争後、朝鮮半島をめぐり緊張関係を高めていた日本とロシアが、一八九六年に三八度を境界線に朝鮮分断を画策したことがあります。同様に一八九三年にも朝鮮分断交渉を水面下で進め、交渉妥結に至らなかったことも含め、日露戦争が開始されるまで、日本とロシアとの間に朝鮮半島の覇権争奪戦のなかで、三八度分断構想が俎上に挙げられていたのです。要するに日露両国は朝鮮分断により、同時に半島支配を目論んだのです。この日露両国の思惑は、結局、日露戦争により決着がつけられる形となりました。

そうした分断前史を踏まえ、先程話したSWNCCによる分断構想があったのです。SWNCCの分断構想の下地にあったのは、他でもなく日本による朝鮮植民地支配の歴史にありました。すなわち、日本の大本営が本土決戦に備えて三八度線以北を関東軍の管轄とし、三八度線以南の朝鮮軍を大本営の直轄とした歴史を直接の経緯としていることは間違いありません。この点については、ブルース・カミングス（Bruce Cumings）の著作である『朝鮮戦争の起源1――一九四五年～一九四七年　解放と南北分断体制の出現――』（鄭敬謨《チョンキョンモ》・林哲《リムチョル》・加地永都子訳、明石書店、二〇一二年）など参考となります。

もう少し具体的に言うならば、米ソの角逐《かくちく》のなかで分断が決定されていったのです。つまり、八月六日の広島、九日の長崎への原爆投下により、日本敗北が時間の問題となって以後、占領計画書作成過程の最終段階でアメリカの戦争指導者たちは、ソ連軍がこのまま進撃すれば朝鮮全土、北海道まで解放占領するかも知れないと危機感を強めることになります。

それで、急遽SWNCC陸軍省次官補の地位にあり、陸軍参謀総長ドワイト・アイゼンハワー（Dwight D. Eisenhower）の右腕的存在であったジョン・マックロイ（John J.McCloy）が命を受けて、二人の若い将校に朝鮮を分割する地点を見つけるようにと指示したのです。八月一〇日から一一日にかけての作業に与えられた時間は、たったの三〇分だけでした。二人はその間地図を見ながら、「アメリカ側に首都を含めることができる」という理由から、北緯三八度線を選択、これが朝鮮において米ソ両軍によって占領されるべき地

景福宮地内に建設された朝鮮総督府（1995年解体）

域として確定され、「一般命令第一号」に書き込まれたのです。詳しくは、崔文衡《チェムンヒョン》〈齋藤勇夫訳〉『韓国をめぐる列強の角逐—一九世紀末の国際関係—』（彩流社、二〇〇八年）を参照してください。

三八度線提案が出され、三八度線条項を含む一般命令が討議されている間にソ連軍が、一九四五年八月一二日、朝鮮北部に進撃し、八月一五日には千島攻撃を開始する予定でした。しかし、その時アメリカ軍はまだ沖縄に留まっていたのです。

九州上陸作戦の予定は一九四五年一一月一日でした。

「一般命令第一号」は、同年八月一五日、マッカーサ元帥に打電され、ソ連にも打電されました。それを受けて、スターリンは翌日ソ連軍による北海道北半分の占領を提案し、アメリカから拒否されてしまったのです。アメリカは、ソ連とイギリス、それに中華民国の四カ国による日本占領分割案を回避したかったのです。こうしてトルーマン米大統領は、日本の分割占領でなく単独占領を勧告したSWNCC70／5を承認することになりました。

北海道北半分の占領を望んでいたソ連のスターリンは、結局のところ朝鮮半島の北半分を勢力下に置くことで満足せざるを得なかったのです。独ソ戦で勝利国となっても疲弊仕切っていたソ連に、もはやアメリカに対抗するだけの余裕も戦力も残っていなかったのです。こうして、アメリカの提案を飲み、スターリンは三八度線分断を黙認したのです。

つまり、アメリカは日本の単独占領の目論見を貫徹するために、敗戦国でもない朝鮮の分断をソ連に提案したのです。朝鮮は、こうしてアメリカの日本単独占領計画のために分断の憂き目に遭うことになったのです。歴史の経緯を知るにつけ、戦前は日本の朝鮮植民地責任を、戦後はアメリカの朝鮮分断責任を同時的に問う視点が必要ではないかと思います。この二つの責任は、表裏一体の関係にあるからです。

少し日にちが前後しますが、八月一五日、日本政府は天皇の権威でやっと軍部の抵抗を抑え込み、天皇が戦争終結の放送をし、全日本軍に戦闘停止命令を発しました。いわゆる「玉音放送」です。三八度線条項を含む「一般命令第一号」は、同年九年二日、マッカーサ元帥によって発せられました。これが分断固定化の始まりです。

それにしても、朝鮮植民地化政策のなかで、一九一〇年八月二二日、国際法からしても、極めて違法性の高い「朝鮮併合条約」により朝鮮の植民地化を強行し、朝鮮半島を大陸侵攻の橋頭保にした帝国日本による犠牲を強いられた朝鮮民族が、帝国日本の敗戦により独立を勝ち取ったかと思いきや、敗戦国でもないのに分断を強いられた歴史事実は決して忘れてはなりません。帝国日本からアメリカとソ連へと、事実上の支配者は替わりましたが、朝鮮は引き続き大国の支配に翻弄されることになってしまったのです。

歴史に「もし」が許されるとして、米ソが日本に分断ラインを引いていたら、日本が北日本と南日本とに分断され、この間分断の苦しみに喘ぎ続けた南北朝鮮と同様の運命に置かれたかも知れません。そして、朝鮮戦争のように〝日本戦争〟という戦争が起きていた可能性もあります。

しかし、敗戦国である日本ではなく、敗戦国でもない朝鮮が分断されたと言う歴史事実は、戦後において帝国日本に代わる帝国アメリカと帝国ソ連の存在が、如何に朝鮮民族にとって負の存在であり続けたかを意味します。

朝鮮民主主義人民共和国（以下、北朝鮮）は国家発展のなかで、かつてはソ連、そしてその一部引き継いだロシア、そして現在は中国からの支援を受けつつ、自立する方向へと舵を切っています。一方、大韓民国（以下、韓国）はアメリカに軍事基地を提供し、経済的軍事的支援を受け続けることで、つまり、対米従属を貫徹することで独立国家としての体裁を整えようとしてきました。その韓国も、近い将来において対米従属一辺倒ではなく、自立への道を模索し始めていることも間違いないところです。そのことは、今回の南北朝鮮首脳会談に踏み切り、南北朝鮮の自主的平和的統一への動きを加速させていることからも看て取れます。

ここまで述べてきたことを一言で言えば、朝鮮分断ラインの契機となったのが日本の朝鮮植民地支配ということになります。それで次に、日本による朝鮮植民地が一体どのような経緯を経て強行されたのか、少し整理しておくことにします。

## 植民地支配責任不在性の根底には

日本の本格的な海外侵略は、明治国家が成立して僅か六年後の一八七四年に強行された台湾出兵でした。日本は、これを「台湾征討」という名称で呼び、名称が示すように台湾への懲罰とか制裁行為と位置付ける歴史観が根強く残っています。台湾では、これを牡丹社郷事件と呼びます。

この呼び方にあるように、当時琉球の首里（那覇）から宮古島に帰還中の御用船が台風で遭難し、琉球人の乗組員が台湾の南端に位置するパイワン族の牡丹社郷にある集落に漂着します。一時は救済されて手厚い介護を受けますが、何らかのトラブルが起こり、乗組員五四名が殺害されます。その報復措置として西郷隆盛の弟である西郷従道《さいごうつぐみち》が、三六〇〇名の部隊を率いて集落を襲い、殺戮の限りを尽くした事件です。私は二〇〇四年と二〇〇七年の二度、近代日本の最初の侵略対象地となった牡丹郷で開催された国際シンポジウムで、日本の帝国化の先駆けとなった同事件に関する報告の機会を得ました。

本来であれば事件の真相解明を行い、当時台湾は国際法上では清国の領土でしたから、清国との外交交渉により事件の解決を図るべきでした。しかし、台湾を足場に近い将来、台湾からバシー海峡を挟んでフィリピンを経由し、東南アジアへの進出の機会を窺っていた帝国日本は、台湾に出兵して、その足場を築く絶好のチャンスと捉えたのです。

台湾出兵から二〇年後、帝国日本は清国との戦争に踏み切ります。朝鮮の宗主国であった清国との戦争に打ち勝ち、朝鮮への支配権を確保しようとする帝国の野心を遂げようとしたのです。その意味で言えば、台湾出兵から日清戦争までは、台湾と朝鮮を植民地支配することで欧米諸列強と同様に植民地保有国となり、名実共に帝国として自他ともに許す存在となりたかったのです。政府や軍部だけでなく、圧倒的な日本人も、帝国日本への道に邁進することに賛意を表していたのです。

後に自らを「帝国臣民」と位置付け、日本国内で下層階級に属していようとも、植民地人である台湾人や朝鮮人よりは優越した存在だと自己規定することで、自ら置かれた被差別的境遇から逃れようとしたのです。被差別者が差別者になることによって、自らの境遇を慰め、その階級的な矛盾を自覚しようとしなかったのです。

その点から言えることは、植民地とは帝国日本の物理的かつ軍事的に価値ある場所に留まらず、日本国民の階級矛盾を忘却させ、その矛盾から派生する怒りを、政府とか体制に向かわせるのではなく、被植民地者に向かわせる場でもあったのです。少し難い表現をすれば、植民地とは、階級的矛盾の隠蔽の場、あるいは抑圧委譲原理が起動する場であったのです。

それゆえに、現在にまで続く台湾や韓国・朝鮮への差別的意識や言動の根源には、この帝国日本時代の抑圧委譲原理が形を変えつつも起動している、と言っても良いのかも知れません。日本人は植民地を失ってもまだ「帝国臣民」であり続けたいのでしょうか。

## 戦争の連鎖のなかで

日本は台湾出兵を強行して以来、二〇年後の一八九四年に日清戦争、一〇年後に日露戦争（一九〇四年）、この間の一九〇〇年にも中国で起きた義和団事件を機会に北京に出兵しています。さらに、一〇年後には第一次世界大戦（一九一四年）に連合国として参戦しています。この時、ヨーロッパには合計で一八隻の戦闘艦を派遣する一方で、日本陸軍は中国山東半島のドイツ租借地青島を攻略し、さらに南太平洋でドイツが保有するビスマルク諸島を手に入れていきます。この日本とドイツとの戦争を日独戦争と呼びます。

戦争はこれだけではありません。一九一七年に帝政ロシアの崩壊をもたらしたソビエト革命が起きました。それにより成立した社会主義国家ソ連への反革命戦争にも参戦します。これをシベリア出兵とも呼びますが、歴史上ではシベリア干渉戦争と記載するのが普通です。

シベリア干渉戦争には日本だけでなく、アメリカ・イギリス・フランス・イタリアなど連合軍が派兵しましたが、日本はそのなかでも最大の七万三〇〇〇名を派兵し、一九二三年撤退するまで五〇〇〇名以上の犠牲者を出しました。その後日本は、一九二〇年代には三次にわたる山東出兵を繰り返し、そして、一九三一年には満州事変を引き起こして日本の敗戦まで続く、いわゆる日中一五年戦争に入っていきます。この間に一九四一年には対英米戦争があり、一九四五年の敗戦まで戦争に明け暮れた歴史を刻むことになります。まさに、一つの戦争が次の戦争を用意していったのです。戦前日本は戦争の連鎖を断ち切れないでいたのです。

忘れるところでしたが、日清戦争によって日本に割譲された台湾及び澎湖諸島では、日本の植民化に反対する独立戦争が、実は一九二五年まで続きました。歴史学者の大江志乃夫氏は、これを台湾独立戦争と称しています。台湾でも朝鮮でも、実は植民地支配から解放されるまで、武装闘争を含めて様々な形で日本への抵抗が続きました。そのために日本も相当数の兵力や憲兵を治安対策に割かれることになります。これもまた、もう一つの戦争でした。

こうした連綿と続く戦争のために犠牲を強いられたのは、日本国民だけではありません。台湾・朝鮮・「満州」などの植民地が戦争資源の収奪地として位置づけられたのです。その意味で言えば、植民地支配は日本の戦争を支えるために強行された戦争政策の一環としても捉えられます。植民地支配と帝国日本の戦争は、表裏一体の関係にあったという点を忘れてはならないと思います。

戦前の日本の国家は、文字通り帝国主義国家、戦争国家であり植民地国家でした。この点については、先進帝国主義国家のイギリス、ドイツ、アメリカと同じです。決定的な違いは、日本が国民国家化、つまり日本が国家としての体裁を整えて行くのと、言うならば同時併行的に植民地保有国家になっていったことです。

当時の日本国民は、植民地を保有することと、帝国日本になっていくことをまったく同一次元で捉えていました。日本が国家として整備されていくなかで、植民地を保有することは当然であるという感覚になっていったのです。さらに重要なことは、内地延長主義の立場を保守していたことです。つまり、植民地にした朝鮮や台湾、あるいは南樺太（サハリン）などは日本の内地の延長でしかない、という考えです。

別の言い方をすれば、外国の領土が日本になるというのではなく、日本の領土が膨張していって自国領土になっていくという発想です。これはイギリスがインドを植民地にする、あるいは一八九八年にアメリカが米西戦争でフィリピンを植民地にすると言うように、自国から遠く離れた国を植民地にし、文化も歴史も異次元の領域を自国の領土にしていくケースと、日本のように台湾や朝鮮を植民地にしたケースとはまったく異なります。

かつてフランスがアルジェリアを植民地にしたときに、アルジェリアはフランスから独立するために戦争を始めます。異次元の歴史、言語習慣をもった二つの国が激しく戦いました。ところが、日本の場合には、一九四五年八月一五日に敗戦したと同時に、植民地が、ある意味で〝自然〟に日本から離れていきました。つまり、日本は自然に植民地を手にし、自然に植民地が離れていくという感じであったため、植民地を保有していたという意識が日本人には十分に形成されませんでした。朝鮮も台湾もまさに第二の日本、第三の日本であったため、人間のレベルで言えば、一等日本人、二等日本人、三等日本人という形で朝鮮人、台湾人等々を差別化していきました。帝国日本は、差別の構造のなかに始めて成立し得た、まさに差別強制国家であったと言えます。

日本という国家が成立するにあたって、当初から植民地を保有していくことに対して無感覚であったことは、大きな問題を孕《はら》んでいたのです。このような問題意識をもったアプローチは、残念ながら歴史学界であれ政治学界であれ、日本の学界ではあまり真剣に議論されてきませんでした。在野の評論家も含めて、植民地にたいする認識について深めた議論をしてこなかったのです。

私は「歴史認識の不在性」という言葉を使います。その言葉を借りるならば、植民地保有認識の不在性、あるいは稀薄性がいまだに払拭できていないどころか、むしろ再生産されている雰囲気があります。

安倍晋三首相の韓国や朝鮮に対する言動を見ていると、そのような雰囲気を想起せざるを得ないのです。そのような意味では、日本の歴史が形成されていく過程において、正しい認識をもつことは大きな意味があるということを強調しておきたいと思います。

## 2　天皇制の物理的基盤としての植民地

### 天皇制存続による植民地支配責任の回避

もう一つは、天皇制と植民地の問題です。天皇制については様々な考えや意見があると思います。前にも述べましたが、植民地は天皇、あるいは天皇制の直轄地でありました。幕藩体制下で金鉱石の採掘の場として有名な佐渡島が、「御領《ごりょう》」とされ、それが明治時代から「天朝の御領」と呼ばれ、略して「天領」とされてきました。それと同様に朝鮮や台湾は天皇制の直轄地という意味で、言うならば〝天領〟であったと言えます。天皇の「御領」だから〝天領〟と言う訳です。まさしく植民地は「天皇の領土」であった、と形容してもよいでしょう。

日本国内であれば、政党や帝国議会が存在しますから、政策によっては猛烈な反対運動や議会内での議論が沸騰する場合も少なくありません。しかし、政党も議会も不在である植民地では、天皇も政府もある意味何でも強行できたのです。

台湾、あるいは朝鮮を支配していた最高責任者は、台湾軍司令官、朝鮮軍司令官です。「満州」（満州帝国）の場合は関東軍司令官が絶大な権限を与えられていました。その関東軍司令官・朝鮮軍司令官・台湾軍司令

朝鮮神宮（現在はソウルタワーのある南山公園）

官は、天皇から直接任じられた勅任官である軍人です。植民地の司令官は、天皇にもっとも近い存在であり、植民地は天皇の私有地そのものであったのです。台湾も朝鮮も帝国議会の権限が及ばない、大日本帝国憲法の効力も通用しない戦前の憲法番外地であり続けたということはよく知られています。

天皇制が、差別のまさにヒエラルキーの構造のなかで成立するということは、いまでも同じです。天皇、天皇家、天皇制にどれだけ近いかによって勲章のレベルが異なり、勲章の授与対象にされるかどうかも決定しているのです。戦前からの勲章・褒賞制度が殆どそのままで現在まで続いています。戦前の日本には「国民」という言葉がありませんでした。「臣民《しんみん》」とか、「赤子《せきし》」と言われていました。つまり、赤ん坊です。国父、国母と言われるように、天皇がお父さん、皇后がお母さんなのです。

植民地が解放されるときに植民地を支配した責任が問われるとすれば天皇の責任になります。天皇が直接責任を被《こうむ》らざるを得ないのです。戦後一貫して、現在まで植民地支配責任という問題が正面きって論じられない構造が、日本の保守権力層だけではなく、日本国民の一般の認識のなかにも潜在し、沈殿したままとなっています。実に植民地支配と天皇制支配は、表裏一体の関係なのです。

戦後、天皇の戦争責任は問えなかったし、問われなかった、何処かにいってしまったということです。同時に、植民地支配責任も同様に問えなかったし、問われてもきませんでした。天皇の戦争責任を曖昧にするのではなく、明確にしようとわたしたち歴史学者も含めて努力しているのですが、反動支配層は植民地支配責任が喚起されないように、あの手この手を戦略的に打ってきています。

戦略の一つは、日本の反動支配層が朝鮮の自主的平和統一をいまだに阻んでいることです。天皇制問題のなかには、天皇の戦争責任問題が実は深く取り込まれて、潜在していると思っています。

さらにもう一つ、私も日米安全保障条約（以下、安保）による〝安保体制〟が戦後版の国体だと発言してきました。戦前の国体は、天皇制国家支配体制です。戦後は保守権力がまさにアメリカに従属することによって、戦後版の国体が確定し、保守権力が延命を果たしてきたと考えています。

ところが、安保にも罅《ひび》が入りはじめたため、安保関連法によって修正をして強化しました。安倍政権は今後、憲法改悪をして、象徴天皇制から元首天皇制に換えようとしています。天皇元首制を構想し、その第一弾として自衛隊加憲、あるいは緊急権の導入が、構想されているのです。彼らが行き着くところは天皇の元首化です。

安倍首相は、「戦後レジームからの脱却」と言っています。それは裏を返すと「戦前レジームへの回帰」と言うことです。レジームは政治体制の意味です。安倍首相や彼を取り巻く〝官邸ブレーン〟たちが本気で構想しているのは、天皇制の復活、あるいは象徴から元首制への回帰ではないかと思わざるを得ません。

植民地支配体制は何によって担保されたかと言えば、戦前の憲法体制です。安倍首相は、かつてのような憲法に換えることによって、戦後版の植民地支配体制を継続しようとしている、としか私には思えないのです。これは余りにも過剰な捉え方でしょうか。

## 代替軍国主義による植民支配責任の封印

植民地支配が三六年間も続いた朝鮮半島では、朝鮮植民地支配の終焉後も韓国では朴正熙《パクチョンヒ》大統領によって、民主化するかわりに軍事化されてしまいました。朝鮮だけではなく、フィリピンのマルコス、インドネシアのスハルト、ビルマ（現ミャンマー）の革命軍事評議会など、軍国主義化、軍事化することによって日本だけがカッコつきの「民主化」を進めました。これを坂本義和氏は「代替軍国主義」とか「周辺軍国主義」と命名しています（坂本義和『軍縮の政治学』（岩波書店・新書、一九八二年）。

他国を軍国主義化して日本は民主化するということです。その意味で、戦後日本の民主化も周辺アジア諸国の軍事化によって支えられていたのです。しかし、長い間日本人は、そのことに気が付きませんでした。そこでは「進んだ日本と、送れたアジア」というステロタイプのなかに浸りきっていたと思います。それは、今なお完全に払拭された訳ではありません。

繰り返して言うならば、民主化と軍事化は、戦後もワンユニットなのです。日本は民主化して、周辺の国を軍事化するのです。軍事化を支えたのは誰か、韓国の朴正熙軍事政権を支えたのは誰か、と言われればアメリカと日本であるということは、誰もが知っていることです。日本は甘い汁を吸い、高度経済成長という果実を手にしたのです。

戦後日本の発展は、まさに軍事化されたアジア周辺諸国民の犠牲の上に築かれたのです。そして、周辺軍事化と国内民主化という矛盾した政策のなかで、日本の侵略戦争責任も植民支配責任も封印されてきた訳です。そして、現在、その責任を問われようとした折り、再び日本は自らを軍事化することよって、この封印状態の継続を図っていると言って良いでしょう。

それをさらに打ち固めるために選択されようとしているのが、憲法改悪による復古的な日本国家の再創造です。その役割を一身に負い、それを先導することで政権運営を図っているのが安倍晋三首相ということになります。このことに大半の日本人は気づいているのか、いないのか分かりませんが、多くの青年層を含めて安倍首相率いる保守権力を支持しているとすれば、そこに見えてくるのは歴史認識の不在性・欠落性という深刻な問題です。

その保守権力は戦後国体である日米安保により支えられ、強化された安保により日本は、何時の間にか軽武装国家からアジアでも一等地を抜く重武装国家となってしまいました。それはハード的側面ですが、安保関連法や共謀罪など、ソフト面においても強度な軍事監視国家へと変貌しつつあります。その総仕上げとして憲法改悪が志向されていることは、いまさら言うまでもないことです。

日本は安保によって、戦後バージョンの支配を継続してきたのですが、そこに置ける陰の部分が後方に追いやられ、例えば、「安保繁栄論」とか「安保効果論」というフレーズで、日米同盟関係が安保により深まり、それによって日本は繁栄したのだから安保の効果は絶大であるとか、安保があるから中国も北朝鮮も日本に攻めてこなかったのだという、安保による平和論がまことしやかに喧伝されてきました。平和憲法の存在こそ、戦後日本が戦争を引き起こさず、また戦争に加担してこなかった理由であることを忘れ去ろうとしているのです。

諄《くど》いようですが、戦後バージョンの国体としての安保が、天皇制という新国体に成り代わっていく、あるいは回帰していくという現象形態がすでに露骨に表れていると言うことです。それは日本人の多くの歴史認識を根底から歪めています。それを支配の問題と関連させて言えば、韓国や北朝鮮への露骨なまでの物言いのなかに、「内なる植民地主義」が隠れているのです。それは安倍首相だけではなく、おそらく現在日本の保守権力層と、それを支える日本の国民のなかにも潜んでいるのではと思います。

差別者としての自己というものがあって、差別することによって、つまり無意識のうちに加害者の立場に回ることによって、はじめて自己の存在が担保されると思っている人たちが沢山いるのです。その人こそ、「内なる植民地主義」者です。彼らは、北朝鮮や韓国がいろいろなことを言ってくるけれども、植民地支配で良いことも行ったのではないか、という植民地近代化論を口にします。

日韓基本条約の時にもそれだけ言うのなら、日本が植民地支配時代に建てた道路や橋を全部カネに換えて返せと言い、韓国政府の猛反発を受けて、交渉がしばらく頓挫したことがありました。

しかし、当時は朴正熙政権でしたから、条約は予定通り締結された経緯がありました。日韓基本条約が結ばれたのは一九六五年です。しかし、植民地支配で良いこともしたという認識は、いまでも多くの日本人の認識に深く沈殿している状態です。植民地近代化論を、どう払拭するかというのが私たち日本人の大きな課題になっていると思います。

現在まで続く日本政府や日本人の植民地支配責任の希薄さの理由として、先程触れたように国民国家形成と植民地保有が同時進行していたことが挙げられます。

植民地支配に対して、被植民地から反発・抵抗が起き、それをまた皇民化政策で懐柔しようとし、皮相な差別・格差解消政策を行ってきました。その歴史事実は、繰り返し学習していく必要があります。内なる植民地主義を清算するためにも。

## 脅威の設定は何のためだったのか

学生と議論していて、「先生、植民地支配することによって日本は何を得ようとしたのでしょうか。領土でしょうか、資源でしょうか、労働力でしょうか」という質問を良く受けます。

全てが「そうだ」という話になるのですけれども、「君たち大学生なのだからもう少し別のとらえ方はできないか」と言うと「うーん」と唸《うな》るので、「それはね、日本国内は戦前もそうだけれども、戦後も差別社会と言えるんだよ」と話してから、その差別社会を維持するために、戦前は植民地支配が強行され、戦後は植民地不在となったがゆえに、安保法制や共謀罪などはじめ、幾重にも治安立法が張り巡らされているんだよ、と付け加えます。そこから指摘できるのは、植民地統治と国内統治との連続性について、もっと知っておくべだと講義をしてきました。

植民地統治とか支配とは、ただ単に海外に領土を保有するだけでなく、国内統治における階級矛盾や腐敗などを隠蔽あるいは回避していくためのツール（装置）でもあったことを踏まえて、近現代史にアクセスして欲しいと繰り返してきました。

国内統治の手段としての植民地支配、という把握が残念ながら現在までの植民地史研究には欠落しているように思えてなりません。そのような把握を会得しない限り、植民地支配が何だか他人事のような感覚で捉えてしまい、実はそれが自分事として認識できない大きな原因ではないかと思います。

現在の日本の社会は、加害と被害の二重構造のなかに追いやられています。差別国家があまりにも露骨であると、当然ながら反発が出ますので、そこには疑似的な差別解消政策が、いつでも用意されなければなりません。それが、具体的には外国人差別や、障害者差別になります。差別を次々と用意し、同時に外地にも差別の対象国や対象国民、対象地域などを常に設定しておくことが、保守権力やこの国を支えていく大きなバックボーンになってきました。

歴史を紐解けば、清国と戦争をするときに最初は「眠れる獅子」と言って日本人に脅威感情を抱かせ、清国がなくなり中華民国になると、今度はロシアを「北方の巨熊」と称して脅威論を煽りました。それが日清戦争や日露戦争を肯定する国民感情を産み出しました。戦後も最初は中国脅威論でしたが、一九七二年九月に日中国交回復すると、脅威の対象がソ連に移ります。

そこでは、「ソ連脅威論」が喧伝されます。ソ連への憎悪感情を滾《たぎ》らせて、例えば佐渡島を占領したソ連軍が、そこにミサイル基地を設営し、そこから首都東京を襲うのだという、まことしやかなシナリオが流布する有様でした。そしてソ連崩壊後は、脅威の対象として浮上させたのが北朝鮮であったのです。

このように、日本は戦前戦後を跨いで常に外地に脅威なるものを設定することによって、国内の矛盾を外に向かわせるようにしてきました。これは何も日本のお家芸ではありません。アメリカやイギリス、ドイツ、フランスにもつねに敵を外につくって国内の諸矛盾を封印してきた歴史があります。これでは民主主義国家でも平和国家でもありません。まさに日本は差別構造のなかにはじめて成立する、敢えて言えば差別許容国家であるのです。

多くの日本人はいまだに植民地支配にたいする無知というよりも、願望があるかもしれません。簡単な例を話しますと、台湾に行くと日本語が話せる方が結構います。台湾の人たちは昔とった杵柄《きねづか》だと言い、御年輩の方々は懐かしそうに「日本語」を使って話してくれます。それを聞いた日本人が「いや台湾はすごく親日国家だね」という、受け止め方をします。わたくしはそういう人たちのことも含め、「内なる植民地主義」という言い方をします。

日本人は台湾や朝鮮で何をしてきたのか、ということを知らない訳がないと思います。それを知ろうともしない精神構造が、現在も続いてきています。帝国日本の差別の構造、差別の意識が再生産され、日本人の国民性や国民の歴史認識の不在性を安倍首相は体現してみせています。

## 3　急変する朝鮮半島情勢と自衛隊の動き

### 朝鮮半島情勢の急展開をどう見るのか

**一つ目**の柱で少々寄り道もしてしまいました。大分時間を食ってしまいましたが、次に**二つ目**の柱として急変する朝鮮半島情勢について述べさせて頂きます。すでにこの問題については、多くの論者が様々な評価をされています。それで私なりの方向から論じさせて頂きます。

安倍晋三首相は政権掌握以来、「東アジアの安全保障環境は大きく変わった」を再三口にし、中国・北朝鮮の脅威を理由に安保関連法や自衛隊の権能強化を図ってきました。その物言いは、朝鮮半島情勢の急展開を受けた今日でも変わりがない、と強弁するのでしょうか。

二〇一七年に『暴走する自衛隊』（筑摩書房・ちくま新書）を書いて以来、これまで以上に自衛隊と文民統制に関する発言を求められることが多くなった私からすると、それはもはや誤った口実、あるいは政治目的を強引に正当化するためのプロパガンダでしかない、と言わざるを得ません。つまり、誰が見ても、東アジアの軍事的緊張は緩和の方向に向かっている、と結論づけられるからです。それは、言うまでも無く南北朝鮮首脳会談や米朝首脳会談が実現したからです。

勿論、首脳が会談したからと言って、堰を切ったように直ちに緊張緩和が進み、休戦協定が停戦協定となって「終戦」を迎え、南北朝鮮が統一し、米朝国交正常化が近い将来実現する、などと言うつもりはありません。まだ沢山の荊の道を歩き続けなくてはならないと思います。それほど単純な国際政治ではないのですから。ただ、緩和化に大きく踏み出したことは間違いありません。

これはメディアの責任も大きいのですが、まるで明日にでもアメリカの北朝鮮攻撃が開始される、とする空気が支配していた一年前とは真逆の状況が、恰《あたか》も忽然《こつぜん》と生まれたかのような印象を与えていることは確かです。しかし、それは忽然と生まれた訳では当然なく、米中と米朝との水面下での交渉や、韓国の実に見事な仲介戦略が着実に進められてきた結果です。その水面下の経緯を多少とも知っていれば、今回の動きは大凡《おおよそ》想定内と言えるものです。

それよりも交渉内容について、私の周りでもその予測に懸命でした。多くの世論やメディアは、その形式や可視的な部分にのみ着目し、その中身については充分な関心を示さず、また情報も与えられていなかったことも間違いありません。実は両首脳会談では、実務者レベルでのかなり激しく、かつ厳しい交渉が六者協議の枠組みではなく、二国間交渉方式を徹底して採用することで、一歩一歩積み重ねられていたことが特徴でした。そこでは最初から越えられないハードルではなく、当面は越えられる可能性のあるハードルを敢えて設定することで、従来のパフォーマンスではなく、実を取る交渉が念頭に置かれていたのです。南北朝鮮の指導層の見事な戦略と忍耐強い交渉術には、本当に敬意を表したいところです。

実は、中国やロシアをも含めて、これまでの六者協議の枠組みの限界性と非戦略性を充分に教訓にしたうえでの交渉であったのです。そこに極めて深い外交交渉の練り上げを痛感します。

私は二〇一七年に「南北朝鮮の和解と統一を阻むもの―アメリカの覇権主義と追随者たち―」（孫崎享・木村朗編『中国・北朝鮮脅威論を超えて― 東アジア不戦共同体の構築―』耕文社、二〇一七年）と題する論文を書いて

います。この論文は、韓国語に翻訳（「남북한의 화해와 통일을 막는 것 미국의 패권주의와 그 추종자들」）して韓国の雑誌に発表予定です。

その冒頭で文在寅大統領の登場と、そのブレーンたちの南北朝鮮首脳会談開催を実現するための戦略的な動きについて触れ、康京和《カンギョンファ》外交部長官や鄭義溶《チョンウィヨン》国家安保室長らが着任した時点で、以前から南北朝鮮統一に尽力を注いでいた学者グループや、外交官たちの主導による南北和解の動きは事実上スタートしている、と記しました。

また、アメリカでも朝鮮情報を独占的に掌握していた中央情報局（ＣＩＡ）長官のマイケル・ポンペオが国務長官に就任した時点で、米朝会談は事実上スタートしたと観測していたのです。米朝関係は国務省サイドの正規ルートではなく、表向きは別としても朝鮮の指導部との接触と人脈形成など、ＣＩＡのネットワークによってのみミサイル基地対応が可能であったことはよく知られているところでした。それだけに、ポンペオの国務長官就任は、それまで積み重ねてきた米朝交渉の成果が表舞台で実行可能になったことを示していたからです。

アメリカは、一九六八年に起きたアメリカ海軍の情報収集艦プエブロ号が北朝鮮軍に拿捕された、いわゆる「プエブロ号事件」以降、あらゆる角度から北朝鮮情報を集積する過程で、人脈形成にも相当の成果を挙げていたのです。その意味ではＣＩＡが最も北朝鮮を知り尽くした組織とされてきたのです。

軍歴を持つポンペオがＣＩＡ内に蓄積された北朝鮮情報と人脈を利用し、国務長官の地位を得て一気に動いたのが、今回の米朝首脳会談であったと思います。今回の首脳会談実施に限らず、またあらためて指摘するほどの事でもないのですが、言うならば、その是非は別としても〝ＣＩＡ外交〟は、アメリカの外交軍事戦略を読み解くうえで知っておくべき対象でもあるのです。

実はこれに中国もロシアもＣＩＡのネットワークの下で連携していたことは想像に難くありません。問題は、こうした動きが水面下で活発化していたことを日本の外務省や首相官邸が、その最深部まで把握していなかったことです。この間、安倍首相はただ只管《ひたすら》に北朝鮮への経済制裁強化と拉致事件解決を最優先課題にし、このダイナミックな動きに関心を払おうとしなかったのです。というより確たる情報にアクセスする外交力を持ち合わせていなかった訳ですから、関心の払いようも無かったのかも知れません。

そこまで言ったら、身も蓋もありませんが。外務省内には、北朝鮮との太いパイプを維持している官僚もおられますが、安倍政治を動かすまでには至っていないことも言い添えておかなければなりません。

勿論、こうした水面下の外交交渉の手法は、必ずしも正統性を得たものでない、と言うこともできます。しかし、例えばアメリカの〝ＣＩＡ外交〟の蚊帳の外に置かれたとしても、日本は南北朝鮮との植民地支配責任を正面から見据え歴史和解の方途を探り出すべきであったし、また独自の外交方針を掲げて東アジアの安全保障体制構築の先導役をも務めるべきであったと思います。また、それを踏まえつつ、南北朝鮮の自主的平和的統一を、経済支援や技術支援を中心とした日本の独自の外交スタンスから、積極支援する外交姿勢を見せる度量と戦略が欲しかったとの思いがあります。

安倍首相は外交が得意ということになっているようですが、安倍外交には戦略性も自立性も全く欠落していることは、今回の一連の動きのなかで一層明白になった感が否めません。

その原因は、戦後一貫して日本の外交防衛政策がアメリカに全面依存し、自らの立ち位置を確定する意欲も努力も欠いていたこと、常にアメリカの肩越しからしか外交力を発揮しようとしなかったこと、戦後の国体とも言える日米安保体制の呪縛ゆえに、日本は外交不在の国家と言う体質を身に着けてしまったこと、などが指摘できます。

既に指摘されてきた通り、日本は深刻な矛盾を抱え込んでしまっていることです。平和戦略を構想する力を失った「疑似平和国家日本」は、必然的と言うべきか、「軍事国家」としての体裁を施していくしかないところへと、自ら追い込んでしまっていることが、今回の動きのなかでクローズアップされたと考えます。

## 北朝鮮と向き合えない安倍政治

安倍首相自身が拉致問題を踏み台にして閣僚経験がないまま、いきなり首相に就任したことから明らかなように、安倍首相にとって拉致問題とは、自らを政治の舞台に引き上げてくれた素材として、徹底利用しているのです。自立的主体的な外交力を発揮するために、拉致問題が深刻な障害となっていることに殆ど気づいていないのです。

拉致問題は人権問題としても極めて深刻な事件ですが、それは北朝鮮との国交正常化交渉と国交樹立への政策転換の過程で、解決の方向性を見出すのが順序として当然です。韓国国内にも、所謂拉致被害者が多数おられるとのことですが、韓国は優先すべきは南北朝鮮の和解と統一であり、その過程でこうし諸問題は解決可能だと踏んでいるのです。軽々に比較するのは慎まなければなりませんが、朝鮮戦争の折に朝鮮領内で戦死した米兵の遺骨返還作業が、米朝交渉の成果の一つとして既に始まっていることは注目に値します。「拉致事件の解決なくして日朝交渉はあり得ない」とする物言いは、結局のところ半永久的に米朝交渉の扉を閉ざしたままに据え置くことを意味してしまうのです。

それではなぜかくも安倍首相は、頑ななまでに拉致事件を金科玉条の如く前振りとして多用するのでしょうか。それが果たして本当に最優先する課題でしょうか。

誤解を恐れずに言えば、拉致事件の存在は、日本に反北朝鮮ナショナリズムを焚き上げて、国家至上主義を浸透させ、自由・自治・自律の民主主義の基本原理から、動員・管理・統制という軍事主義の基本原理を、国民の間に注入しようとする思惑があるからではないかと疑ってしまいます。

このいわば軍事主義の注入作業は大分功を奏していて、それが青年層をも含めて保守化と表現される政治現象を生み出しています。その意味で安倍首相の説く、中国や北朝鮮の脅威論を基本とする「東アジアの安全保障が変わった」式の議論の意図するものは、脅威設定により、軍事的緊張感の醸成に努め、国家防衛論の喧伝にこそあると思います。

ただ、安倍側近のなかから、流石にこれまでのような北朝鮮への姿勢の限界性を感じ取ったがゆえに、〝絶対的敵視政策〟から〝相対的敵視政策〟への転換を直言する者も居て、極めて間接的ながら日朝首脳会談への意欲をちらつかせ始めてはいます。

しかしながら北朝鮮からは安倍首相の従来の姿勢への不信感が強く、恐らく現状のままでは会談には応じないはずです。北朝鮮が言う、「一億年経っても……」日朝首脳会談あるいは歩み寄りはあり得ないとする、これまた強固な姿勢の背景に、一体如何なる問題が横たわっているのか真剣に読み解くべきでしょう。

北朝鮮側にしても日本や韓国からの経済支援を切実に求めていることは、誰もが判っていることです。それでも北朝鮮は、日本の植民地支配責任への謝罪、従来の差別的で抑圧的な対朝鮮姿勢を日本が如何なる方法と内容で、清算しようとするのかを注視しているはずです。安倍改憲論も安保関連法や共謀罪などの強行採決、自衛隊の拡大強化など、一連の強面の政策に通底する露骨なまでの軍事主義・国家至上主義は、北朝鮮側からすれば、深刻な脅威だと捉えているはずです。

ここで再考しておくべきは、確かに北朝鮮の基本姿勢は、従来までは「核武装大国・経済強国」という、所謂「並進路線」の採用でありました。そこでは極めて強固な労働党主導による「先軍政策」と呼ばれる軍事国家としての側面は隠しようがないかも知れません。

問題は、何故に北朝鮮が軍事優位の路線を敷かざるを得なかったのか、の理由です。その問題を解く鍵のひとつが、アメリカや日本など軍事経済大国による北朝鮮恫喝政策にあったと言えます。

朝鮮戦争の休戦協定に盛られた朝鮮半島の非核化の条文が、先にアメリカによって破られ、核砲弾発射可能のカノン砲や核ロケット・オネストジョンなどが韓国領土内に持ち込まれ、それが撤去された後にも日本の沖縄や岩国などにMGM／CGM13（メースB）など核搭載可能なミサイルを展開させてきました。

加えて韓国及び日本には合計で一〇万を越える在韓・在日米軍を展開し、併せて横須賀を母港とする米第七艦隊戦闘部隊には原子力空母ロナルド・レーガンを中心とする大規模な打撃力を配備し、岩国・沖縄の基地には侵攻部隊である海兵隊を常駐させているのです。

さらにはアメリカとの間に韓米安保・日米安保という名の事実上の軍事同盟を締結し、今日においては集団的自衛権行使及び安保関連法によって、米韓日三国軍事同盟によるワンユニットの合同軍が北朝鮮への軍事恫喝を常態化しています。そのことが、アメリカと比較して経済力では、アメリカのGNP二一三二兆円に対し、北朝鮮は僅か三兆九〇〇〇億円です。軍事費でもアメリカが八〇兆円近いのに対し、北朝鮮は六〇〇〇億円に過ぎません。それでも脆弱な経済力を振り絞る恰好で、ミサイル発射実験や核保有に奔走させてきた、という側面も否定できません。

この私の見解には大いに反論もあろうかと思いますが、恫喝・外圧を受けた国家が、その存立基盤や正統性を担保するために好むと好まざるとに関わらず、「先軍政策」という名の軍事主義を採用し、その結果として軍事国家へと駆り立てられてしまった、とする解釈も可能でしょう。それはかつての侵略国家日本が軍事主義・軍国主義を採用・導入していった経緯とは、根本的に異なっています。なぜならば戦前の日本は自ら積極的に海外派兵を繰り返し、他国を侵していった歴史を刻んできたからです。

先程触れた通り、戦前期日本は、一八七四年の台湾出兵を嚆矢《こうし》として、日清戦争、日露戦争、第一次世界大戦、満州事変、上海事変、対英米戦争など連綿として戦争を発動し、軍事国家の道を自ら選択してきました。主観は別としても、客観的に言えば、何処からも恫喝をかけられていた訳ではありません。ABCD包囲網論などが喧伝されたことがありましたが、これなどアメリカ（A）は別としても、ドイツとの戦争で防戦一方であったイギリス（B）、日本に侵略されていた中国（C）、すでにドイツに占領されていたオランダ（D）が、どうして日本の脅威であったのでしょうか。

まさに虚妄の脅威論によって、日本の侵略戦争を聖戦だと正当化しようとしたのです。敗戦を挟んで、現在もこれと同質の虚妄の脅威論によって、北朝鮮敵対視や、かつての植民地支配を正当化しようとしているのです。歴史から何をも学ばないものは、歴史によって滅ぼされる、と言ったことになってはなりません。

思い返してみれば、北朝鮮は戦後世界において朝鮮戦争以降、一度も戦争政策を発動したことのない稀有の国家となっています。参戦や派兵には相応の理由や説明が付きものですが、事実として言えば、アメリカや旧ソ連、ロシアは言うに及ばず、中国は中越紛争（一九七九年）でベトナム侵攻作戦を発動した歴史を持っています。

イギリスはフォークランド紛争（一九八二年）でアルゼンチンに派兵し、フランス・ドイツ・イタリアなどのNATO諸国もユーゴ内戦に空爆（一九九九年）など敢行しています。韓国は一九六七年から七二年にかけて、ベトナムに延べ三二万人の兵士を派兵して五七〇〇人もの犠牲者を出しています。

韓国のベトナム派兵問題について、日本ではあまり研究が進んでいないようですが、伊藤正子「韓国軍のベトナム派兵をめぐる記憶の比較研究」（京都大学東南アジア地域研究所編刊『東南アジア研究』第四八巻第三号、二〇一〇年一二月）は優れた研究成果ですから参考となります。

日本も二〇〇四年以降、イラクなど海外に自衛隊を派遣し続けてきました。けれど北朝鮮は一九五一年以降、全く海外派兵を行っていません。戦争や派兵には無縁の国家となったことは記憶して良い事実でしょう。その意味で北朝鮮は徹底した防衛に特化した戦略を採っていると見て良いと思います。その北朝鮮が米首脳会談以降、核兵器やミサイル関連施設の現時点では全てではないが、解体・破壊を重ねているのは、米軍の北朝鮮侵攻作戦計画「五〇一五」発動の可能性が緩和化された、と受け採っている証拠でしょう。

楽観視は禁物ですが、少なくともそれは北朝鮮の戦略や装備が徹底した国家防衛に集中してきた証左とも言えます。北朝鮮は韓国・中国・アメリカなどとの首脳会談を重ねることで、脅威から解放されることを希求したのです。

## 変貌遂げる日本自衛隊

本論から少し外れるかも知れませんが、朝鮮半島情勢の緩和化に逆行するかのような自衛隊の動きについても、少し触れておきます。

日本自衛隊の近年に示された防衛戦略や正面装備の転換ぶりは、極めて特徴的です。現在の自衛隊には、専守防衛に専念する従来型の自衛隊ではなく、世界最強の軍隊であるアメリカ軍との共同作戦を遂行するに足りる、文字通り世界に通用する軍事組織としての内実を固めたいとする強い志向があります。アメリカの言う同盟国分担体制を積極的に受容することが、自衛隊の組織拡充の絶好の機会と捉えているのです。

アメリカの戦略転換に呼応する自衛隊の西日本シフトが顕著です。というのは、米トランプ政権が誕生する以前から「沖合均衡戦略」（Offshore Rebalancing）の打ち出しが検討されているのです。すわち、平時においてアメリカ軍は可能な限りアジア地域から後退する構想を確実に持っています。平時にあっては「沖合」(Offshore)に後退しておき、有事にのみ紛争地域に出動展開するという戦略です。そこでは、平時において、アジア地域で自衛隊と韓国国防軍がアメリカ軍の〝代替軍〟として位置づけられることになります。

朝鮮半島、東アジアのダイナミックな政治変動のなかで、アメリカとしては平時にあってはできるだけ東アジア地域から後方に退こうという戦略に転換しています。これを「沖合均衡戦略」と言います。

つまり、平時にあっては——これは彼らの言う「平時」であり、勝手に恣意的に決めるもので安直に言うのは問題かもしれませんが——、いわゆる平時にあっては、できるだけグァムとかハワイに退く。退いてファースト・フロント、第一戦線をこっち(日本側)に引く。朝鮮半島は今までファースト・フロントでした。それを日本列島に下げる。日本列島がファースト・フロントになる。アメリカはさらに奥の方に引っ込む。彼らの言う「有事」になったとき、戦時になったときに出てくるけれども、平時にあっては自衛隊(日本軍)と韓国軍を、まさに同盟国軍として前面に押し出すという戦略です。

私は二〇一七年八月五日に〝韓国の広島〟と言われる陝川《ハプチョン》(합천군)で開催された「アメリカの原爆投下責任を問う」と題する国際シンポで報告するため、「終末高高度防衛ミサイル」(Terminal High Altitude Area Defense missile : THAAD)が設置された慶尚北道の星州《ソンジュ》(성주군)の近くを通ってきましたが、そういう状況にスライドしている。ＴＨＡＡＤは、防衛ミサイルと名前が付いていますが、中国・ロシア・北朝鮮への攻撃兵器とみなせる訳です。

また、日本では現在山口県萩市むつみ地区と秋田市新屋《あらや》地区に配備を計画中の通称イージス・アショアと呼ばれるイージスＢＭＤシステム(Aegis Ballistic Missile Defense System)などからも理解できるように、アメリカとしてはこれまで以上に、韓国国防軍と日本自衛隊に軍事的にも、経済的にも肩代わりをさせる必要が出てくる。沖縄・辺野古の問題も、岩国基地の基地機能強化も歴然たるものがあります。岩国基地の機能拡大ぶりを見ていますと、いまアメリカの軍事戦略の変容ぶりが透けて見えます。その岩国基地には厚木基地に展開していた艦載機が七〇機近く移動し始めています。こうしたアメリカによる要請を受ける格好で、この間自衛隊の組織装備の権限強化と再編が一気に加速しているのです。

例えば、二〇一五年の「防衛省設置法」第一二条改正は、極めて衝撃的な改正と言えます。簡単に言えば制服組（武官）と背広組（文官）との権限の平等化を図るものであったからです。日本の文民統制は周知の通り、文官である防衛官僚（背広組）が武官である自衛隊制服組を直接に統制します。その意味で文民統制の実態は、正確には文官統制です。

つまり、防衛官僚を通して自衛隊制服組を統制するシステムが日本の文民統制（シビリアンコントロール）の特徴であるのです。「防衛省設置法」第一二条の改正以後、文官と武官との上下関係が事実上解消され、対等性が担保されました。文民統制に大きな風穴が開けられたに等しい改正です。これは戦前の軍事組織に絡めて言えば、陸軍大臣と対等な参謀総長が出現したに等しい。自衛隊制服組のトップの統幕議長は、戦前の参謀総長に相当します。

また世論の関心をさほど呼ばなかったのですが、陸上自衛隊に陸上総隊が編成されたことも重大な編成替えのひとつでした。私などは、これを自衛隊の国防軍化の第一歩と見ています。

現在の陸上自衛隊の師団数は、日露戦争開始当時と同じ一三個師団です。それが五個方面隊に分別されています。陸上総隊は、この五個方面隊の上位部隊としてあり、自在に海外展開できる部隊として編制されたのです。これは、陸上戦力の本格活用に備えての編成替えであり、陸自部隊の一元的運用に適合する部隊となります。

最終的には、陸上総隊が旧軍の参謀本部に匹敵するものとなりましょう。そこでは陸上総隊司令官が事実上存在し、同司令官は旧軍の参謀総長に匹敵することになります。自衛隊はこの他にも水陸機動団など、海外派兵に即応し、かつ一定の戦争に従事可能な部隊を創設（二〇一八年三月二七日）しているだけでなく、例えば世界水準の評価では軽空母とされる「いずも」や、戦前期の空母「加賀」の名前を引き継いだ「かが」などの大型艦を実戦配備しており、今後陸海空三自衛隊が競い合う格好で装備の近代化など軍拡に奔走している現実があります。

取り分け、「いずも」と「かが」は、現時点ですでにヘリ空母ですが、近い将来垂直離着陸機のF35Bライトニング戦闘機を購入し、搭載することも検討されています。つまり、本格的な航空母艦とされることは間違いありません。専守防衛戦略を採用しているはずの自衛隊に、どうして攻撃型兵器が次々と必要とされているのでしょうか。

その自衛隊を安倍改憲案によって、憲法に明記しようとする動きが出ています。所謂自衛隊加憲論です。こうした自衛隊の動きを批判する国会議員に、現職の三等空佐（戦前の少佐に相当）が暴言を吐き、政治問題化したように、国防の前には批判も議論も許さないとする、文字通りのファシズムの思想が勢いを得ているのが今日の状況です。

私たちは、日本国家や国民の安全が如何なる手段によって守られるのかを、今一度真剣に問い直す時代に立ち竦《すく》んでいるように思われてなりません。

過剰な軍事力によって周辺諸国に脅威を与え、軍事同盟の深化とやらで、主体的な外交防衛戦略を紡ぎ出せないでいる日本は、このままでは孤立を深める一方ではないか、と思われてなりません。軍事力ではなく、平和力でアジアの、そして世界の平和戦略を主導する気概と知恵を発揮することこそが、平和憲法を戴く私たちの責任ではないか。そうした観点から、今一度朝鮮半島情勢の読み解き、東アジアの安全保障体制の行く道、そして何よりもアジア平和共同体構築をも一つの展望とする長期的視野に立つ国際平和秩序の形成に取り組むべき時に思います。

## 4　日米の対朝鮮政策の本質と限界性

### 南北朝鮮統一に拍車をかける

二〇一八年六月一二日、シンガポールで行われた米朝首脳会談を受ける形で米韓合同軍事演習の中止が公表されました。表向きは朝鮮半島の緊張緩和の流れに沿った政治判断であり、演習費の無駄遣いという経済的理由だとされています。しかし、本当のところは、アメリカの戦略転換が既に進行しており、そのプロセスの一環としての中止で、それを政治的宣伝に上手く利用した、というのが真相に思います。

つまり、アメリカのメッセージとして、北朝鮮が本当に脅威と思うなら、米韓合同ではなく韓日合同軍事訓練でもやったらどうか、という話にもなりかねません。

勿論、これは韓国が拒否するに決まっています。韓国は国防軍筋ならずとも、日本の自衛隊と二国だけで合同軍事訓練をするなど、とてもできるものではない、と決め込んでいるからです。日韓両政府間の関係も軋轢が続いていますが、韓国国防軍と日本自衛隊の関係も、実は良くありません。これは韓日合同軍の編成を望んでいるアメリカからすれば、困った事態なのです。

現在では、中国とロシアの軍事的接近が話題となっており、何れは中ロ合同軍事訓練が実施されましょうし、場合によっては米中合同軍事訓練などが実施されることだってあり得ます。表向きの敵対国・対立国が政治的な判断でパフォーマンスをして見せることは理論的には在り得る話ですが、日韓を含めた多国間合同軍事演習はあり得ても、日韓両国だけでというのは在り得ないでしょう。

それでもアメリカが韓国側に日韓合同軍事訓練を働きかけている可能性は多分にあります。アメリカにしてみれば、日韓合同軍が、アメリカのサポート軍として機能してくれることを期待しているからです。

先に行われた米朝首脳会談で期待された戦争終結宣言は、残念ながら先送りになったようです。これは少し時間がかかるようです。まだ国際法上、アメリカは南北朝鮮を戦わせている状態です。これはなぜかと言えば、軍隊という物理的暴力によって、アメリカは韓国も北朝鮮も同時的に恫喝状態に置きたいからです。

私は、朝鮮半島問題を語る時に必ず言うことにしているのですが、韓国も北朝鮮も「同じ鳥籠に入っている二羽の鳥」だと思っています。二羽の鳥を一つの鳥籠に閉じ込めているのは、アメリカです。つまり韓国も北朝鮮も、アメリカの暴力の恫喝と威嚇に晒されているということです。

南北朝鮮が自主的平和的に統一することは、アメリカにとっては非常にキツイことです。できれば避けたい。避けたいが避けられなくなってきた。それは韓国民衆のウネリを押さえられなくなっているからです。

このウネリの重さをトランプが読み解いていたとは思えませんが、これはもはや無視できない。かつて後に大統領に就任する全斗煥《チョンドゥファン》氏が軍人時代に特戦団を率いて武力で労働者市民を虐殺したようなことはなかなかできない。ではどうするか。恫喝をかけ続ける。だが恫喝をかけ続ける腕力もだんだん無くなってきた事情があります。

そこで、日本自衛隊の出番がきたということです。自衛隊が今後、どこの国と戦争するか。日本は「戦争のできる国」とよく言われるようになった。それはもちろん間違いではないです。しかしそれよりも、アメリカの代わりに東アジア諸国民に対する暴力を恒常化させるために、自衛隊がアメリカによって統制されていることです。アメリカによる自衛隊統制です。そのために集団的自衛権行使容認――安保法制があるのです。

アメリカとしては五年いや一〇年、二〇年の先を見据えた軍事戦略を構築しています。その向こうに見えてくるのは、今までやってきた恫喝者としてのアメリカから、恫喝者としての日本へ役割転換をしたいということです。歌舞伎でいえば、襲名披露のようなものです。「このたびはアメリカに代わり、アジア・世界に対して恫喝をかけ続ける役割を担うことになりました。皆々方、よろしくお願い申し上げます」と。イメージとしては、これです。これを日本が引き受けた。

日本の安倍政権が、朝鮮半島の緊張緩和に向けてドラスティックな動きがあるなかで、頑ななまでに北朝鮮への経済政策を放棄しようとしないのは、拉致問題が理由ではなく、何処までも何時までも朝鮮を敵視することによって、日米同盟の大義名分を確保したいからです。また、日米同盟を基軸とする日本の軍事的存在を発揮し続けることによってしか、アメリカとの関係を保持できないと思い込んでいるからです。

そのこともあってか、安倍政権にとって、拉致問題は自らの思惑を進めるうえで恰好の口実となり得るのです。つまり、拉致問題を徹底して政治利用しているのです。安倍首相は、拉致問題を非人道的問題と言いますが、拉致被害者を政治利用することこそ、非人道的態度ではないでしょうか。

## 韓国国内での新たな動き

ここまでで大分時間を費やしてしまいましたが、最後に、三つ目の柱として、アメリカと日本の対北朝鮮政策の本質と限界について触れて終っていきたいと思います。

いまさら遡る必要もないかも知れませんが、二〇〇〇年六月一三日に金大中《キムテジュン》大統領と金正日国防委員長との首脳会談が行われ、「六・一五南北共同宣言」が発表されました。「自主的解決」による統一及び韓国の「連合制案」と北朝鮮の「連邦制案」の共通性を相互に認め合うこと等を骨子とし、南北朝鮮が自主的平和的統一への方向で共同歩調を採ることが合意されました。今回の動きの主要な起点と位置付けで良いでしょう。二〇〇七年一〇月二日から開始された盧武鉉《ノムヒョン》大統領と金正日《キムジョンイル》国防委員長との首脳会談後に発表された「一〇・四宣言」も含め、韓国では所謂「六・一五時代」を取り戻そうとする運動が活発化していきます。これは、韓国が対米従属路線から脱し、主権を回復する運動とも位置付けられるものです。

そこでは韓国の主権を回復することが切望され、韓国政府とこれを支える韓国国民が団結して、「六・一五南北共同宣言」以来、南北朝鮮間で検討されていた「高麗民主連邦共和国」案を土台とする統一国家構想の具体化に向けて歩み出す機会でありました。

韓国国内では、文仁寅大統領の下、「六・一五南北共同宣言」への見直しの機運が高まるなか、板門店で南北朝鮮首脳会談（二〇一八年四月二七日開催）と、シンガポールで米朝首脳会談（二〇一八年六月一二日）が実現しました。

本当に画期的な会談でした。ここまでに至る道のりが極めて厳しいものであったことは言うまでもありません。まさに、「戦闘なき停戦」の時代でした。振り返れば、米朝間の歩み寄りの時代から相互批判・対立の時代へ、そして和解の道筋が見えてきた時代に、と形容して良いのでしょうか。

北朝鮮の核開発プログラムの凍結を取り決めた「米朝枠組み合意」（一九九四年一〇月二一日）が成立し、合意は、二〇〇三年に決裂するまでの一〇年近く継続します。アメリカ・韓国・北朝鮮・中国・ロシア・日本の六カ国から構成された北朝鮮の核開発問題に関し、解決のため関係各国外交当局の局長級担当者が直接協議を行う「六者協議」が、二〇〇三年八月から二〇〇七年三月まで北京を協議場に、合計六回（合計九次）開催されました。しかし、六カ国間の軋轢は深刻化していきます。その理由は何だったのでしょうか。そこから事実を学び、教訓を引き出さなくてはなりません。

日本と韓国及び中国とは、領土問題や歴史問題で相互不信に陥り、アメリカとロシアとはシリア問題等で険悪化し、日本と北朝鮮とはミサイル発射実験などで冷却化していきます。しかし、最大の原因は、第一にはアメリカの朝鮮政策の硬直化にありました。これに日本も韓国も追随し、加えて中国の北朝鮮への影響力も薄らぎ、ロシアも具体的な手を打てず、傍観者的な立場に終始する有様となりました。

すなわち、アメリカは休戦協定（第一三節d項）違反を侵しているだけでなく、北朝鮮侵攻計画「五〇一五計画」を決定（二〇一六年六月）していたのです。また、繰り返される米韓合同軍事演習の実態も、北朝鮮側にアメリカへの猜疑心を深めさせる要因でした。米韓合同軍事演習が、「戦争のように演習し、演習のように戦争する」事実上の戦争として、北朝鮮の経済・工業・教育など全ての分野に消耗を強いる目的であったことは明らかです。

米韓合同軍事演習とは、「アメリカ軍が韓国軍を巻き込んで実施する米韓合同軍事演習は、軍事演習の範疇では捉えきれないもので、事実上〝演習〟という名の戦争である」（ジョン フェッファー〈栗原泉他訳〉『アメリカの対北朝鮮・韓国戦略』明石書店、二〇〇四年）と指摘されています。また、米軍関係者による恫喝の繰り返しが行われます。「金正恩がソウルを砲撃すれば、米空軍の核爆撃機による〈クローム・ドーム〉作戦で北朝鮮は地球上から消えてしまうだろう」とは、前米空軍合同参謀本部次長トーマス・マッカーニ予備役中将の発言です。これは発言というより脅迫です。

## アメリカによる「二重の恫喝」

北朝鮮には米韓合同軍事演習と圧倒的な戦力で、韓国には韓米同盟の履行を迫る意味で、アメリカは南北朝鮮を同じ「鳥の籠」に押し込めています。韓国の政府も国民も実は強く認識していますが、南北朝鮮分断の固定化がアメリカの利益に叶うと考えているのです。先程歴史を跨いでの〝植民地支配〟の継続という話をしましたが、戦前期朝鮮は日本による植民地支配を受け、戦後はアメリカによる、事実上の〝植民地支配〟（新植民地）を受け、それを担保するものとして米韓安保・米韓地位協定を締結しています。

ここで私はある発言を思い出しました。それは、二〇一七年六月一一日、神田の中央大学を会場に開催した国際シンポジウムの折、朝鮮大学校の報告者が、「国際内戦」と称される朝鮮戦争は、「脱植民地戦争」ではなかったのか、という鋭い問いを発せられたことです。

私は〝植民地支配〟の継続という歴史認識を抱いておりましたから、朝鮮戦争を武力による南北統一という史実は史実として、さらにそれを一層深めた歴史認識としての〝脱植民地戦争〟論に深い洞察力を感じ取りました。そしてまた同報告者が自主的平和的統一とは、単に分断された民族と国家が元に戻るという意味での〈復元〉ではなく、〈創造〉である、と喝破されたことに深い感動すら覚えました。

そこでは、分断による悲劇や苦痛を乗り越え、朝鮮民族の英知と名誉にかけて、新しい民族国家を創造することによって、新しい朝鮮の歴史を創り出すのだ、とする力強い意志が示されたのです。恐らく朝鮮民族が抱く英知と名誉は、如何なる反動的な歴史によっても葬り去ることはできない、とする強固な意志を学問的な裏付けを踏まえつつ公にされた一瞬でした。私は、その折りコーディネーターとして報告者の発言を要約する立場にもあったのですが、その時以来、朝鮮認識が一層深まったような気持ちになりました。

ところで先程も少し触れましたが、米朝間で現在、焦眉の課題となっているのが休戦協定の扱いです。ここで確認しおきたいのは、最初に休戦協定を潰したのは、他でもなくアメリカであったことです。休戦協定第13節d項には、南北朝鮮が損傷を受けたり、使い古した装備の再配備以外には朝鮮半島に新しい武器を持ち込むべきではないと規定されています。つまり、事実上、核兵器とミサイルの持ち込みを禁じていたのです。ところが、一九五六年九月、アメリカのアーサー・W・ラドフォード（Arthur William Radford）統合参謀本部議長は、アメリカ政府内部でアメリカの軍備増強として朝鮮半島に核兵器を持ち込むことが必要と主張、アイゼンハワー大統領の承認を得たのです。

さらに先程少し触れましたが、一九五七年六月二一日、在朝鮮国連軍司令部軍事休戦委員会の会合でアメリカは北朝鮮の代表団に国連軍（UNC）は、最早休戦協定第13節d項に対する義務を負わないと表明したのです。その結果、一九五八年一月、W7などの核砲弾が発射可能のMGRI（オネスト・ジョン）、W9・W31核砲弾発射可能のM65二八〇ミリカノン砲が韓国に配備されたのです。その後、北朝鮮からは平和協定締結への提案が繰返しなされています。

なお、北朝鮮の停戦協定への構えについては、高一《コイル》「朝鮮戦争とその後―北朝鮮からみた停戦協定体制―」（成蹊大学アジア太平洋研究センター編刊『アジア太平洋研究』第三九号、二〇一四年）という優れた論文が大変に参考となります。

続いて一九七〇年代の朝米間平和協定締結案、一九八〇年代の韓国を含めた米朝韓間三国による平和協定案、一九九〇年代の新しい平和保障体制樹立提案、二〇〇七年一〇月四日に停戦協定関係国が集い、戦争終結を宣言する問題を推進することについての提案、二〇一〇年一一月一一日の朝鮮戦争勃発六〇年になる年に停戦協定を平和協定に変更するための会談を速やかに開始することについての提案、そして、二〇一三年三月六日、朝鮮人民軍最高司令部スポークスマン声明である「朝鮮協定の効力を全面的に白紙化する」との宣言へと続きます。

アメリカは核兵器を始め、ロシア・中国・朝鮮を対象とした攻撃・迎撃兵器、弾道弾迎撃ミサイル・システムであるTHAADミサイル配備に至るまで、朝鮮半島および日本を含めた地域周辺に大量に持ち込み続けたのです。こうした朝鮮半島への核の持ち込みに、北朝鮮はアメリカへの警戒心と不信感を募らせる結果となり、核武装防衛戦略を採用することになるのです。

この間にも南北朝鮮間の軍事衝突も頻発します。

例えば、二〇一〇年三月二六日、真相は定かではないものの韓国海軍の大型哨戒艦「天安」沈没事件（天安艦沈没事件 천안함 침몰 사건）、同年一一月二三日の朝鮮人民軍の多連装ロケット（BM21、北朝鮮名BM11）によると思われる砲撃が、韓国領土内の延坪島《ヨンピョン》に向けて発射され、韓国軍も応戦した事件（연평도포격）等々。

アメリカを含めた、こうした軍事的緊張関係への清算に向けた動きが韓国の青年層を中心に拡がり、先程紹介したスローガンとなっていくのです。

## アメリカが軍事プレゼンスに執着する理由

それでは、なぜかくもアメリカは軍事プレゼンスに執着するのでしょうか。それは、親米国家の再生産による世界覇権主義の貫徹ということに尽きるのではないでしょうか。すなわち、アジア（韓国・フィリピン・インドネシア等）、ラテンアメリカ（アルゼンチン・チリ・ブラジル等）、中東（イラク・リビア等）の親米軍事独裁政権を支援し、その限界性が露呈されると見るや、表向きには「親米民主政府」、実際上には「民主的独裁」とも呼称し得る政権形成に奔走します。

その一方でアメリカからの自立志向を仄《ほの》めかす親米国家指導者への干渉と恫喝には手を緩めませんでした。例えば、日本で言えば、田中角栄（中国への自立的接近）、小沢一郎・鳩山友紀夫（在日米軍有事駐留論）らへの干渉と失脚を誘導したことは周知の事実でしょう。それではアメリカの本音は何処にあるのでしょうか。簡単に言えば、アメリカ外交の常套手段は分断政策にあります。かつてユーゴスラビアを解体し、続けてチェコスロバキア・中央アフリカ・イラク・シリア・スーダンと事実上の分断による内紛の常態化政策を直接間接に実行します。つまり、アメリカは朝鮮分断政策と同様の政策を戦後、アメリカの覇権主義を貫徹するために世界中で強行しているのです。

例えば、アメリカの保守系シンクタンクとも言える一九九七年成立した「アメリカ新世紀プロジェクト」(Project for the New American Century, PNAC)は、アメリカ第一主義を掲げるアメリカの権力集団がアメリカ主導の朝鮮統一を目指し、朝鮮半島全域にアメリカの軍事プレゼンスを展開することで、アメリカの意向を汲んだ統一朝鮮を成立させようとしています。

因みに、PNACとは、二一世紀を「新アメリカ世紀」と謳い、世界覇権主義を貫徹し、世界を「完全支配」することを目標に掲げています。タカ派のアメリカ新保守主義（ネオコン）の政治理論に同調しており、アメリカが地球規模での責任を遂行するための軍備、軍事支出の増強、民主主義諸国と同盟を結び価値観や利益を共有しない政権との対峙、国外での政治的、経済的自由の大義の強化、国際秩序の維持拡張のためにもアメリカのみが勝ち得た唯一無比の役割を果たす、などを基本政策としてアメリカ政府にその実現をせまる有力なシンクタンクです。

それがアメリカの意向を全て代表する訳では勿論ありませんが、アメリカは自主的平和的統一を表向き支持するなかでも、統一後の朝鮮を新たな経済収奪対象地域と算定しはじめているのです。その意味で言えば、現在進められている米朝首脳会談の向こうにあるものに、十分に注意することが必要となります。

アメリカとの対等な関係構築こそ、米朝首脳会談の最終目標として設定されるべきであり、アメリカがその持てる軍事力を背景に南北朝鮮に対し、支配的な関係を要求しようとすることには警戒を怠ってはならない、ということです。

## 作為された〝脅威論〟の果てに

現在日本の政府系メディアが盛んに喧伝し、その影響なのか世論に浸透している中国と北朝鮮脅威論は、本当なのでしょうか。結論を先に言ってしまえば、その脅威論はまさしく〝虚妄の脅威論〟でしかありません。別の言い方をすれば、実際は「作為された脅威」なのです。既に述べた通り、戦前期において清国を「眠れる獅子」、ロシアを「北方の巨熊」と言って国民の意識の中に脅威論を煽り、戦争へと国民を動員していった歴史と同様の手法が繰り返されているということです。

〝脅威〟がアメリカの朝鮮半島における軍事プレゼンスを正当化するために利用され、そして、日本では安倍首相の言う「東アジアの安全保障環境が変わった」という言辞によって、集団的自衛権から安保関連法、さらには共謀罪まで次々と法制化されていく外交軍事政策の口実にされているのです。

安倍首相は、その〝脅威〟に対抗するのだと言い募り、抑止力の向上を目的に中国や北朝鮮を絶好の脅威の対象として、作為あるいは設定しているのです。北朝鮮は既に新たな動きのなかで南北統一への道筋をつけようとし、米朝関係も緩和化に向かっています。それでも安倍首相は経済制裁を緩めない、の一点張りです。

この極めて硬直した外交姿勢は、南北朝鮮や国際社会から、一周遅れの外交政策とすら揶揄されています。むしろ日本は歴史の清算の機会と捉え、積極的に朝鮮半島の非核化や非武装化、さらには南北朝鮮の自主的平和的統一への最大の支援者となるべく柔軟な外交戦略が必要です。しかし、残念ながらその度量も思考も不在なのです。歴史を恐れているからなのか、アメリカの脅しを受け続けているためでしょうか。日本の外交は対米従属路線を一貫して踏襲してきたために、主体的能動的な外交戦略を築き上げる知恵や経験を無くしてしまっているようです。

### アメリカの変化は本当か

実は日本は、アメリカがダイナミックに方向転換しようとしていることに気づこうとしません。まるで米中対立の真相を読み誤り、気づいたときには米中国交回復に踏み出していたアメリカの動きを全くキャッチできなかった歴史の轍を踏もうとしています。

それは、一九七二年二月二一日の事でした。その時、テレビでは北京空港にアメリカの大統領専用機エアーホースワンが着陸し、機内から当時のアメリカ大統領リチャード・ニクソンが夫人を伴って降り立ち、タラップの下で待ち受けていた周恩来《チョウエンライ》首相（当時）と固い握手をする中継を見て、日本政府及び外務省高官が臍《ほぞ》を噛んだという話は、あまりにも有名な話です。それは日本の外交がアメリカの肩越しにしか世界の動きを見ようとしないことを露呈してしまったのです。しかし、日本政府及び外務省は、アメリカに対して「頭ごなし外交」だと言ってクレームにならないクレームをつけたとの逸話も残っています。

日本政府には、言うところの「頭」があったのでしょうか。アメリカもその「頭」は見えていなかったのではないでしょうか。だから、本気で日本には米中接近の情報提供すらしなかったのではないでしょうか。今回、米朝接近の事態を見ながら、現時点では完全に蚊帳の外に置かれてしまった日本政府及び外交当局は、一体米中接近の歴史から何を学んでいるのか、と問いたくなります。

その経験がありながら、今度もまた日本政府は、米朝首脳会談の様子をみながら、今度は流石《さすが》にアメリカも直前になって形式的に会談予定を日本に通知はしましたが、米中国交回復時と同様の轍を踏むかも知れないと想像すべきです。言うならば、日本は自らが作り出した虚妄の脅威論によって、自らを縛り上げてしまっているのではないでしょうか。漫画の世界ではありませんが、鏡に映った姿に慄《おのの》いているのです。その鏡に映っているのは、実は自分自身だった、という笑い話に近い状態に日本は来てしまっていると思います。漫画の世界ならば面白いで済むかもしれませんが、これが現実だとすれば、極めて深刻な話ということになります。

あらためてアメリカの米朝接近政策は本物で本気なのでしょうか。これまでアメリカの朝鮮半島政策は、一口に言えば分断固定化の利益構造を柱にしていました。つまり、分断の固定化を意図するアメリカの思惑は、朝鮮半島を不安定化することにより、アジアにおけるアメリのプレゼンスを堅持し、常時介入路線を正当化する考え方です。

そうした分断固定化を堅持するためにも、米韓軍事合同演習を毎年のように実施し、北朝鮮への挑発と威嚇を繰り返していました。近々で言えば、二〇一七年三月一日、原子力空母カールビンソンを旗艦とする機動部隊による恫喝行為もその象徴的事例です。米韓両軍は定例の合同野外機動訓練「フォール・イーグル」を実施しましたが、米軍約一万七〇〇〇人、韓国軍約三〇万人以上が参加しました。朝鮮は臨戦体制を強いられ、軍事領域以外にも防衛体制が敷かれました。当然ながら経済・教育などの諸領域に影響がでます。国中が事実上の臨戦体制に追い込まれるのですから。

「フォール・イーグル」の実施は、また別の意味でも北朝鮮側にとっても大変な危機感を抱かされたことも良く知られているところです。それは、アメリカの北朝鮮侵攻作戦計画の変容が行われた直後であったからです。つまり、それまでの作戦計画「五〇二七」から、金正恩《キムジョンウン》委員長の殺害をも含めた、これまでにない侵略的作戦計画の「五〇一五」へ転換していたからです。この作戦計画の変更は、二〇一六年六月、韓米連合司令官兼在韓米軍司令官が署名し、韓米安保協議会（SCM）の戦略転換に対応して作成した作戦計画です。

## 朝鮮半島の平和構築の方途は

それでは南北朝鮮の自主的平和的統一のための戦略があるとすれば、如何なるものなのでしょうか。この点については、本日参集された皆さんと共に考えていきたいと思いますが、私なりの考えを掻い摘んで触れさせて頂きます。

やはり、なによりも朝鮮民族の主体性を尊重し、外圧・恫喝など軍事的かつ非平和的手段を拒否するなかで、南北朝鮮の融和と友好関係の阻害要因を段階的に除去することです。ある意味でそれに尽きると思います。そう思うとき、私は頻繁に引用させて貰っていますが、以下、安倍政権が脅威と見なす北朝鮮の金正恩委員長発言の意味を確りと受け止めるべきだと申しげたいのです。

それは、「五〇〇〇年の悠久の歴史と燦然《さんぜん》たる文化を誇る朝鮮民族が、七〇余年の長きにわたり外部勢力によって分断の苦痛と辛酸をなめているのは、これ以上たえることのできず容認できない民族の恥です。国の分断が持続すればするほどわが同胞がこうむる被害と災難は重なり、朝鮮半島における戦争の危険は増大し、しまいには民族的惨禍をまぬかれないでしょう。国と民族がそれぞれ自己の利益を前面におしだし、きそって発展を指向しているとき、朝鮮民族が北と南にわかれていまなお、おたがいに反目し対決しているのは、みずから民族の統一的発展をはばみ、外部勢力に漁夫の利をあたえる自殺行為です。これ以上民族の分断を持続させてはならず、われわれの世代にかならず祖国を統一しなければなりません。」（チュチェ思想国際研究所編『金正恩著作集』第二巻、白峰社、二〇一七年、一八八頁）という部分です。

さらに引用を続ければ、「北と南が統一の同伴者としてたがいに尊重し、協力していくためには、相手方を刺激する敵対行為をとりやめなければなりません。相手側にたいする敵対行為は不信と対決を助長し、関係の改善をさまたげる主な障害です」(同上) の部分も極めて重要に思います。

南北和解の第一歩を築くためには、韓国が対米従属政治から脱却し、在韓米軍の撤退を求め、米韓安保廃棄への方途を示すことが不可欠です。そして、そのためには日本も対米従属・日米同盟強化を緩め、日米安保の段階的解消に向けて取り組むべきです。韓米安保・日米安保の段階的解消を通して、南北朝鮮及び日朝関係の戦略的和解の方向性を希求していくことが重要となります。

日本の姿勢としては、アメリカに追随する姿勢から、主体性を取り戻すことが肝要です。また、日韓・日朝関係改善のためには、朝鮮支配の歴史を見据えなおし、あるべき歴史認識を深めていくことが急務です。日本の立ち位置として、アメリカの覇権戦略の転換に連動する集団的自衛権行使容認と安保関連法の成立、アメリカの同盟国分担体制の現実化(安部政権はストレートに受容)などの現状を根本から改編すべきです。朝鮮半島への独自の立ち位置を模索せず、日米従属同盟の進化によって外交防衛の面だけでなく、朝鮮植民地支配責任という歴史課題に向き合う機会を自ら放棄している現状を改め、韓国・北朝鮮・アメリカ・中国・ロシアの外に捨て置かれる状況下から脱するためにも、繰り返し歴史から学ぶことです。そして、私たち日本もアジアの一員であり、東アジアの平和と安定に資する努力と知恵を紡ぎ出す時と思います。

先ほども少し触れましたが、南北朝鮮の統一が果たされた以後、次のステップとして、本日の演題のサブタイトルに掲げていますが、東アジア平和共同体構築に向けて踏み出すべきだと思います。朝鮮半島情勢の変容は、そうした未来を切り開く大事な一里塚であると思います。

(二〇一八年一一月二四日、東京都内での講演から)

# 第四章　従軍慰安婦問題の何が問われているのか

## ～普遍的責務の履行と歴史和解の方途をめぐって～

### はじめに　関釜裁判の判決文から

従軍慰安婦が徴用工問題と同時に、ここに来てあらためて大きな問題となっています。正確に言えば、一九九一年八月に金学順《キムハクスン》ハルモニが従軍慰安婦であったことを明らかにして以来、一貫して続いている問題です。その後、多くの元従軍慰安婦であった方々が次々に名乗りを上げられ、国際問題化しています。この間にも従軍慰安婦問題に関する調査や研究が進められ、討論会や出版物が企画されてきました。

日本の植民地や統治下に置かれた諸国の政府も温度差はありますが、様々な取り組みを採るようになりました。そのなかで、一番腰が重かったのが、当事国であった日本でした。

この問題はそれが歴史問題というより、昨今では日韓関係に軋轢を齎《もたら》した政治問題としての側面が日韓双方で注目されています。日本の近現代史研究に携わる一人として、ここソウルでこの問題について話をする場合、私はこの問題の本質は何かと問われれば、迷うことなく国際的な人権問題だと答えます。恐らく、そうした考え方は韓国の方の方が強いのではないでしょうか。

日本の国民の多くが朝鮮植民地支配の過去について記憶を希薄化していますし、なかに植民地支配に肯定感情を抱いて見ている人も残念ながら少なくないのも事実です。

本日は学会の基調講演という場を与えて頂きましたので、数多存在するであろう、従軍慰安婦問題へのアプローチの一つして、私は長年考えてきました視点から話をしてみたいと思います。本題に入る前に少し長くなるかも知れませんが、私の個人的な体験から話をさせて頂きます。

大分前の事ですが、一九九二年五月四日、当時関釜《かんぷ》裁判（正式名称は、釜山従軍慰安婦・女子勤労挺身隊公式謝罪等請求訴訟）で提訴されていた河順女《ハスンニョ》・朴頭理《パクドゥリ》・李順徳《イスンドク》の三人の元従軍慰安婦に対して、山口地裁下関支部は、判決文において立法不作為による国家賠償責任について一部原告の訴えを認め、被告である日本政府に九〇万円の支払いを命じたのです。ところが、二〇〇一年三月二九日、広島高裁は山口地裁の判決を取り下げて原告の訴えを棄却してしまったのです。原告は判決を不服として上告しましたが、二〇〇三年三月二五日に最高裁は上告を棄却。その結果原告の敗訴が確定してしまいました。

さらに軍事郵便返還請求訴訟で元従軍慰安婦であった金玉珠《キムオクチュ》ハルモニが提訴されました。金ハルモニは従軍慰安婦時代に二万六二四五円の貯金から五〇〇〇円を朝鮮の実家に送金したそうです。当時、金ハルモニの故郷大邱《テグ》では、一〇〇〇円もあれば小さな家一軒を購入できるという時代であったそうです。大きなお金であった訳です。その残りの預金の原簿が下関の郵便局で見つかり、同地で預金返還請求訴訟を起こされたのです。これは現在問題化している日韓請求権並びに経済協力協定で解決済ということで、敗訴となった裁判でした。

これらの裁判に関わっていた私は、一九九二年五月一〇日、山口市内で金ハルモニの証言会を開催し、そ

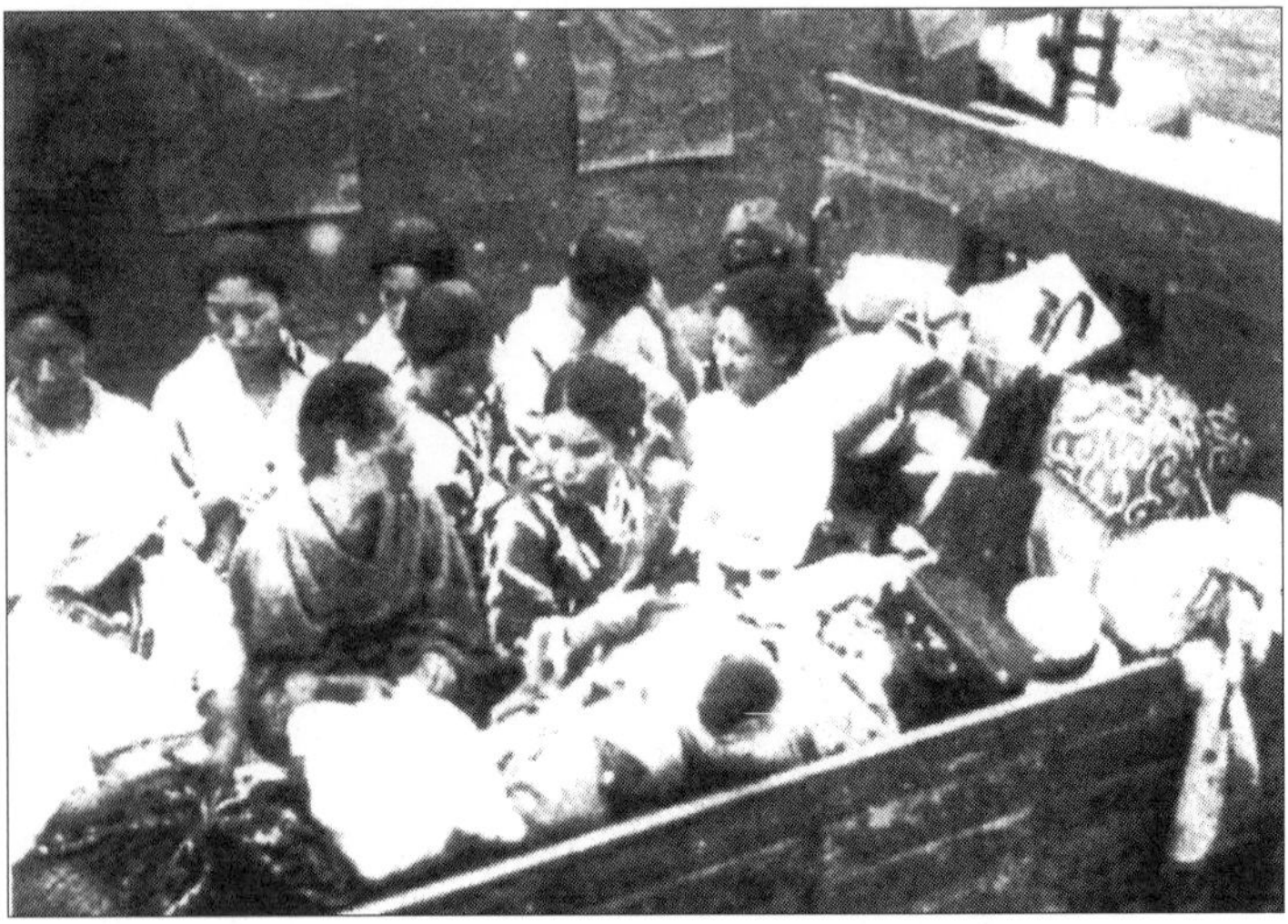

トラックで運ばれる慰安婦たち

の司会を務めたことがあります。金学順ハルモニが名乗り出られた翌年でもあり、広い会場が一杯になるほど沢山の市民が参加されました。しかし金玉珠ハルモニは証言を始められてから五分も経過しないうちに、悲しみが襲ったのか嗚咽が止まらなくなり、私の判断で証言そのものを中断することにした記憶があります。代わって付き添われていた韓国挺身隊問題対策協議会の金信実《キムシンシル》女史の講演に切り替えた次第でした。

当時、山口で暮らしはめたばかりの私は、証言会を終えた後、支援者の皆さんと一緒に金ハルモニと昼食を共にした折、美味しそうにキセル煙草を吸われていた金ハルモニに、「御好きなんですね」と軽い会話のつもりでお尋ねしたら、「タバコだけが私の楽しみなんですよ」と答えられたことを今でも昨日のように記憶しています。私の感性に欠ける間抜けた問いに微笑みを浮かべながら、極自然体にお答えになった、その時の光景を強く想起します。

そこでハルモニに「タバコだけが楽しみ」と言わせたのは、他でもなく帝国日本の所業であった訳です。その帝国日本の所業を戦後生まれの私たちは、繰り返し遡及して分析と批判を積み重ねる責務があろうかと思います。

私は、これから従軍慰安婦問題の国際性と無時効性というキーワードを用いて話をしようと思いますが、そのヒントのひとつに関釜裁判での判決内容に突き動かされたことがあります。

特に山口地裁下関支部では、原告の三人に三〇万円ずつの慰謝料を払えと命じたのですから、その折には支援者ならずとも予想外の判決に驚いた事実があります。当時の判決記録を要約して紹介しておきますと、判決文では、要するにこの慰安婦問題の本質を捉えるに、過去の人権侵害としてではなく、それ以上に戦後の人権侵害として捉えていることです。なぜならば、その人権侵害がそれを犯した国の「不作為」によって、人権被害者たちが声をあげるまで放置していたこと、そして放置され続けてきたことで新たな侵害が生じたことを厳しく諌めているのです。

いわゆる、法律用語でよく使われる「不作為の作為」です。そのことに判決文の骨子があり、それゆえ合計で九〇万円を慰謝料として支払えとしたのです。

戦前日本国家を受け継ぐ現国家に過去の人権侵害の直接的責任は不在だけれども、人権回復に尽力しなかったことは、人権の最大の擁護者である国家としての責任を果たしていないという訳です。国家は人権の最大の侵害者となり得る権能を有するがゆえに、同時的に人権擁護や人権回復を実現する権能を有している、と捉えるのが妥当なのです。その国家の危険性と役割期待が何処にあるのかを適格に指摘してみせた判決文であったのです。私は歴史学者ですから法律の事は詳しくないのですが、その折に判決文の内容に、なるほどと思いました。

すなわち、判決文のなかで、「日本国憲法制定前の帝国日本の国家行為によるものであっても、これと同一性ある国家である被告には、その法益侵害が真に重大である限り、被害者に対し、より以上の被害の増大をもたらさないよう配慮、保証すべき条理上の法的作為義務が課せられている」（「関釜裁判一審判決文　一九九八年四月二七日」、一八頁）とする内容が示されたのです。弁護団の方に御教示願ったのですが、これを法律用語で「先行法益侵害に基づくその後の法的保護義務」というのだそうです。

簡単に言えば、従軍慰安婦問題は確かに過去に起きた事件であり、その過去に遡ってその罪を問うのではなく、過去において深刻な人権侵害を被った元従軍慰安婦の方々を救済する責任を負う国家が、その義務を怠っている事実が厳しく問われたのです。問われたのは帝国日本ではなく、現代の日本国家ということになります。

こうした司法判断は過去の侵略戦争それ自体を批判するだけでなく、むしろその侵略戦争の事実を認めず、隠蔽・歪曲し、無責任論を振り回す行為自体こそが問われている、あるいは問わなければならない、という重大な観点が提起されているのです。

その意味で一九九三（平成五年）八月四日、当時、宮沢喜一内閣の官房長官であった河野洋平氏によって発表された「河野談話」は、過去の日本が犯した人権侵害の事実を明らかにし、その救済を訴えたものです。その談話の一部には次のような文言があります。読み上げてみます。

本件は、当時の軍の関与の下に、多数の女性の名誉と尊厳を深く傷つけた問題である。政府は、この機会に、改めて、その出身地のいかんを問わず、いわゆる従軍慰安婦として数多の苦痛を経験され、心身にわたり癒しがたい傷を負われたすべての方々に対し心からお詫びと反省の気持ちを申し上げる。

また、そのような気持ちを我が国としてどのように表すかということについては、有識者のご意見なども徴しつつ、今後とも真剣に検討すべきものと考える。

明確に従軍慰安婦の存在を認め、その救済のために積極的に日本政府が対処すべきだとしているのです。つまり、前年の関釜裁判における山口地裁下関支部の判決を受ける形で法律用語の言う「先行法益侵害に基づくその後の法的保護義務」を怠ったことを指摘したうえで、戦後における人権回復に乗り出すことを強調しているのです。この「河野談話」は、従軍慰安婦の存在を認めず、さらには朝鮮植民地支配責任を負うことを拒絶する団体や個人、メディアなどから厳しい批判を受けることになります。それが今日増幅される一方の状況にあります。

この談話があってから、一九九五（平成七）年八月一五日、村山富市首相による「村山談話」が出されます。毎年、この日には歴代首相が何らかのコメントを出すのですが、そこでは次のような文面があります。これも少し読み上げておきます。

わが国は、遠くない過去の一時期、国策を誤り、戦争への道を歩んで国民を存亡の危機に陥れ、植民地支配と侵略によって、多くの国々、とりわけアジア諸国の人々に対して多大の損害と苦痛を与えました。私は、未来に誤ち無からしめんとするが故に、疑うべくもないこの歴史の事実を謙虚に受け止め、ここにあらためて痛切な反省の意を表し、心からのお詫びの気持ちを表明いたします。また、この歴史がもたらした内外すべての犠牲者に深い哀悼の念を捧げます。

慰安所の入口での表記

従軍慰安婦の事を直接示している訳でありませんが、植民地支配責任が日本国に明確に存在することを首相として、つまり日本国民の総意として内外に表明した画期的な談話でありました。その一方では、現在まで、その内容に異議を唱える人たちに繰り返し批判を受けることになります。

過去の歴史とどう向き合い、過去に犯した過ちを戦後の現在まで継続して謝罪行為を繰り返すことの意味は、従軍慰安婦に限定されず、帝国日本の戦争行為や植民地支配によって、取り返しのつかないほどの人権侵害を被った人々を救済する行為であることを自覚的に受け止めるべきなのです。

例え、人権被害者の方々が死去されたとしても、その方々の御家族や知人・友人をも含め謝罪と救済によって人権回復を進め、その負の歴史と向き合うことで、二度と同じ過ちを繰り返すことがないように教訓化する作業が必要です。その積み重ねのなかで失われたしまった日本への信頼を取り戻すことができるのです。だが、これら二つの談話に対して感情的な批判は論外としても、充分に議論と対象とすべき反論も沢山あります。勿論全てではありませんが、私が一番気になった反論を一つだけ取り上げてみたいと思います。

元従軍慰安婦の存在を認め、その人権侵害の事実を否定しないとしても、「不作為の作為」により、彼女たちが「人格の尊厳を傷つける新たな侵害行為」に戦後一貫して苛《さいな》まれている、とする具体的な証拠やその判断自体が過剰ではないか、という議論をよく見受けます。

さらに、戦時中に受けた痛苦とは肉体的かつ直接的なものであるのに対し、戦後のそれは精神的かつ後遺症的な痛苦であるから、それを同様に扱うのは問題だというのです。つまり、戦時中の「侵害」と戦後の「放置」を同次元で一括するのは間違いだというのです。

確かにある意味では整理された議論に思いますし、合意される方も多いのではないかと思われる立論です。法律の世界では認定という概念が重要ですから、法律論で言えばその通りかも知れませんが、被害者の苦痛の体験と解消されない精神的苦痛とは、時間の経過とは無関係に一つのものです。それを法律論的な視点を大事にする場合はそうなるかもしれませんが、最も大切なことは被害者の心情に寄り添うことではないかと思います。

関釜裁判の折に山口地裁下関支部の判決に示された基調は、繰り返しになりますが「不作為の作為」という国家責任を明示していることです。これこそ、人権擁護に最大の責任を負う国家の責任だと思います。ところが上級審となればなるほど、この国家責任が希薄化されていく実態があります。これは関釜裁判に限ったことではありません。まるで上級審となるほど、人権救済よりも国家無答責論へと傾斜していくようです。守るべきものが、国民から国家へと移転しているのです。こうした裁判所の在り方自体も問題としなければならないように思います。

戦前期の大日本帝国憲法の時代ならいざ知らず、一九四七年に「国家賠償法」が施行されている訳です。この法律では戦時中に国家権力が犯した不法行為にたいしても、人権侵害の重大性が認められれば、当然ながらこの法律が適用されることになります。従って、従軍慰安婦関連裁判で上告を棄却したりする裁判所の判断は、敢えて言えば元従軍慰安婦の人権侵害が重大性を帯《お》びるものではない、との判断を示したことになるのではないでしょうか。

また、ここでは触れませんが、一九七六年に発効した「国際人権規約」によっても、侵された人権の救済が求められています。

以上のようなささやかな体験を踏まえつつ、以後私なりに従軍慰安婦問題を日本の戦争責任問題や植民地支配責任問題、さらには歴史認識問題などと絡めて考えてきましたが、私は従軍慰安婦問題について二つのキーワードを用いて論じてきました。

前振りが少々長かったのですが、以下本題に入ります。

## 1　国際性と無時効性をめぐって

### 日本の戦争責任問題として

従軍慰安婦問題とは、日本の戦争責任問題の象徴事例に思います。同時に現在においては、未決の歴史問題であり、日本と韓国との間に依然として軋轢を生み続ける大きな課題でもあります。同問題を考えるうえで、多様な視点が用意されていますが、ここでは国際性と無時効性という二つのキーワードを用いて、同問題を単に日韓二国間の問題に矮小化するのではなく、責任の所在が明確であるとしても、同問題が鋭く人間と国際社会の在り様をも関連して考察しなければならない課題としてあることを強調していきたいと思います。

より具体的な内容を要約すれば、**第一**に、従軍慰安婦問題を国際性と無時効性の二つの用語を用いて、従来の問題にはあまり導入されてこなかった視点から、それが人間と現代国家に内在する矛盾の一端であることと、**第二**に、歴史認識論や植民地近代化論などの論点を要約しながら、第一の課題と絡ませつつ、あらためて論じることです。

それによって、日本と韓国との間に深刻化するばかりの同問題を、国際社会が共有する人間の負の歴史として受け止め、それを解決する方途を先ずは日韓両国の研究者が紡ぎ出す努力を永続化するための、一つの指針を提供できればと思います。

それでは、先ず国際性と無時効性の用語の意味を説明しておきます。

国際性とは、尊厳の対象であり、その権利が所属する国家の枠組みを超えて担保されるべき人間が、国家組織の暴力によって、尊厳と権利が剥奪された時、それは加害者・加害国家の責任と同時に、そのような加害者や加害国家の存在を許容してしまった責任は、国際社会にも相応の責任が派生するということです。

そのことを国際性や国際化の用語で示そうとするものです。従軍慰安婦問題とは、軍国日本が犯した許しがたい国家犯罪であると同時に、それが現在的に未決の問題である限り、国際社会の普遍的な問題として受け止め、人権の回復と歴史の責任を果たす方途を国際問題の観点からも紡ぎ出していくことが求められていると考えます。勿論、日本の戦前国家が引き起こした問題を国際人権問題に矮小化しようとするものではありません。

その問題を日本固有の問題としてだけ捉えるのではなく、同時的に人類普遍的な課題として受け止めることで、同問題が日本国家や世界の教訓として位置付けられる必要性に注意を喚起したいのです。

## 国家犯罪

ここで、一九九九年当時に元外務省欧亜局長であった東郷和彦氏の次の言葉を引用しておきます。

それは、「いまやEUや豪州も、アジアの国々や市民たちとともに、日本政府のとり始めた従軍慰安婦や南京虐殺問題の対応に対して厳しい批判を浴びせ続けている。そしていまそれは、過去の歴史問題を超え、普遍的な人道と人権を犯す国家犯罪だと位置付けられて、日本は糾弾されている。その糾弾が、領土や靖国への日本の対応に対する批判と、結び合っている」（進藤榮一『アジア力の世紀―どう生きぬくのか―』岩波書店・新書、二〇一三年）という内容です。取り分け、「普遍的な人道と人権を犯す国家犯罪」として、従軍慰安婦問題を捉えることが、まさに同問題の国際性という意味に符号します。

次に無時効性とは、そうした境遇へと追い込んだ加害者の犯罪性を告発し続けることを通して、同問題を恒久的に負の歴史事実として心に刻み続けること、そして、二度と同様の罪を犯さないために、例え政治的責任を果たし、司法的な罰則を受けたとしても、道徳的意味での時効は成立し得ない、という意味です。そこでは、人間としての良心の領域に関わる問題として無時効性を強調したいのです。同問題は人間精神の根幹に関わる問題であるとすれば、時間や歴史の経過によって、自然に解決される性質の問題ではない、ということです。

私たちが国家の枠組みを超えて、この問題を人類普遍の負の遺産として位置づけ、過去の事実を過去化するのではなく、常に現代化あるいは未来化することによって、この個人にとって、そして人類にとっての悲劇を再定義し続けることが不可欠に思います。当問題は「国家犯罪」であると同時に、「人間犯罪」とも捉えるべきでしょう。

従軍慰安婦問題を単に韓日歴史問題の枠組みに収斂《しゅうれん》してしまわず、その国際性と無持効性を説くことで、国際社会が共有すべき人類史的課題として捉えることにより、何ゆえに同問題が引き起こされ、そしていまなおその歴史事実に正面から向き合おうとしないかを問い続けなくてはならない。そればかりか歴史事実を否定・歪曲しようとする歴史否定主義・歴史修正主義が、依然として存在し続ける実態にも目を瞑《つぶ》る訳には行かないのです。何よりも日韓友好促進のために、日韓の研究者・市民が共同して胸襟を開き、議論を深めていくことが不可欠でしょう。

本題に入る前にお断りしておきますが、ここでは広義の従軍慰安婦問題を対象とはするが、狭義における従軍慰安婦の実態研究の成果を披歴するものではありません。同研究では日韓双方で膨大な先行研究が蓄積されています。

なお、本講演のために参考とする文献は数多ありますが、VAWW-NETジャパン編、高橋哲哉・林博史・松井やより・金富子《キムプジャ》他責任編集、『日本軍性奴隷制を裁く―2000年女性国際戦犯法廷の記録』（第一巻『戦犯裁判と性暴力』、第二巻『加害の精神構造と戦後責任』、第三巻『慰安婦・戦時性暴力の実態Ⅰ―日本・朝鮮・台湾編』、第四巻『慰安婦・戦時性暴力の実態Ⅱ―中国・東南アジア太平洋編』、第五巻『女性国際戦犯法廷の全記録Ⅰ』、第六巻『女性国際戦犯法廷の全記録Ⅱ』全六巻）（緑風出版、二〇〇〇年～二〇〇二年）、VAWW-NETジャパン編・西野留美子・金富子『裁かれた戦時性暴力「日本軍性奴隷を裁く女性国際戦犯法廷」とは何であったか』、（白澤社、二〇〇一年）、林博史『日本軍「慰安婦」問題の核心』（花伝社、二〇一五年）、秦郁彦『慰安婦と戦場の性』（新潮社・選書、一九九九年）、大沼保昭『「慰安婦」問題とは何だったのか―メディア・NGO・政府の功罪―』（中央公論新社・新書、二〇〇七年）、朴裕河《パクユハ》『帝国の慰安婦―植民地支配と記憶の闘い―』（朝日新聞社、二〇一四年）、熊谷奈緒子『慰安婦問題』（筑摩書房・新書、二〇一四年）、鄭鎮星《チョンジンソン》『日本軍の性奴隷』（論創社、二〇〇八年）、鄭栄桓《チョンヨンファン》『忘却のための和解――「帝国の慰安婦」――と日本の責任』（世織書房、二〇一六年）などを取り敢えず挙げておきます。

## 2　歴史認識の不在性と植民地支配責任

### 私たちはなぜ、歴史に拘り続けるのか

第Ⅰ部と重複しますが、最初に、なぜいま、歴史に拘り続けなくてはならないのか、について触れることから始めたいと思います。なぜならば、従軍慰安婦問題が日韓両国の歴史問題として深刻化している背景には、日本における歴史認識の不在性が指摘されているからです。

一体何故に、日本人の歴史認識の不在性が指摘されなければならないのか。本当に日本政府・日本人は、負の歴史に正面から向き合おうとしないのか。歴史を無視しているのか、歴史からの逃避を試みつづけようとしているのか。それとも逆に当問題の存在を否定しようとしているのか。

従軍慰安婦問題に続き、現在において徴用工問題があらためて浮上してきました。そうした相次ぐ未決の歴史問題に日本政府・日本人にも不満が鬱積し、それがまた未決の歴史問題を複雑化・深刻化させています。両国政府・両国民の、ある種の捻《ね》じれ現象あるいは縺《もつ》れてしまった糸は、簡単に解けそうにもありません。

そうしたなか、日本では来年（二〇一九年）五月一日、新しい天皇が即位します。現皇太子は、アジア太平洋戦争における最高の戦争責任者である昭和天皇の孫にあたります。そうなると益々昭和天皇の存在が希

薄化し、同時にその戦争責任をめぐる議論も後退する可能性が高い。東京裁判に訴追されなかったこと、先の戦争は軍部の急進派たちの独走から始まった戦争で、昭和天皇が関与していなかった、などの理由で多くの日本人は依然として昭和天皇の戦争責任は不在であるとする認識を抱いています。

昭和天皇自身も、記者会見の場で戦争責任問題を問われ、「そのような文学方面についてはよく分からない」（一九七五年一一月二八日）と答え、自らの戦争責任には関心を持っていないことを告白しています。

勿論、この天皇の回答については責任回避の言明であり、批判に値するという反応の一方で、この発言を支持する世論も広く存在しています。それは、盛んに引用される「御心ならずも勃発した戦争」のフレーズで示されます。「御心ならずも」とは、天皇の意思に反して、戦争が生起したのであって、本来天皇は戦争を回避しようと努力を重ねたとする物語を産み出しました。戦後、広く流布される「平和天皇論」です。

しかし、天皇の責任不在論について、戦後に天皇制を残置し、天皇制を媒介にして日本を間接統治しようとしたアメリカの強い意向があったことは、すでに多くの研究で明らかにされています。昭和天皇の戦争責任を追及し、場合によっては天皇制の解体による共和政体を希求したイギリスやオランダ、それに中国などの主張を如何に抑え込んでいくのかが、アメリカの戦後対日戦略のキーポイントとなった訳です。この戦争責任回避の政治決定が、文字通り戦後アメリカによる日本統治方式が案出されたものであることは、歴史学界だけでなく広く知られているところでもあります。

もうひとつ、本テーマとの関わりで指摘おかなければならないのは、植民地支配責任における天皇制の位置についてです。

植民地台湾及び朝鮮における最高権力者は台湾総督及び朝鮮総督であり、それは戦前日本の官僚制のなかでの最高位である親任官でした。親任官は天皇の親任式を経て任命される天皇に最も近い官吏の地位にありました。朝鮮総督及び台湾総督は官吏としての最高位であり、かつ現役武官として植民地で絶大な権力を保持し、天皇の代わりに植民地統治を実施したのです。そのことは植民地支配が事実上天皇によって実施されたことを意味します。その点からも植民地支配の事実上の最高責任者と見なすことが可能でしょう。

実は戦後、天皇制の政治的役割や位置について、実に様々な角度から議論が提起されていましたが、この意味から天皇及び天皇制の植民地責任を論じた議論や研究は、必ずしも多くはないのが現状です。戦後、日本人のなかに植民地支配責任や歴史への関心が希薄な理由のひとつに、無意識のなかで植民地支配責任を問うことが、直接間接に天皇及び天皇制の植民地支配責任を問うことになるという問題が潜在しているのかも知れません。東京裁判でも植民地責任の問題は裁かれず、アメリカを中心とする連合国側も、この問題には極めて関心が薄かったのです。

その理由として考えられるのは、アメリカが戦後日本の統治、あるいは主権回復以後における日本天皇制の政治的役割を高く評価していたからであり、アメリカ・イギリス・フランスなど植民地保有国は植民地支配責任を問題化すれば、同様な問題に直面するからでした。つまり、植民地支配責任の問題は、戦勝国も敗戦国も等しく戦後課題としてあり続けたからです。戦勝国は、その勝利の等価として植民地支配責任を回避することが可能であったのです。

そうした日本政府や多くの日本人の歴史認識や誤った歴史解釈は、その根底で侵略戦争責任や台湾・朝鮮植民地支配責任を拒絶する政策や感情として固定化しています。換言すれば、結局日本政府にも多くの日本人にも、歴史を正面から捉え、そこから教訓を引き出そうとする歴史意識が不在ということになるでしょう。それを私は歴史認識の「不在性」と呼びます。

## 歴史認識の不在性の背景

それでは歴史認識の不在性の原因は、何処にあるのか。頻繁に引用されるのは、ドイツの場合には一九三三年一月に実施された総選挙で選出されたヒトラーにより、侵略戦争がまさに「合法的」に選出されたリーダーにより実行された歴史経緯があったからだというものです。そこからヒトラー率いるナチスを選出したドイツ国民は、自らの判断の間違いを戦後真剣に問い直そうとしました。その結果として厳しい戦争責任の追及と歴史認識を深める努力を惜しまなかったと。

その努力と実践の成果が、戦前においてドイツはヨーロッパをドイツ化しようとした反省の上に立って、戦後はドイツのヨーロッパ化に尽力することになったことです。私もこの指摘に賛同します。現在のドイツは難民問題を論点にしながら、右翼発条《ばね》が結構強く効いていて、これが従来のような戦争責任を痛覚してドイツ国民が一丸となっている、とは言い切れないところがあります。しかし、依然としてヨーロッパだけでなく、国際社会からの信頼を回復し、現在ではEUの中心国となっていることには変わりありません。

日本の場合は侵略戦争の発動が「御前《ごぜん》会議」など憲法外的機関によって非合法的に実施されたため、日本人が戦争政策との関わり認識を不充分にしか会得《えとく》できなかった。つまり、日本人は戦争に動員され、銃後では空襲被害に遭遇はした。しかし、戦争への直接当事者ではあっても、戦争責任者ではなかったという意識が極めて強い現状にあります。ましてや内地の延長として受け止められていた台湾や朝鮮の植民地支配責任など、持ちようがなかったのです。

また戦後における連合国による日独占領体制の違いもあります。すなわち、連合国軍による直接占領体制が敷かれたドイツの場合には、連合軍の意図が直接的に反映もされました。加えて基督教の倫理観にも支えられた人道上の観点からする戦争責任の追及を、戦争犯罪への悔悟《かいご》の念から、徹底して行おうとする姿勢が強かったのです。そうした意味で宗教的かつ政治文化的な土壌が背景にあったことも間違いありません。

ところが、間接占領体制が敷かれた日本では、天皇を利用した日本民族の〝丸ごと善導政策〟が、結果的には戦争責任追及の意識を希薄化させてしまったと言えます。つまり、占領政策の一環として、上からの限定的な戦争責任の追及が、型通り実施されたに過ぎなかったのです。それも米ソ冷戦体制が本格化するに従い、それまでの日本民主化路線から、再軍備や日米安保締結など、いわゆる「逆コース」の開始と同時に、戦争責任を負って公職から追放されていた人々が解放（公職追放解除）されたこともあって、戦争責任問題が棚上げにされていったのです。

ドイツの国民が自覚的かつ自発的行為として戦争責任、あるいは戦争犯罪責任を把握し、そのことを「心に刻む」（erinnern）として深く記憶化する実践的な運動が繰り返し行われたのと比較して極めて対照的でした。一九八〇年代戦争責任論や植民地支配責任論が議論として本格的に提起されているなか、日本では丁度、中曽根康弘首相が「戦後の総決算」をスローガンに、戦前の負の歴史を封印しようとしていたのです。

さらにドイツの場合には、戦前と戦後とが国旗と国歌の放棄を含め、戦前ドイツやナチズムを想起させるものと完全に断絶しました。これに対して、日本は元首制から象徴制へと権能と役割とに変容はあったものの、天皇制という政治システムを残置し、同時に戦前の権力がほぼ戦後にスライドすることになりました。その役割を果たしたのは戦争終結が天皇の判断、いわゆる聖断によって決定されたという事実でした。この聖断によって、戦前と戦後が連結されたのです。

その具体例として、完全に解体されたと思われた旧日本帝国軍人たちも、再軍備と同時に警察予備隊、保安隊、自衛隊の高級幹部として復権を果たしてきたのです。政界においても、戦前期東條英機内閣の商工大臣として、事実上の副首相格を勤め、戦後A級戦犯として巣鴨刑務所で三年余服役した岸信介が、総理大臣（首相）にまで昇りつめるという事実がありました。

昭和天皇が戦後も天皇の地位に留まり、侵略戦争や植民地支配の事実上の指導者たちが次々と戦後日本政治の中核の位置に座り続けました。また、靖国神社には東條英機はじめ、東京裁判で絞首刑となったA級戦犯たちが合祀《ごうし》されています。

現在の自由民主党という日本の強固な保守権力を支える日本の右翼組織である日本会議は、安倍首相を押し立てて、戦前復帰を目的として自民党国会議員の大方を傘下に据え置き、非常に活発な改憲運動を展開しています。日本会議や、その実働部隊の中心でもある神社本庁などに後押しされた戦後右翼国家日本の本質が益々剥き出しになっています。

戦後多くの日本人が保守政治や保守権力を支持していく理由は多く指摘可能です。そのなかで見失われがちなのは、保守権力者たちが戦前期侵略戦争や植民地支配責任を回避したいとする歴史意識が背景としてあり、後継者たちもそれを継承していることです。

すなわち、彼らは先の歴史事実は決して負の歴史であってはならず、侵略戦争はアジア解放戦争であり、植民地支配は後発の諸国家の近代化に成果を挙げたとする、いわゆる植民地近代化論によって、戦争や植民地支配を正当化してきました。この歪《ゆが》んだ歴史認識は、実は現代日本の青年層にも継承されています、それが韓国や朝鮮へのバッシング、あるいは排外ナショナリズムとなって再生産されているのです。

## 植民地支配責任とは何か

さて、ここで本題である従軍慰安婦問題の国際性と無持効性の問題に触れていきます。徴用工問題をも含め、従軍慰安婦問題は、言うまでもなく植民地支配責任です。台湾植民地化が日清戦争によって、朝鮮植民地支配が日露戦争の結果から中国東北地方と朝鮮半島への支配権確立過程で強行されたことから、それはまさに戦争責任問題として把握する必要があります。

そしてここで特に強調しておきたいことは、戦争責任問題が時間の経過によって自然に解消されるべき性質のものではないことです。日本の古い諺に「人の噂も七五日」というのがあります。記憶されてよい事件や問題も、二カ月半程度の時間の経過によって忘却されるものであり、それが人間固有の生理現象だというものです。日本人は結構好んで使います。

また同様の意味ですが、日本人は「時間が解決してくれる」という表現を好んで用います。時間が経過すれば記憶が薄れ、自然に忘却されるから、無理やり記憶に留めようとしたりするのは合理的ではないとの判断を意味します。また、「水に流す」の表現も、双方の歩み寄りには大切な美徳だとする思考もあります。

韓国にも似たような諺がありますね。「他人の言葉も三カ月」（남의 말도 석달《ナムマルドソクダル》）ですか。何処の国の人も忘却は痛みを癒す薬なのかも知れません。ただ、歴史責任を問う場合、最大の課題はこの忘却ですね。加害者である日本人は忘却によって植民支配責任を回避しようとし、被植民地者の韓国・北朝鮮の人たちは、これに抗して記憶することで被害の事実から教訓を得ようとします。歴史責任の問題は、この忘却と記憶の闘いの様相をも呈するものです。

こうした過去を「過去化」する行為のなかで、歴史事実を検証し、そこから教訓を引き出して現在を評価し、未来への指針を紡ぎだす、という発想力が日本人には残念ながら極めて乏しい。別の表現をすれば、過去を封印することで、過去に拘束され、過去の事実によって現在と未来を左右されたくないとする意識が極めて強い。それが、日本人をして、あるべき歴史意識や歴史認識を深めるうえで大きな阻害要因となっているように思います。

それでは戦争責任を果たすとは、どのような意味なのか。一体何をすれば戦争責任を果たしたと言えるのか。

より具体的には戦後補償が完全に履行され、同時に植民地支配責任や侵略戦争責任を批判的に総括し、二度と植民支配や侵略戦争という国家暴力を振るう国家権力の存在を許容しない民衆主体の政治システムを構築することだと思います。そこには、当然ながらドイツの民間組織である「罪の証《あかし》」が強調した「私たちは犯罪を補償することはできない。罪を償《つぐな》うのではなく、贖《あがな》うだけだ」とする精神が、国家権力だけでなく、民衆自身に内在化・血肉化されていなければなりません。

因みに、ここで言う「償う」と「贖う」とは、キリスト教の聖書に出てくる用語で一般的には、その差異は判然としません。敢えて言えば「償う」とは、二度と同じ過ちを犯さないことで、精神の在り様を意味します。一方の「贖う」とは、直接的かつ具体的な行動を伴うことによって許しを請うことです。規則を制定するとか、財政支援に乗り出すことを意味するものと解しておきます。

同時に天皇の戦争責任、植民地支配責任、毒ガス・細菌兵器、そして従軍慰安婦問題や徴用工問題は、総じて戦争責任問題として問い直し、国際社会のなかで厳しい批判に永続的に応えていくことが要求されるのです。その意味で無時効性と国際性という用語を用いておきたいのです。

## 植民地支配責任と民衆の戦争責任

少し過去の事実を思い返してみます。

一九九三年三月、韓国の金永三《キムヨンサム》大統領は、従軍慰安婦問題については調査を継続するものの、日本に戦後補償を要求しない旨の声明を発表し、韓国国内だけでなく国際社会から大きな批判が寄せられたことがあります。金大統領としては、韓国経済の再建に日本の経済協力を引き出そうとする思惑があったのでしょう。しかし、従軍慰安婦問題を含め、朝鮮植民地支配責任を棚上げにして日本の責任を免罪しようとしたことで、それ以後において、日本政府も経済協力による責任回避策を常套手段とすることになりました。

この事実と経験は日本政府や多くの日本人に、ドイツの事例の如く戦後補償は何らの経済効果を期待できず、その代わりに経済協力は韓国経済への影響力を増大させることを学ばせました。既得権益の拡大に結果し、経済的に大きな効果を期待できると考えさせたのです。ですが、それでは戦後補償が日本政府や日本人の歴史認識を問うものであるにも拘わらず、経済問題に収斂させてしまうことで、問題の本質に肉迫する意欲も精神も放棄することになってしまうのです。

こうした事例を引き合いに出すごとに、長年にわたり朝鮮植民地史研究者として著名な林えいだい氏の『在日朝鮮人・強制連行・民族問題』(三一書房、一九九二年)の次の一文を想起します。

すなわち、「日本が長期にわたって完全に支配した植民地は、台湾・朝鮮であり、しかも一民族、一国家が全一的な支配を受けたのは、朝鮮だけである。そして多くの朝鮮人が日本の侵略戦争にかりだされて、犠牲になった。このような植民地の人民に対する差別支配、日本国民の差別支配の差異が問題として明確にされておらず、理論的にもまた自分の身体でしっかりとうけとめていない」という部分です。

ここで問題にしたいのは、林氏の指摘する日本政府・日本人の植民地支配責任に対する無自覚の精神や意識が、一体何によって生み出されているのか、という重要かつ深刻な問題です。

そのことを私は「民衆の戦争責任」という視点から次に取り上げてみたいと思います。

多民族の犠牲を強要した日本民衆の戦争責任あるいは加害責任を、どのように捉えたらよいのでしょうか。昭和天皇や日本政府、そして旧帝国陸海軍人など指導層の戦争責任と次元の異なる領域に位置する民衆の戦争責任を問うことは、とても厳しい問題です。

なぜなら、多くの民衆は加害者意識よりも被害者意識のほうが強いからです。確かに、戦争責任や植民地支配責任の主体は、天皇及び天皇制システムでありました。そこでは戦争と植民地支配推進勢力であった軍部を筆頭に、これを背後で支えた財界・官界・司法界・言論界・学界・宗教界など、程度の差こそあれ天皇制システムに組み込まれた勢力でありました。彼らが、戦争と植民地支配の責任の対象者であることは間違いありません。そうした諸勢力の戦争責任を問う研究は、特に一九八〇年代以降果敢に取り組まれ、多くの先行研究が発表され、議論もされてきたところです。

しかし、ここで問題としたいのは民衆の戦争責任・加害責任です、天皇制システムの責任を問う実証的な研究が進んでいる一方で、民衆自身の責任を問題とする議論も研究も依然として停滞を極めていると指摘することが可能です。

確かに、吉見義明氏（現在、中央大学名誉教授）の『草根のファシズム』（東京大学出版会、一九八七年）や『従軍慰安婦』（岩波書店・岩波新書、一九九五年）、高橋彦博『民衆の側の戦争責任』（青木書店、一九八九年）など優れた先行研究書が良く知られています。

そこでは総力戦体制が強行されていくなかで、教育や文化などをも媒介にした侵略戦争への民衆動員が徹底されていった歴史事実を検証しながら、「軍国化」された民衆が、全く没主体的に戦争に関わったのではなく、むしろ積極的・主体的に戦争を支持していた実態を克明に浮き彫りにしています。

戦前期の日本民衆の意識調査の実例を、一つだけ紹介しておきます。

戦前の文部省社会教育局は毎年『壮丁思想調査』（復刻版、宣文堂書店出版部、一九七三年）を出していますが、日本の対英米戦争前年の一九四〇（昭和一五）年に実施された徴兵検査対象者のうち、約二万名の思想調査の結果が記されています。それによると現在の政治をどう思うのかとの質問に、「国策を断行せよ」と回答した者が、全体の三六・一％、「力強い政治」を求める者が全体の三三・四％を占めていました。

要するに前者は侵略戦争を断行せよと言っており、後者は軍部主導の政治を肯定しているのです。この七〇％近い者が当時の政治の現状を肯定しており、それが侵略戦争や植民地支配を開始あるいは継続する力ともなっていた事実を先ず確認できます。

ここで重要なのは、単に教育による民衆の管理・統制による民衆の「軍国化」というレベルだけでは説明できない、民衆の自発的・積極的な戦争支持という事実を直視し、そこから何故に民衆が侵略戦争や植民地支配に加担していったのかを検討することです。

言い換えれば、民衆が侵略戦争や植民地支配に何を期待したのか、という問題です。日本民衆の歴史認識を探るうえでは、経済的軍事的理由の他に、民衆の精神の在り様についても考察する必要があるということです。これは極めて実証困難な課題ですが、それを回避することは、歴史のもう一つの真実から目を背けることを意味します。

民衆に内在した戦争や植民地支配への肯定感情や支持熱の真相への肉迫を怠り、軍国教育の問題だけに解消してしまうのは、世界史的に見ても異例なほど、徹底して強行された民族抹殺や文化破壊の原因を、いつまでも把握できないことになります。

こうした問題に関連して日本人の精神分析について鋭い指摘を行っている岸田秀の『日本の近代を精神分析する』（亜紀書房、二〇一六年）の次の指摘を紹介しておきたいと思います。すなわち、「軍部が強制的に戦争に引きずり込んだというのは誤りである。いくら忠君愛国と絶対服従の道徳を教え込まれたとしても、国民の大半の意思に反することを一部の支配者が強制できるものではない。……国民の大半が己の内的自己に引きずられて同意した戦争であった」という指摘です。

つまり、日本の民衆が一方的に「軍国ロボット」と化して、従順に戦争や植民地支配に動員された訳ではないとする把握の必要性を提示しているのです。軍部が引き起こした戦争に予想以上の支持熱で応え、同調した民衆の動きに対し、権力者に民衆エネルギーへの警戒心さえ喚起させた歴史事実を追ってきた私からすると、岸田氏の指摘に充分に合点がいくのです。

すくなくとも、ドイツの場合には、岸田氏の言う「内的自己に引きずられて同意」してしまったことを率直に認識したからこそ、戦争責任を自己の問題として捉え、戦争に同調してしまった過去と向き合い、戦争責任を「心に刻む」ことによって、自らの戦争犯罪を自覚しようとしたのです。そこで「戦争責任」という包括的な表現より、「戦争犯罪」という自己が犯した罪を積極的に認めようとしてきたと思います。

ドイツ政府も、それゆえに一九五六年には「西ドイツ連邦補償法」を制定し、一九九〇年までに総額で七兆円という巨額の補償費を戦争被害者に国境を越えて支払う行為を続けてきたのです。さらにドイツ・ナチス政府が行った強制労働については、二〇〇〇年に財団「記憶・責任・未来」を設立し、国と企業が五〇億マルクずつ資金を出し合い、二〇〇一年から二〇〇七年の間に約一〇〇にのぼる国にいる被害者一六七万人に、総額四四億ユーロ（約六二〇〇億円）を支払いました。これがドイツ政府やドイツ人が言う「償い」の実態の一部です。

また、今回の韓国の大法院における徴用工への請求権に関わる判決事例に絡み、『東亜日報』（二〇一八年一〇月三一日付）の記事で、ドイツは第二次世界大戦でナチス政権が行った強制労働に対する賠償問題を解決するために、政府と企業による共同の財団を設置し、一七〇万人にのぼる被害者が補償金として計四四億ユーロ（約五兆七〇〇〇億ウォン）を受け取った事例に触れています。

同財団設立は敗戦から半世紀が経った一九九八年末、シュレーダー首相（当時）が率いる社会民主党政府が政権に就いたことも手伝い、二〇〇〇年八月、財団設立に関する法が制定され、ドイツ政府と約六五〇〇社のドイツ企業が同年において、それぞれ二六億ユーロを出捐《しゅつえん》して、総資本金五二億ユーロ（約六兆七〇〇〇億ウォン）の財団「記憶、責任・未来」を設立しました。そして、補償金の支給は翌年から始まり、二〇〇七年に完了したことを詳しく報じています。

## 徴用工裁判への日本政府の反応

二〇一八年一〇月三〇日、韓国の大法院による徴用工裁判の判決への、日本政府及び日本社会の信じられないほどの過剰な批判は、現在においても植民地支配責任を痛覚せず、依然として不可視の植民地支配が続行しているのではないか、との思いを抱かせる事件です。

例えば、自民党議員で中曽根博文元文部大臣は、「韓国は国家としての体《てい》をなしていない」、安倍晋三首相に至っては「あり得ない判決」と一蹴する反応ぶりから明らかなことは、「日韓基本条約・日韓請求権協定」の中身については全く吟味した形跡がないことです。日韓基本条約が日本の朝鮮植民地支配を事実上合法で正当なものであったとする立場から締結された事自体、根本的に見直しが不可欠であることは言うまでもありませんが、その請求権協定は韓国国民の個人の請求権までも否定するものでないことは、日本の外務官僚も認めているところです。

ここには日韓請求権協定の内容への無理解という根本的問題もあります。同時にそうした無理解を生む背景には、そもそも植民地支配責任は不在であるとする、ある種の思い込みが存在します。それを広い意味で言えば、歴史認識の不在性と言えましょう。歴史認識の不在性は、過去を正面から見据える事を回避し、負の歴史を封印することによって、現在的立場を保守しようとする姿勢に結果していきます。負の歴史を克服することを通して、新しい歴史を創造し、未来を切り開くという地平に身を置こうとしないことは、歴史への冒瀆であり、これでは国際社会からの信頼と尊敬を得ることは期待できません。

ここでは少し韓国大法院の徴用工裁判への日本政府の根本的な誤りについて触れておきます。

二〇一八年一〇月三〇日、日本の河野太郎外務大臣（当時）は、「大韓民国大法院による日本企業に対する判決確定について」と題する談話を発表し、日韓基本請求権協定は韓国への経済支援の約束（第一条）と、「両条約国及びその国民の財産、権利及び利益ならびに請求権に関する問題は『完全かつ最終的に解決』されており、如何なる主張もすることはできないとしている」（第二条）と結論づけています。従って、日本企業への支払判決は不当であり、韓国政府はかかる判決に対して適切な措置を講ずることを要求する。適切な措置が講じられなかった場合には国際裁判を含め、毅然とした対応を採る用意がある、といった内容です。

大変に上から目線の物言いも含めての談話でした。日本国内では、これを支持する勢いが強いのですが、この談話が協定自体の法的解釈を根本から読み間違えをしているという正当な反論も法曹界や市民運動などから提起されていることも確かです。それを次に要約してみます。

**第一**に今回の裁判では元韓国人徴用工である個人が原告であり、その個人を使役していた日本企業を被告する民事裁判であり、かつ韓国の国内法によって判決を下した事例です。

従って、日本政府が関知する事案ではないことです。つまり、日本政府が判決の可否を論じる立場には全くないにも拘わらず、過剰なまで反応していることに、私はとても強い違和感を覚えずにいられませんでした。そう考える日本人は、決して少なくありません。「断じて受け入れられない」とする法的根拠は、皆無なのです。韓国の司法判断に、その可否なり是非なりを論じること自体、韓国への内政干渉にも結果することに、日本政府は気づいていないのでしょうか。

**第二**に、日本政府が韓国政府に「適切な措置」を求めていること自体、国際常識に悖《もと》るものです。そもそも韓国政府に韓国大法院の確定判決を覆す、あるいは否定する権限はないことは明白です。日本政府が日本の最高裁の判決を覆す権限がないように。韓国政府が「司法部の判断を尊重する」とする韓国大統領及び韓国政府の主張は、至極当然です。このことを日本政府は理解しようとしない。三権分立の原理原則を理解できない、となるとこれ自体極めて問題となります。

一九六五年の「日韓基本条約・日韓請求権協定」は、韓国政府が日本政府への賠償を放棄したものであっても、韓国人の基本的人権を構成する重要な財産権としての慰謝料請求権まで放棄したものではありません。何よりも一つの法律である条約が、上位にある韓国憲法によって左右されるものでないことは、万国共通の憲法原理です。そのことを知ってか、本当に知らないのか定かではないのですが、日韓基本条約違反の一点張りで、韓国民衆が韓国憲法によって保証された当然の権利行使を不当だと断じる安倍首相をはじめとする政治家たちや、これを支持する人たちの無理解以上に、韓国・朝鮮への差別的意識が遺憾なく露呈された諸言動とみてよいと思います。

徴用工裁判は富山県の不二越《ふじこし》裁判をはじめ、既に過去においても同様の事例があるものの、日本企業は和解金の形式で支払いに応じています。日本企業の姿勢は裁判結果を容認できないが、和解には応ずる姿勢を一部見せてはいます。例えば、二〇一六年六月一日、中国人徴用工の損害賠償請求訴訟において、三菱マテリアルが総額で約六四億円に達する和解金を支払った実例もあります。しかし、日本政府の姿勢は今回においても不変です。日韓基本条約自体が日本の韓国への経済支援の見返りとして植民地支配責任を棚上げにする思惑で強行された、まさしく不当な条約と言えます。

韓国側にあっては、今後の日韓基本条約の中身を精査するなかで、この条約の見直しを検討する時期に来ているかも知れません。また、日本側も、見直し協議を受け入れ、本来の意味における日韓関係正常化に向けて尽力すべきでしょう。

### 歴史認識を深めていくことの意味

国民としての一体感を担保するものとして、言語・文化などと並び重要なのが歴史認識です。例えば、建国史を普及させることで同じ歴史の下で、国民としての誇りや自信が注入され、国家への信頼や忠誠、そして安住感が育まれていく。そこでは排外主義的なナショナリズムが、時には極めて煽情的に炊き上げられていきました。その場合、教育現場などを通して国民の歴史の学習は、「国民国家」としての正統性が獲得されていく過程でもありました。

アジア平和共同体構築の極めて重大なハードルとして、何よりもこの「国民国家」としての一体感を支える歴史認識の問題があります。それは「共同体」が「国民国家」の解体を前提としたものではなく、既存の国家間の経済的・政治的・文化歴史的な垣根を取り除くプロセスのなかで構築されるものと定義した場合、最も大きな課題として歴史認識問題があるのではないかと考えるからです。

恐らく、簡単な解答が見出せない歴史認識の問題は、後回しにして経済的かつ政治的な課題の克服が優先されるはずです。しかし、後回しにされるかも知れない歴史認識の問題については、実はヨーロッパ以上にアジア地域においては、一層複雑かつ深刻な乖離が現在なお顕著と言えます。日韓関係の場合、従軍慰安婦問題や徴用工問題など、より具体的な歴史問題が一層深刻化している現状にあります。

より具体的に言えば、二〇一一年一二月一四日、韓国挺身隊問題対策協議会（挺対協）によってソウル特別市の日本国大使館前に建立された「平和の少女像」に端を発する、所謂〝従軍慰安婦像〟問題があります。従軍慰安婦像は、二〇一八年八月現在、韓国国内で一〇〇体を超え、韓国内だけでなくアメリカ、カナダ、オーストラリア、ドイツなどにも建立されています。

こうした動きに日本政府は強面《こわもて》の姿勢で臨んでいます。例えば、二〇一六年一二月二八日、釜山広域市の日本国総領事館前に建立された折り、日本政府は先の日韓合意に反するとし、翌年の二〇一七年一月六日、対抗措置として在大韓民国日本国大使館・長嶺安政特命全権大使と森本康敬在釜山日本国総領事館領事の一時帰国、日韓通貨スワップ協定の取り決め協議の中断、日韓ハイレベル経済協議の延期、在釜山日本国総領事館職員による釜山広域市関連行事への参加見合わせ、などの対抗処置を採ることを発表しました。日本国内では日本政府の抗議とは別に、地方議員などによる撤去を求める運動も起きました。

これらは、歴史問題が政治外交問題に発展した事例です。しかし、歴史問題を政治外交問題化することによって解決は出来ないことが、過去の事例から見ても明らかなはずです。大切なのは韓国国民の感情を癒す誠実な行為です。それにも拘わらず、日本政府の姿勢は、韓国国民の感情を逆なでする姿勢であると言えます。やはり、一九九三年八月四日の河野洋平内閣官房長官による「河野談話」、一九九五年八月五日の村山富市首相による「村山首相談話」に示された従軍慰安婦問題への真摯な姿勢、植民地支配責任などへの深い反省を基軸に据えた歴史和解に向けた粘り強い努力こそ求められているはずです。

ここで問題とすべきは、日本に依然として根強く主張されている侵略戦争否定論に結果する歴史修正主義や歴史否定主義の存在が、被侵略諸国から不信と嫌悪の思いで受け止められていることです。また、植民地統治支配の歴史についても、植民地近代化論などが幅を利かしている日本の歴史解釈の存在です。

そうした点からして、戦後日本人のなかに繰り返し導入される、極めてご都合主義的なアジア太平洋戦争観の問題があります。その戦争は明らかに侵略戦争であり、暴力と抑圧の象徴事例として、日本人の歴史認識のなかに刻印すべきです。ところが、それとは逆に、むしろアジア太平洋戦争は侵略戦争ではなく、欧米諸列強によるアジア植民地支配を打破するために行ったアジア解放戦争だとする、歴史認識や歴史解釈が依然として横行しています。それだけではなく、それが現代国家の共有認識とされている側面が強いと思わざるを得ません。

「国民国家」に不可欠な歴史認識の共有が、他の諸国間で容認し難いとなれば、それ自体を克服する作業が不可欠となります。この時代にあって、一国の歴史を一国だけで抱え込むことは不可能です。

確かに近現代にあって、歴史は「国民国家」の形成に不可欠な手段として徹底して政治利用されてきました。将来においても同様かも知れません。しかし、人類が歩んできた歴史には、民族や国家を超えて相互に教訓とすべき事実や真理が含まれるのです。〝国民の歴史〟とする観念から脱して、〝人類の歴史〟とする歴史の普遍的な役割を問い直すとき、自ずと歴史修正主義や歴史否定主義は克服されるはずです。

## 3　植民地支配の歴史をなぜ忘れるのか

### 喪失される植民地支配意識

次に、植民地支配の歴史の記憶を喪失した戦後日本人の姿勢を批判的に論じていきたいと思います。そこでは、そもそも日本及び日本人が侵略戦争であった「アジア太平洋戦争」を、依然として総括し得ていない現実を指摘しておきます。加害意識を忘却する役割を担った植民地近代化論の非論理性を指摘していくことです。そうした歴史の検証を進めながら、改めて戦争の記憶と平和の思想に関連する現代日本の思想史的状況を概観してみます。

ここで特に取り上げるのは、歴史認識を俎上にあげる際に避けて通ることのできない歴史課題としての植民地支配の問題です。侵略責任や戦争責任の問題と並び、ここでは「植民地支配責任」の用語を使用します。

これまでの諸研究において、植民地支配あるいは植民地統治との用語で、戦後日本における植民地史研究は大きな成果をあげてきました。

その一方で、植民地支配を責任の用語で把握しようとする植民地支配責任の問題について、依然として共有可能な責任の所在は確定し切れていません。例えば、植民地近代化論に代表されるように、植民地支配や統治を一定程度に肯定する論考や発言が数多《あまた》存在します。

この植民地近代化論も多様な視点から論ずると議論百出の感がありますが、そこには支配者側の視点、被支配者側の視点、植民地台湾と植民地朝鮮という植民地の所在によっても把握方法が異なります。そして、何よりも植民地近代化論が、植民地支配の責任を緩和する目的と作用を期待して論じられる場合と、実際に植民地の近代化に結果し、植民地にされた人々も一定程度豊かになった、とする積極的な評価も主張されてきました。

ただ歴史考察の対象とする場合、以下の諸点に注意する必要があります。

**第一**に誰のための、何のための植民地支配だったのかの視点から、支配する側の政策や意図を明確にすること。**第二**に西欧諸列強の植民地支配を排して日本が植民地者となることの意義を説く論調の、極めて恣意的な解釈の問題性に配慮すること。**第三**に被植民地者間における階層分化を結果し、富裕層には植民地支配が概して好都合であったことを確認しつつ、植民地支配による恩恵を享受できなかった経済的な意味における中間層以下の人々にとっての植民地支配の意味など、階層によって当然ながら被植民地者も受け止め方が異なること。それゆえ、植民地支配責任は植民地者側の問題ですが、被植民地者の受け止め方を勘案すれば、支配責任の内実も変わってくるはずです。

戦後日本人の歴史認識の希薄さを、最も端的に示しているのが台湾及び朝鮮に対する植民地支配責任あるいは植民地支配意識です。歴史事実として、日本がかつて台湾及び朝鮮を植民地としていたことを知っていても、どのような歴史の背景から植民地保有に至ったのか、という関心は極めて低いのが現状です。

ここで私自身が参考にしてきた近年の朝鮮・台湾植民地研究の近年の研究成果の一部だけ紹介しておきます。

例えば、檜山達夫編『台湾植民地史の研究』（ゆまに書房、二〇一五年）は、植民地統治機構や植民地官僚による医療、保育、教育、学校教材など植民地政策の実際を対象とした論文集です。個別のテーマでは、植民地官僚の政策を追求した、膨大な資料を用いた岡本真希子『植民地官僚政策史—朝鮮・台湾総督府と帝国日本—』（三元社、二〇〇八年）や松田利彦他編『日本の朝鮮・台湾支配と植民地官僚』（思文閣、二〇〇八年）、論文に野村明宏「植民地における近代的統治に関する社会学—後藤新平の台湾統治をめぐって—」（京都大学『京都社会学年報』第七号・一九九九年一二月二五日）等があります。

植民地教育については、陳培豊《チンペイフェン》（Chen Peifeng）『〈同化〉の同床異夢—日本統治下台湾の国語教育史再考—』（三元社、二〇一〇年）、日本の台湾植民地政策への抵抗の実態については、許世楷《シューシージエ》（Xŭ Shìjiē）『日本統治下の台湾—抵抗と弾圧—』（東大出版会、二〇〇八年）や春山明哲『近代日本と台湾—霧社事件・植民地統治政策の研究—』（藤原書店、二〇〇八年）等が詳しいです。

こうした台湾植民地史研究については、駒込武「台湾史研究の動向と課題—学際的な台湾研究のために

―」（『日本台湾学会報』第一一号、二〇〇九年五月）が参考となります。なお、私も台湾・朝鮮の植民地官僚の動向を追求分析した「戦時官僚論―植民地統治・総力戦・戦後復興―」（倉沢愛子他編『岩波講座　アジア・太平洋戦争2　戦争の政治学』（岩波書店、二〇〇五年）を発表しています。同論文は、纐纈厚『日本政治史研究の諸相』（明治大学出版会、二〇一九年）に再録しています。

さて、戦後の日本人は、被植民地の人々が、日本の支配や統治にどのような反抗を重ねてきたか、について知ろうとしてこなかったのです。ましてや現在の日本で清国が日本に敗北を喫し、下関条約において台湾及び澎湖諸島の日本への割譲が決定された後に、台湾に上陸した日本占領軍に対し、清国の残兵や一部の台湾住民が植民地化に反対して決起した歴史事実は殆ど忘却されています。これを台湾史では「乙未《いつび》戦争」と称します。

この他にも日本の研究者のなかには、日本と植民地化された台湾との間の戦争を「日台戦争」と呼称する研究者もいます。

例えば、檜山幸夫「日清戦争の歴史的位置―『五十年戦争としての日清戦争』―」（東アジア近代史学会編『日清戦争と東アジア世界の変容』ゆまに書房、一九九七年）や駒込武「国際政治の中の植民地支配」（川島真・服部龍二編『東アジア国際政治史』名古屋大学出版会、二〇〇七年）などがあります。この他に呼称問題については、「台湾征服戦争」（原田敬一『日清・日露戦争』岩波書店・新書、二〇〇七年）や「台湾植民地戦争」（大江志乃夫『日露戦争と日本軍隊』立風書房、一九八七年）等が提唱されています。

ここで問題としようとするのは、植民地支配が終焉を迎えた経緯についても同様に、殆ど関心を向けなかったことです。もう少し正確に言えば、植民地支配の終焉という事実が、日本の敗戦事実と連動せず、切り離されて意識されてきました。

この二つの問題は深く関わっているはずなのに、戦後日本人には、敗戦体験と植民地放棄体験とが必ずしも同次元で把握されていないのです。勿論、その原因は戦後日本人の対アジア認識に連動しています。直接的な原因としては、台湾にせよ朝鮮にせよ、被支配の時代に反日抵抗運動が存在し、いくつもの抵抗組織が形成されていたのです。だが、日本の敗戦により独立が獲得されたことから、例えば、フランスとアルジェリアのような植民地戦争の歴史体験を経由せず、そこには植民地の〝自然消滅〟にも似た感覚だけが残る、といった事態となったことです。

一九五四年から一九六二年まで続けられたフランスの支配に対するアルジェリアの独立戦争は、同時にフランス軍部とパリ中央政府との内戦でもありました。一九九九年一〇月まではフランス政府では公式に「アルジェリア戦争」と呼ばれず、「アルジェリア事変」(évènements d'Algérie) や「北アフリカにおける秩序維持作戦」と呼称されました。

この問題については、シャルル＝ロベール・アージュロン〈Ageron, Charles=Robert〉〈私市正年他訳〉『アルジェリア近現代史―フランスの植民地支配と民族の解放―』(白水社・文庫クセジュ、二〇〇二年) やニコラ・バンセル〈Bancel,Nicolas〉他〈平野千果子他訳〉『植民地共和国フランス』(岩波書店、二〇一一年) 等を参照してみてください。

加えて、日本敗戦後における東西冷戦構造という、戦後の国際秩序のなかで、アメリカはアジア戦略を優位の下に進めていくために、日本を同盟国化していく必要に迫られていたのです。それゆえに、戦争賠償請求権を持つ被侵略諸国への働きかけが公然と行われた結果、日本への戦後賠償問題が棚上げされました。その結果、日本は植民地支配責任を問われないまま、植民地支配地域からの〝撤収〟が可能となったことです。

さらに、朝鮮は分断国家となり、日本に対して植民地責任を問う体制ではなく、中国にしても蔣介石の国民党と毛沢東の共産党との間の内戦（一九四五～一九四九年）により、これまた同様の状態下に置かれていました。東西冷戦体制の開始が日本をして植民地責任と向き合う機会を棚上げしたことは、その後の日本人の植民支配の記憶の曖昧さに拍車をかけることになったのです。

　そればかりか、一九六五年六月二二日に締結された「日本国と大韓民国との間の基本関係に関する条約」（대한민국과 일본국 간의 기본 관계에 관한 조약、通称、日韓基本条約）締結前後から、朝鮮近代化論による植民地支配正当論や肯定論が登場します。

　日韓条約をめぐる研究をも少し紹介しておきます。

　例えば、太田修『日韓交渉―請求権問題の研究―』（クレイン、二〇〇三年）、田中宏・板垣竜太編『韓国と日本の新たな始まり』（特に「第一六章　韓日条約で植民地支配は清算されたか?」（岩波書店、二〇〇七年、本書は韓国でも同年一二月に、다나카 히로시／이타가키 류타 엮음『한국과 일본의 새로운 시작』뷰스、として翻訳出版された）、李《イ》鐘元《ジョンウォン》他編『歴史としての日韓国交正常化』（Ⅰ東アジア冷戦編・Ⅱ脱植民地化編〔二分冊〕、法政大学出版局、二〇一一年）、和田春樹・内海愛子・金泳鎬《キムヨンホ》・李泰鎮《イテジン》編『日韓　歴史問題をどう解くか―次の一〇〇年のために―』（特に「日韓条約"null and void"〔無効〕をめぐる対立を克服するために」岩波書店、二〇一三年）等があります。

　実際に「日韓基本条約」の交渉の最中においても、朝鮮近代化論を主張する日本側の外務官僚がいたのです。これは当然にも韓国側から猛烈な批判を受けることになり、締結は以後四年もの間滞ることになります。日本でもとても有名となる一件です。韓国から「久保田妄言」と言われた、いわゆる「久保田発言」です。

　すなわち、第三回会談（一九五三年一〇月）に出席しただ久保田貫一郎日本側首席代表の発言が韓国側の逆鱗に触れ、交渉は四年間中断することとなりました。発言内容は次のようなものでした。

　すなわち、「日本の統治は悪いことばかりではなかったはずです。鉄道、港、道路を作ったり、農地を造成したりもした。当時、大蔵省は多い年で二〇〇〇万円も持ち出していたのです。日本から投資した結果、韓国の近代化がなされた。もしそれでも被害を償えというなら、日本としても投資したものを返せと要求せざるを得ない。韓国側の請求権とこれを相殺しよう。当時、日本が韓国に行かなかったら、中国かロシアが入っていたかもしれない。そうなったら韓国はもっと悪くなっていたかもしれない」との内容です。

この問題を考える場合、少々迂遠な方法かも知れませんが、そもそもアジア太平洋戦争とは、一体何であったのか、という問いを発することから始めなければなりません。

なぜならば、台湾・朝鮮の植民地支配、あるいは「満州国」（満州帝国）の「建国」に象徴される傀儡国家の樹立や、オランダ領インドネシアあるいは英領マラヤ、米領フィリピンなど、日本が軍政統治を強いたアジア諸国への関与の実体を問い直すなかで、やはり最後に残る課題は、アジア太平洋戦争の評価を何処に据え置くのかという問題であるからです。

「アジア解放戦争」とする評価が繰り返され、それが大手を振って一人歩きし、一定の支持を獲得している現実をも念頭に据えて、この問題に触れてみたいと思います。つまり、ここでは植民地支配意識の希薄さの原因として、戦後日本人のアジア太平洋戦争の総括の不十分さを指摘していきたいのです

## 戦争責任不在性の原因

繰り返しますが、「アジア太平洋戦争」が侵略戦争であり、日本の植民地支配及び軍政統治を保守続行するための国家の選択であったことは間違いありません。それでは戦後七三年目（二〇一八年）を迎える今日にあって、依然として「アジア解放戦争」論が説かれ、侵略責任や植民地支配責任が、国民意識として何故定着していないのか、という問題を考えておきたいと思います。

本来は精算されているはずの「アジア解放戦争」論が依然として様々な場で持ち出され、再生産される現実があります。歴代首相による靖国神社参拝と、これを支持する国民世論・国民意識の存在は依然として顕著です。

そこで以下において、戦争責任意識の不在性という捉え方が可能な実態について探っておきたいと思います。それなくして、「アジア解放戦争」論を克服することは困難と思われるからです。ここでは、戦争責任の不在性の主な原因として、アジア太平洋戦争の総括の誤りという点を指摘しておきたいと思います。

日本政府及び国民の多くは、アジア太平洋戦争における日本の敗北原因を英米との兵站能力や工業能力の格差に求め、アジア民衆の抵抗運動や反日ナショナリズムが実際上の敗北の原因であったことに無自覚でした。確かに、日本の敗北はアメリカによる原爆投下によって決定されはしましたが、長期戦争によって国力を疲弊させ、国内に厭戦機運を醸成させていた最大の要因は、対アジア戦争、取り分け日中戦争による戦争の泥沼化と国力の消耗を強いられた結果でした。

それで、具体的な数字で日本が中国を中心とする対アジア戦争により国力を消耗し、敗北が決定した事実を少し示しておきます。

例えば、一九四一年の段階で中国本土に投入された日本の陸軍兵力は、総兵力の六五％（兵力一三八万人）であり、日本本土在置兵力の二七％（兵力数五六万五〇〇〇名）および南方地域の七％（兵力数一五万五〇〇〇名）を大きく上回っていました。

さらにアメリカ軍との戦闘が主であった南方戦線（南太平洋戦線）では、一九四五年段階で南方戦線に投入された兵力数は一六四万名に達していましたが、それでも同年に中国本土には、一九八万名の陸軍兵力が投入されていたのです。この数字から、如何に中国戦線の比重が大きかったかが理解されます。

これについて、私は拙著『日本は支那をみくびりたり』―日中戦争とは何だったのか―』（同時代社、二〇〇七年）で、以上の数字が示す意味を詳しく論じています。また、旧厚生省援護局の調査によれば、敗戦時における日本軍兵力数（陸海軍合計）は香港を含む中国で一一二万四九〇〇名、満州地域で六六万四五〇〇名（中国全土で一七八万九四〇〇〇名）、朝鮮で三三万五九〇〇名、台湾で一九万五〇〇〇名であったと記録されています。

日本政府及び日本人の多くが敗戦原因を物理的能力格差に求め、そこから二度と敗北しないために物理的能力の向上と強化を図るという結論に達します。その後、高度経済成長の原動力となって発揮されはするのですが、対アジア侵略戦争の忘却が同時的に開始されたのです。

今日まで連綿と続くアメリカとの過剰な同盟関係と、これを下支えする日本人の国民意識の背景には、「アジア太平洋戦」の総括の決定的とも言える誤りを指摘できます。そのことは、戦後から現在にまで続く対アジア諸国民との関係性を強く規定しているように思われます。日本の侵略戦争がアジア諸国民によって失敗に帰したことを正面から受け止めることなくして、本来あるべき戦争責任も植民地支配責任も自覚することは不可能なのです。

## 植民地近代化論・肯定論

こうした日本政府及び日本人の、敢えて言うならば宿痾《しゅくあ》は、実は戦後の冷戦構造のなかで一層深刻化することになります。

それは、大きく言って次の三つの問題を指摘しなければなりません。

**第一**には、中国革命（一九四九年）以降における冷戦構造のなかで、日本がアメリカの対アジア戦略の政治的かつ軍事的な要と位置づけられ、アメリカから庇護されることで、かつての日本の被侵略諸国から放たれようとした日本の侵略責任や戦争責任を問う声が封殺されていったことです。加えて、これらアジア諸国の多くは、冷戦構造を背景に軍事政権（インドネシア、韓国等）あるいは権威主義的国家（フィリピンなど）が成立し、自国民の戦後補償をも含めた戦争告発の機会を奪っていったのです。

このような冷戦構造により、アメリカの対アジア戦略に起因するアジア諸国の内部的事情も重なって、日本は本来ならば戦争責任と向き合わざるを得ないはずの外圧を経験することなく、高度経済成長のみに奔走することが可能となった訳です。この冷戦構造のなかで、日本政府や政治家達の多くが無頓着な歴史認識を表明し続け、いわゆる〝妄言〟を繰り返してきたのです。いわゆる〝妄言〟の類は国会議員や中央の官僚に限らず、地方政治家や首長クラスでも後を絶たない状況です。

少し前の事ですが、二〇一七年一月二三日の記者会見の場で名古屋市の河村たかし市長が、日中戦争中の南京事件（一九三七年一二月）について、「いわゆる南京事件はなかったのではないか。中国は『三〇万人、市民を虐殺』と言っているが、本当なら日本人が全員南京に行って土下座しないといけない」と述べました。名古屋市は南京市と姉妹都市の提携を結んでいるにも拘わらずです。なお、同市長は、同様の発言を二〇一二年二月二〇日にも表明し、南京市との交流が一時途絶えたこともありました。

また、あるべき歴史認識を深める機会を悉《ことごと》く逸してきた多くの日本人は、冷戦構造の終焉を契機にアジア諸国の民主化が進展するなかで、日本の戦争責任や侵略責任を問う声がようやく沸き上がってきた時、それに対し敵意の感情すら隠そうとしない歪な対応を示すことになりました。現役首相の靖国神社公式参拝という事態も手伝って、韓国、中国、フィリピン、台湾をはじめ、多くのアジア諸国から日本の戦争責任や戦後責任を激しく糾弾する動きが活発となってきたのです。そのことは、日本政府及び日本人にとっても、アジア太平洋戦争をあらためて問い直す絶好の機会を提供するはずです。

**第二**には、台湾・朝鮮の植民地支配責任の不在性です。その不在性の原因は、最初に挙げた原因論と部分的には重複します。冷戦構造を背景に、台湾では蔣介石《チアンチエシー》による国民党支配が長年続き、韓国では一九六一年五月一六日の朴正熙《パクチョンヒ》少将（一九六三年一〇月一五日、第五代韓国大統領に就任）による軍事クーデターから始まる三〇年近い軍事政権の下で、台湾や韓国の人々は開発独裁型の政治体制下にあって、日本の植民地責任を問う声を事実上封殺され続けました。

また、日本はインドネシアやフィリピンを含め、台湾や韓国など日本周辺諸国の開発独裁型の政治体制への経済支援をアメリカと共に厚くし、これらの政権を強化することを通して、間接的に過去の責任追及の可能性を削いでいったのです。そのことは、同時的に日本政府及び日本人において過去を問い返す機会を放棄することを意味しました。かつて日本が植民地保有国であったことの記憶は存在したとしても、それは精々のところ郷愁の対象であり、さらには「日韓基本条約」の締結前後に繰り返し表明された「植民地近代化論」の言説であったのです。

多くの日本人にとって、植民地支配は決して誤った歴史の選択として意識化されていなかったのです。日本の植民地支配においては、取り分け朝鮮において、朝鮮文化や朝鮮人のアイデンティティーの破壊や抹殺が強行されました。台湾にしても、巧みな統治支配技術として、植民地支配開始直後から、日本の言語教育や美術教育などが持ち込まれ、台湾人の「日本人」化に向けた意識変容を迫る施策が半世紀もの間続行されたのです。

朝鮮や台湾では、「内鮮一体」や「一視同仁」などのスローガンが頻繁に使用され、被支配の意識から統一あるいは融合という意識や感情が用意されていきます。そうするなかで被支配の現実や実体が隠蔽されていき、言わば植民地の「日本化」（＝大和化）の構造のなかで、台湾社会では植民地肯定論や植民地近代化論が植民地時代から、さらには今日まで再生産されることになったのです。

なお、植民地近代化論に見られる植民地支配肯定論を批判した先行研究として、水野直樹他編『日本の植民地支配―肯定・賛美論を検証する―』（岩波書店・岩波ブックレット、二〇一一年）、許介鱗「台湾における植民地支配肯定論の精神構造」（植民地文化研究会編『植民地文化研究』第六号、不二出版、二〇〇七年）等を挙げておきます。

すなわち、日本敗北時に派生するはずの被植民地諸国・被軍政支配諸国からの反発が冷戦体制のなかで黙殺されたことが、「アジア解放戦争」論を用意する重要な理由と考えられます。換言すれば、「アジア解放戦争」論を用意するために、歴史的には実証不可能な植民地近代化論が普及されているのです。

**第三**には、天皇および天皇制による戦争の開始と「終戦」であった、というアジア太平洋戦争の本質から由来する問題です。つまり、日中一五年戦争と対英米戦争が接合した戦争としての「アジア太平洋戦争」は、軍部による謀略（満州事変）として開始され、その延長である日中全面戦争は国際的孤立を回避するために宣戦布告なき戦争として、「事変」（日華事変）と呼称されました。

つまり、対英米戦争も超憲法的機関である御前会議（一九四一年九月六日）において、事実上その開始が決定されました。さらに、一九四五年八月一五日の日本降伏も、全く密室のなかで決定されました。つまり、この戦争総体が国民の関知できない天皇周辺の閉塞された空間で決定されていたのです。

そこから、この戦争は国民が徹底動員された戦争である一方で、同時に国民不在の戦争であったとも指摘可能です。

つまり、戦争被害の歴史事実や被害者としての実感を強く抱く反面で、戦争加害者の意識も含めて戦争への関与意識は極めて希薄でした。戦後日本人の多くの心情の発露としての、天皇や軍部など指導者に「騙された」（＝所謂「騙された」論）に過ぎず、自らには戦争責任は存在しない、とする感情の根底にあるものは、自己以外の他者への戦争責任の転嫁意識と言えます。しかし、そこからは日本人の戦争責任意識や歴史の克服は期待できようがありません。

アジア太平洋戦争の特質ゆえに、加害者責任意識が生まれにくいという問題と同時に、さらに大きな問題は、この戦争が「アジア解放戦争」だと認識することで、潜在化している加害責任意識から解放されたい、という心情です。

「アジア解放戦争」論の是非をめぐる問題の根底には、加害者として糾弾の対象となることへの不安感と危機感を抱く日本人の心情の問題が伏在しています。むしろ、歴史事実として侵略責任や植民地支配責任は回避不可能と認知していたとしても、それを受け入れることには躊躇する心情です。

勿論、このような意識や感情は免罪の理由にはならず、是正される必要があります。被侵略諸国民や被植民地の人々にとって、このような意識や感情は通用しない。ここでは「アジア大洋戦争」が、例え〝天皇の戦争〟であったとしても、その戦争になぜ「騙されたのか」を厳しく問い直すことが不可欠です。それなくして、歴史問題の克服も〈歴史の取り戻し〉も不可能であり、アジア諸国民からの信用を回復できないと思います。

私は大分前に書いた『侵略戦争』（筑摩書店・新書、一九九九年）において、歴史の忘却と記憶の問題に触れ、歴史の収奪に対抗して、現在我々に求められている課題が〈歴史の取り戻し〉にある点を強調したことがあります。

また、そのような姿勢のなかで、戦争指導者への責任を追及することが可能となりましょう。戦争責任を一部の軍部急進派に負担させ、天皇を含めた政治指導者・エリート層の戦争責任を免罪し、本当の戦争責任の所在を曖昧化してきたことも、戦後日本人が歴史と真摯に向き合ってこなかった証明です。この点が、今日実にアジア諸国民からの糾弾の対象となっているのではないでしょうか。

## 4　植民地近代化論を超えるために

### 植民地主義をめぐって

それでは、なぜ、戦後日本と戦後日本人は、歴史を克服しようとしないのでしょうか。アジア太平洋戦争の総括の誤り、戦後日本が置かれた国際政治秩序、すなわち、アメリカの軍事戦略に包摂されたが故に生まれた戦後保守構造の問題、日本の独特の政治文化など、既述した部分をも含め、そこには様々な理由を指摘できます。それでも、依然として何故という疑問は残ります。

この疑問に解答を出すのは容易ではありませんが、戦後日本の植民地認識や、深まらない侵略責任・植民地責任の把握への問題性を指摘しながら、精算されない植民地主義の問題に触れておきたいと思います。こうした植民地近代化論をめぐる多様なアプローチからする研究状況や議論は、日本でも極めて活発です。以下に述べる内容は、その意味で既存の研究や議論の一部でしかありません。

日本の植民地統治の歴史を植民地主義の概念を用いつつ、整理すると現在にも大凡次のような主張が依然として健在です。すなわち、植民地支配によって、日本は植民地国及びアジア諸地域の近代化に貢献したという、いわゆる植民地近代化論です。それは、植民地住民の経済発展に寄与したばかりか、人権や民主主義の充実にも貢献したとするものです。総じて、日本の台湾や朝鮮への植民地統治は「文明開化」と「殖産産業」を結果したのだと言う。

さらに、台湾や朝鮮に対する統治理念である「一視同仁」による皇民化運動は、台湾人や朝鮮人の資質を〝日本人レベル〟にまで引き上げることで、差別や格差の〝解消運動〟であったとします。このような論理なり総括が依然として表出し続ける理由は、一体何でしょうか。取り敢えず、二つのポイントだけ俎上にあげておきたいと思います。

**一つ目**のポイントは、帝国日本の生成と展開のプロセスに具現化された特徴において指摘できます。すなわち、帝国日本は、明治維新による国民国家形成から日清・日露戦争を得て帝国主義国家あるいは軍国主義国家となり、この二つの戦争の前後に台湾と朝鮮を領有する植民地領有国家となったことから、国民国家としての国民意識が形成される過程で植民地領有国意識が殆ど無意識のうちに内在化されていったことです。

つまり、台湾や朝鮮は、植民地でありながら、日本の正規領土として意識化されていった。それは、国民国家形成と植民地領有との間に一定のタイムラグがあったイギリス、フランスをはじめ欧米の植民地保有国との差違として指摘できます。

欧米の植民地が本国と遠隔地に所在し、歴史も文化も慣習も、相当の乖離が存在しており、そこでは国民統合の対象外に位置づけられているのと異なり、台湾と朝鮮という日本との近接地域を植民地としたことは、領有地域が国民統合の対象か否かの判断が不明確であったことです。

しかし、台湾と朝鮮領有の主たる目的が当初においては経済的利益の奪取ではなく、軍事的な位置づけが強かったこともあって、一時検討されていた間接統治方式の採用や旧慣温存論が否定され、総督府による直接統治と皇民化政策が採用されることになります。

例えば、一九一二年に施行された「朝鮮民事令」の第一一条において、朝鮮人の能力、親族及び相続に関する規定については例外的に日本の法律を適用せず、朝鮮の慣習に依るとしました。これが「旧慣温存政策」ですが、最終的には皇民化政策を進めるうえで利用されることにもなりました。

その後、何回かの改正が行われ、結果的には日本民法主義へと変更されていきました。この課題については植民地政策研究のなかで、例えば、李丙洙《イビョンス》「朝鮮民事令について─第一一條の「慣習」を中心に─」（法制史学会編『法制史研究』第二六号・一九七六年）などを嚆矢として、多数の研究蓄積が存在します。比較的新しい論文に、吉川美華「旧慣温存の臨界─植民地朝鮮における旧慣温存政策と皇民化政策における総督府のジレンマ─」（東洋大学アジア文化研究所『研究年報』第四九号・二〇一四年）があり、大変参考となります。

より客観的に言うならば、特に植民地台湾においては、正規領土と植民地との中間的な位置づけがなされたと言うことです。そのため「アジア太平洋戦争」の開始以後、台湾人も総動員の対象とされると同時に日本語教育の徹底が図られます。それまでの言語政策において、日本語教育と併行して現地語教育も実行されたことの意味は注目されます。

ついでに言いますと、少し外れるかもしれませんが、戦前期日本において、植民地を如何なる法概念で把握すべきかと憲法学者たちが論じたなかで、取り上げるべきは美濃部達吉《みのべたつきち》が『憲法講話』（有斐閣書房、一九一二年。復刻版、岩波書店・文庫、二〇一八年）のなかで、植民地は明治憲法が及ばない「異法区域」あるいは「特殊統治区域」と呼称していることです。

美濃部は明治憲法が立憲政治を目標としながらも、それが植民地に適用されない異常性を指摘していたのです。これについては三谷太一郎氏が『日本の近代とは何であったか─問題史的考察─』（岩波書店・新書、二〇一七年）で詳しく述べられています。

**二つ目**のポイントは、日本人総体に内在する植民地主義と、さらには脱植民地化に成功した諸国民への、あらたな植民地主義（＝新植民地主義）への無自覚という問題です。近代日本の生成過程において、急速な国民国家化は欧米諸列強によるアジア植民地化への対応過程のなかで、封建遺制としての前近代性を克服し、近代化を実行に移すためにも、あるいは軍事的緩衝地帯を設定するためにも、植民地保有への衝動を伴うものでした。

つまり、国民国家日本は近代化と植民地保有が同時的に進行し、この二つの課題が相互に表裏一体の目標として設定されました。国内の近代化と国外での植民地領有という国家政策が、同次元で認識されていくことになったのです。それゆえ、植民地領有とその統治及び運営を推し進める過程で、日本は近代化にとって必須の前提となる近代性と植民地性という二つの性質を同時的に孕み込んだ国家として発展していくことになったのです。

この二つの性質は、近代化にとって必須の条件としての植民地領有という観念として固着していきました。そして、ここでの問題は、すでに尹健次《ユンコンチャ》氏が『ソウルで考えたこと—韓国の現代をめぐって—』（平凡社、二〇〇三年）の「補論　近代、植民地性、脱植民地主義に関するメモ」のなかで、「近代が事実において侵略・戦争の時代であり、植民地主義と表裏一体のものであった」とし、近代化と植民地性が密接不可分の関係にあることを論じているのです。

ここで強調しておきたいことは、尹氏が指摘した如く、近代化に孕まれた暴力性と植民地性です。すなわち、近代化の進展に比例して対内的暴力が法制化され、正当化されるレベルが上昇し、同時に対外植民地の拡大が絶えず志向されるのです。

近代化あるいは近代性が暴力を基盤として成立し、暴力を担保として実体化されるものであるがゆえに、取り分け急速な近代化を達成しようとした帝国日本の暴力性は際だっていました。統制・動員・抑圧の国内システムが起動し、それが絶え間ない戦争発動や侵略戦争に結果していったのです。

### 植民地支配と天皇制

近年、特に植民地主義論において頻繁に適用される「植民地近代」の概念設定も多様な議論がなされるなかで、日本の近代化とは、絶えず赤裸々な暴力性を内在化させた過程であったと云えます。

つまり、同じ植民地主義を標榜した西洋近代とは、一定の相違が存在することです。しかし、最大の問題は、そのような暴力性を内在化させた近代化のなかで、抑圧され統制されてきたはずの日本人の多くに、そのような「植民地近代」への批判精神が殆ど育まれなかったことです。その理由は天皇制ナショナリズム、あるいは天皇制支配国家体系のなかに求める外ないように思われます。

すなわち、日本人にとって天皇制国家が再生産する所謂家族国家観が、日本以外のアジアを差別と抑圧の対象とする結果も誘引し、それによって日本一国主義から日本絶対主義の感情を拡散していくなかで、日本固有の歴史意識が打ち固められていったのです。そこでは被植民地・被植民地者への思いは切断され、それに反比例して帝国意識が培養されていったのです。

その意味で天皇制は、他者を支配する痛苦を取り除く装置としても機能してきたと言えます。そこには、当然のように植民地支配に固有の暴力性には無痛覚となります。さらに言えば、天皇制は、植民地近代化の暴力性を正当化する装置として機能していったのです。そして、そこに表れる日本人固有の歴史認識が生み出されますが、それは日本人にしか通用しない、排他的な歴史認識であり、尹健次氏は、それを「孤絶の歴史意識」と表現しています。

すなわち、尹健次氏は日本人が今後において、「天皇制と密着した孤絶の歴史意識をもちつづけるのか、あるいは諸民族・諸国民と共生・共存しうる開かれた歴史意識を我がものとしていくのか、日本人は真の意味において試されることになる」（尹健次『孤絶の歴史意識―日本国家と日本人―』岩波書店、一九九〇年、二一二頁）と記しています。

このように天皇及び天皇制国家への帰属意識と、いわゆる国体精神とが植民地保有国民としての自負あるいは自覚に拍車をかけ、自らに課せられている暴力や抑圧を他者、すなわち被植民地者へ容易に転嫁させていったと言えましょう。アジア諸国民への蔑視感情や差別意識の根底に存在する過剰なまでの暴力性は、抑圧移譲の原理に支えられたものでした。それがまた、帝国日本が繰り返した対外侵略戦争や植民地支配の過程で表出した数多くの虐殺事件の要因でもあったのです。

既述の植民地近代という名の日本にとっての課題は、戦後の今日あっても精算されていません。それは、植民地近代の持つ暴力性に無自覚であることが理由であり、また、その暴力性を隠蔽する機能を果たしてきた天皇制自体の呪縛から解放されていないことによります。そこから、依然として、かつての植民地支配を正当化する妄言や、「アジア解放戦争」論などが繰り返し説かれる結果となって問題化するのです。

さらには、植民地統治によって被植民地の近代化を促したとする、いわゆる植民地近代化論が飛び交うことにもなります。こうした問題は、総じて歴史認識の問題として議論されますが、そこに、植民地主義や植民地近代の概念を用いての精緻な検証作業が不可欠であることは言うまでもありません。

## 歴史認識の共有化は可能か

ここまで筆者は、歴史学研究者としての立場や視点から日本、中国、韓国の間に存在する歴史認識の乖離の実態と、その乖離が発生する背景を、主に日本の視点から追究してみました。そのような追究の過程でも依然として残るのは、果たして歴史認識の乖離は埋められるのか、埋められるとすれば如何なる方法によってか。また、反対に埋められないとすれば、その原因は何処にあるのか、さらに考察しなければなりません。

歴史認識の共有化に不可欠なことは、自己愛的な「一国史観」を越えるための歴史和解の認識の深まりです。歴史和解とは、傷ついた人たちの心を癒し、特に世界を平和的に再結合することです。より具体的には、アジア諸国間、特に日本・中国・韓国との間の経済相互依存関係の緊密化、非核化をめざす地域共同体構想（「アジア共同の家」Asian Common House）実現のために、歴史和解が不可欠ということなのです。

これに関連して、「東北アジア」の地域連合構想が「東北アジア共同の家」の名称で議論が進められています。関連本として、和田春樹『東北アジア共同の家』（平凡社、二〇〇三年）と姜尚中《カンサンジュン》『東北アジア共同の家をめざして』（平凡社、二〇〇一年）をなどがあり、参考となります。

戦後日本の歴史和解への取り組みが、全くなされなかった訳では勿論無いけれども、政策化される展望は依然として見いだし得ていません。事実、冷戦時代においては、日本の高度経済成長と親米保守体制下で、被害回復問題は無視され続けたのです。表向きにはＯＤＡ（政府開発援助）が戦争賠償に代わるものとの説明が浸透し、戦争補償は進められている、という受け止め方が多くの国民に拡がっています。

しかし、既に多くの議論が存在するように、ＯＤＡはアジア諸国に進出した日本企業のためのインフラ整備資金として使用されるケースが圧倒的に多く、それが事実上の戦争賠償として受け取られているケースは極めて希です。

つまり、その資金はかつての戦争で傷ついたアジア諸国民を救済あるいは支援するのではなく、国家経済の発展に資するという大義名分を掲げながら、進出日本企業の活動のために使用されたに過ぎません。歴史和解の基礎的条件としての戦争賠償の進展という課題に応えるものではなかったのです。

そのような問題が、脱冷戦の時代において、冷戦の解消とアジア諸国における自由化や民主化に即発されて、歴史和解の問題が浮上してきます。冷戦時代に権威主義的な支配体制のなかで、日本の戦争責任を問う声が封殺されてきたことへの反動として、自国政府をも突き動かし、日本の戦争責任や植民地統治責任を問い直す声が表出してきたのです。

しかし、現在まで表向きの「謝罪声明」が繰り返されはしているものの、アジア諸国民を納得させるだけの行動を行っていると言い難い状況です。そうした声に対し真摯に向き合う姿勢の欠落が、一段と責任を追及する声と行動とを呼び起こしている現状にあります。それどころか、靖国問題に象徴されるように、むしろ歴史問題を軽視するか、一層複雑にするかの発言や行動が日本政府関係者や国民世論、さらにはメディア関係にも露見される現実があります。

その意味で言えば、冷戦終焉後、歴史認識を深めるなかで、過去の克服や歴史の問い直しの絶好の機会を失いつつあり、日本への不信や疑念の感情を増幅させる現実にあることは否定できません。それでは歴史和解の機会は遠のくばかりです。

歴史和解が困難となれば、当然ながら東北アジア諸国民との信頼醸成も困難となるのは必至となります。歴史事実を率直に認め、再び不信や疑念の感情を起こさせないために、過去の克服という課題設定を積極的に行い、あらゆる場で過去の清算に全力を挙げる姿勢と実績が信頼醸成への方途のはずです。

## 歴史和解の方途と私たちの課題

本稿において歴史認識を深めることの意味を再考しながら、アジア平和共同体構築への展望を踏まえ、歴史問題を正面から取り上げ、歴史和解への道筋を検討してきました。より具体的には、最初に歴史問題として政治問題化する根源としての歴史修正主義の問題を取り上げました。

ここでは日本の近年における歴史修正主義の動きが一段と活発化している現実を踏まえ、改めて歴史修正主義の本質と派生の背景を検討しておきたかったのです。

次いで特に日韓関係において繰り返し浮上する植民支配責任問題に絡めて、植民地支配責任が日本において忘却の対象とされてきた日本人の歴史意識に触れつつ、今日一層問題化している従軍慰安婦問題を俎上に挙げながら、歴史問題における記憶と忘却の問題を論じました。

最後に、以上の展開を受ける形で、依然として清算されない植民地近代化論について、もう少し言及しておきます。この課題の解決の道筋を付けない限り、実は歴史和解には到底辿りつけないことを強調したつもりです。最終的には東アジア平和共同体構築を前提とする限り、極めて困難な課題であることを承知しつつも、歴史問題解決こそ焦眉の課題であると考えます。

「信頼醸成」或いは「信頼構築」への第一の方途が歴史和解の実現にあり、その前提として歴史事実の確認と歴史認識の深化にあることは、既述の通りです。だが、より今日的な課題に即して言うならば、信頼醸成のための具体的で説得的な行動提起です。そのことを結論として二点だけ指摘し、話を閉めたいと思います。

**第一**は、日本・中国・韓国のいずれの国家にも、「ナショナリズム」の用語で取りあえずカテゴライズが可能な国民意識が極めて過剰な内容を伴って表出している現実にどう向き合うのか、という課題があります。

日本政府の政治指導者が靖国神社を参拝してみせる行為への中国や韓国の反発を直ちに内政干渉論で反応してしまうのではなく、反発理由の背後にある歴史事実を紐解きながら再検証する作業を国家や市民が同時的に実施していくことが求められている、ということです。

つまり、台湾・中国や韓国で台頭しているナショナリズムは、それぞれの国内的理由が存在したとしても、それは議論の第一の対象とするのではなく、日本に向けられた反発や批判の深層にある日本への歴史責任を告発する行為としてナショナリズムが表出している、との受け止め方をしていくことが肝要に思います。その意味では、ナショナリズムそのものの概念規定や政治主義的な判断は、ある意味で不用です。

重要な点は、日本の立場からは戦争責任や歴史責任への問いとすべきものが、台湾・中国、そして何よりも韓国国民の意識としてナショナリズムが表出していると捉えることです。すなわち、日本への不信と疑念の声として反日ナショナリズムあるいは嫌日ナショナリズムとでも呼称されるナショナリズムの実態です。そのようなナショナリズムを緩和化する冷静な対応が、日本に求められていることです。

**第二**は、それでは、これらナショナリズムを克服する方途は何処にあるのか、という問題に絡めて言えば、それには何よりも過去の克服と歴史和解の前進が不可欠です。同時に日本の立場からも、敢えて一国史を越えた「東北アジア史」についての共通のビジョンの構築が課題となることです。

これら三国は共有している文化の確認をなすことで、重層的かつ横断的な共通の文化を基盤としつつ、独自の文化が形成されていった歴史過程に注目することです。そこから共通の文化を基盤とする相似形の文化圏にあることによる同質のアイデンティティーを獲得していくことです。

既存の対外関係が政治や経済などの力を前提とする限り、そこには格差あるいは差違だけが特化され、そこから政治力学として支配・従属という関係か、あるいは侵略対防衛という対立しか生まれてこないのです。

そうではなく、「文化の力」(文化力)への期待を相互に確認することです。そこに表れた独自の文化表現や文化財を尊重し、その相違や異質性への関心を抱くと同様に、相互の国家間に存在する相似性や同質性への関心を高めていくことで、文化を媒体とする国家間の信頼醸成から信頼構築への方途を真剣に論ずることも重要に思われます。

勿論、このような発想には危険性も伴います。かつて日本は植民地統治を実行する場合に、統治対象国と日本との共通性を殊更に強調することで被支配者の反発を回避したり、懐柔したりすることで、「文化の融合」を説いた歴史があります。それは、例えば朝鮮文化を抹殺することによる「文化の融合」であったことは歴史が示す通りです。

その意味で過去の克服も歴史の精算も未解決である現状からして、日本が率先して文化を媒体とする新たな関係性への着目といった視点を強調しても、直ちに理解と合意を得られるものではありません。信頼醸成から信頼構築のためにも、歴史和解という重い課題こそ、非常に重要なテーマであることを再認識すべきです。共通の文化圏に存在することからくる親近感は、相互の人的交流の得難い礎となりましょう。今回開催されたシンポジウムも、その意味において人的かつ学問的交流の一つとして明確に位置づけられるものと思います。

最後に歴史問題を論じるうえでの用語として近年活発に使用される「歴史認識」「歴史意識」「歴史和解」などの用語を媒介として、これまでにも多くの著作や論文が刊行され、そして学会や研究会などが組織されていますが、それを少し紹介しておきます。韓国の皆さんが御存知のものも多いと思います。

例えば、朴裕河《パクユハ》『和解のために―教科書・慰安婦・靖国・独島―』（平凡社、二〇一一年）、黒沢文貴他編『歴史と和解』（東京大学出版会、二〇一一年）、東北アジア問題研究所編『日韓の歴史認識と和解』（新幹社、二〇一六年）、菅英輝編『東アジアの歴史摩擦と和解可能性―冷戦後の国際秩序と歴史認識をめぐる諸問題―』（凱風社、二〇一一年）、木村幹『日韓歴史認識問題とは何か―歴史教科書・「慰安婦」・ポピュリズム―』（ミネルヴァ書房、二〇一四年)、細谷雄一『戦後史の解放I　歴史認識とは何か—日露戦争からアジア太平洋戦争—』(新潮社、二〇一五年)、天児慧他編『東アジア和解への道—歴史問題から地域安全保障へ—』(岩波書店、二〇一四年)、劉傑他編『1945年の歴史認識—〈終戦〉をめぐる日中対話の試み—』(東京大学出版会、二〇〇九年)、三谷博他編『国境を超える歴史認識—日中対話の試み—』(東京大学出版会、二〇〇六年)、鄭在貞《チョンジェジョン》『日韓〈歴史対立〉と〈歴史対話〉—「歴史認識問題」和解の道を考える—』(新泉社、二〇一一年)などがあります。

また、論文も夥しい数に達していますが、そのうちで「領土問題と歴史認識問題の「非政治化」すなわち「政治問題としての棘をぬく」という視点にたって、問題解決の手順を論じた東郷和彦「日中韓の歴史認識問題を乗り越えて—七段階のロード・マップの提案—」(立命館大学社会システム研究所編刊『社会システム研究』第二二号・二〇一六年三月)、近年における日韓関係を規定する歴史認識に触れつつ、特に韓国における対日歴史認識が生み出された背景を論じた、和喜多裕一「今後の日韓関係と歴史認識問題—歴史認識の壁はなぜ生ずるのか—」(参議院事務局企画調整室編集・発行『立法と調査』第三三七号・二〇一三年二月)、外交関係にも極めて重要かつ深刻な影を落とす歴史認識について正面から論じた、庄司潤一郎「歴史認識をめぐる日本外交—日中関係を中心にして—」(『国際政治』第一七〇号・二〇一二年一〇月)、日中国交回復前後における日中外交交渉のなかで歴史認識問題が如何なる課題となったかを論証した、畢克寒《ピークーハン》「日中国交回復における歴史認識問題の位置と変容」(山口大学独立大学院東アジア研究科紀要『東アジア研究』第六号・二〇〇八年三月)などをあげておきます。

(二〇一八年一二月八日、ソウルの韓国外国語大学での講演から)

〔追記〕本章で用いた写真は、村瀬守保写真集『私の従軍—中国戦線—』日本機関紙出版センター、二〇〇五年)からである。

# 第Ⅲ部　遠のく平和国家日本

# 第五章　変容する自衛隊の危うさ
## ～私たちの未来を切り開くために～

### はじめに

自衛隊の変容過程の背後には、いかなる日本の安全保障政策なり体制が創られようとしているのか、について考えてみるのが基本課題となります。この問題は、現在の様々ある議論のなかでも、大変にホットなテーマとなってきました。

それ自体はあまり喜ばしいことではありません。自衛隊組織が日本の安全保障上、どのような位置や役割にあるのかは、広い意味で日本の安全保障問題をどう見ていくかを検討するうえで不可避です。けれども私たちの議論とは全く無関係に自衛隊が増殖を続けている実態を目の当たりにすると、本当にそれで良いのかと考えざるをえなくなります。

戦前の日本において国民の意思や政治の流れと、ある意味関係なく増殖を続け、政治介入を果たし、日本をして最終的には国土を破壊し、国民の犠牲を強要し、敗戦に追いやった大きな責任を持つ帝国陸・海軍。

その実態を長年にわたり、追い続けてきた者として、歴史を繰り返すような現実に遭遇することは御免です。しかし、現在の日本はかつての負の歴史を直視することもなく、再び同じ過ちを犯しかねない事態に直面していると思います。勿論、自衛隊が増殖していく理由には、アメリカとの事実上の軍事同盟の強化、さらには中国・北朝鮮の軍備拡大や相次ぐミサイル発射実験や核武装化など、毎日のようにテレビなどで報道される、いわゆる危機の〈振り撒き〉のなかで、自衛隊増強、国防強化が繰り返されていることがあることは言うまでもありません。

しかし、中国の軍拡や北朝鮮の脅威が本当なのか、それがたとえ本当だとしても軍事に対抗するには軍事しかないのかを、落ち着いて考える習慣を失ってはいないのか、という非常に初歩的な考えから話を進めて行きたいと思います。

現在、これらいわゆる脅威論が大手を振るなかで、これに反する議論は多くの日本国民をも含めて蚊帳の外に追いやられる始末です。反中国論、反北朝鮮論、さらに昨今では反韓国論まで、文字通り質《たち》の悪いヘイトスピーチの類を含めて、まことしやかな日本軍拡擁護論が勢いを増すばかりです。

それで本講演では、まず自衛隊の現状と、自衛隊を統制する役割を担う制度である文民統制が、本当に機能しているのか、という問題から入ります。結論を先に言えば、実は文民統制は換骨奪胎されて絵にかいた餅のような状態に追い込まれ、その代わりに自衛隊の暴走が本格化しています。その現実を明らかにしたいと思います。

自衛隊の暴走は、国内理由と国外理由とがありますが、そうした理由をも踏まえてその実態に迫ります。最初に触れておくべきは、二〇一七年五月三日の憲法記念日に、安倍首相が憲法制定を掲げる集会に向けたビデオメッセージで、あらたに制定する憲法に自衛隊を明記すべきだと発言したことです。ここから俄然、自衛隊と憲法とが大きな論点となりました。以来、様々な議論が起きています。

これをどう読めば良いのかということと、なぜ今なのかということがあります。そして、それに絡めて憲法に明記するという自衛隊は、確かに日本の国家機関の一つであるのだけれども、国家の中にあって一体どういう位置にあるのか。それから私たちの安全、安心です。そういう安全・安心を本当に担保する役割を担う国家機関なのか。あるいは、武力装置として本当に機能するのだろうか。あるいは実際に必要なのか。様々なアプローチの仕方があり、一口に自衛隊論と言っても実は沢山あるわけです。

ただ、私は自衛隊ウォッチャーではありませんで、一介の研究者に過ぎません。それで私の専門の一つに、政軍関係論というものがあります。その観点から自衛隊問題を論じてみたいと思います。

政治と軍事が民主主義社会の中でいかに調和的に、お互い齟齬《そご》を来さないかたちで共存できるのかといったときに、一九九〇年代のアメリカで編み出された理論です。政軍関係論は、英語で「シビル・ミリタリー・リレーションズ」（Civil-Military Relations）と言います。

それは『文明の衝突』（原題は、"The Clash of Civilizations and the Remaking of World Order", 1996.「文明化の衝突と世界秩序の再創造」）という世界中で評判になった本の著者でもあるサミュエル・ハンチントンというアメリカの政治学者が提唱した理論です。その理論の勉強をして参りましたので、私の自衛隊論も根底では、この理論的な視点から見てきたものです。最初から大学の講義みたいな事になりますが、簡単にその理論を説明させて頂きます。

アメリカは第二次世界大戦で勝利します。連合国の一員ではありましたが、同じ連合国であったソ連、中国、イギリスなどは本土が戦場となり、勝利国とはなりましたが大きな惨禍を経験することになりました。

ところが、アメリカ国内での損害は、三四〇〇名余の戦死傷者を出した真珠湾奇襲の後には、千葉県の九十九里浜から飛び立った風船爆弾が、太平洋を渡ってロスアンゼルス近郊の山林に火事を起こした程度でした。勿論、アメリカも国外の戦場で約二九万余の戦死者を出してはいます。勝利国であったソ連は軍人が約一四五〇万人、民間人が約七〇〇万人以上死亡しているのと比較すると、その差異は歴然としています。

旧ソ連や、それに中国などの人的被害の甚大さは、敗戦国の日本やドイツよりもずっと深刻でした。その意味で言えば、勝利国でも事実上敗戦国と同様の、あるいはそれ以上の物的人的損害を受けました。ところがアメリカは先ほど示した数字が示すように、比較にならないほど軽微の被害に留まり、第二次世界大戦でアメリカだけが完全な勝利を得ることになりました。

言うならば、先の大戦で唯一の戦勝国となったアメリカでは、その勝利の立役者として軍の組織や高級軍人の社会的地位が一気に上昇することになりました。勢いを得たアメリカ軍部は、それまで政治には中立的な立場を貫いていましたが、段々と政治に口を出すようになります。ところが、アメリカ国民はその事をあまり意に介さなかったのです。

しかし、次第に度を過ぎた政治介入に対し、これは民主主義の危機ではないかと警鐘を乱打する知識人が出てきました。つまり、民主主義と軍事主義の相克が始まったのです。そこでハンチントンを筆頭にアメリカの政治学者たちは、民主主義と軍事主義が共存可能となるための理論の構築を開始したのです。その結果、編み出されたのが先ほど紹介した政軍関係論です。

政治を担う国民の代表である文民が軍人を統制するという意味で、日本ではこれを文民統制と呼ぶことに成りました。

以下、アメリカ発文民統制が編み出された背景に触れつつ、それがまた如何なる経緯で日本にも導入されたのかを探ってみることから始めたいと思います。

## 1　台頭する軍事主義

### 文民統制が導入された理由

繰り返しになりますが、文民統制は文民が軍部・軍人・軍事組織をコントロール、統制していくことです。統制する主体は「シビリアン」としたのですが、日本語訳が大変でした。当時、「シビリアン」という言葉は日本人には馴染みのないものでしたから。

それで日本のある学者たちが知恵を絞ってシビリアン・コントロールをどういう日本語にしようかと言ったときに、まず「シビリアン」を何と訳すか頭を悩ますのです。それで様々な案が出まして、今でこそ「市民」という訳に落ち着いていますが、「平人」とか「凡人」とか、さらには「文人」「文化人」「民人」とかの訳も案に上がっていたのです。

私が調べた限りでは全部で十いくつの訳の提案がなされました。しかし、「凡人統制」や「平民統制」という訳ではピンと来ないということで、最終的にはシビリアンを「市民」あるいは「文民」と訳して、最終的に「文民統制」となったのです。

どこまで自覚的であったかは別として、「シビリアン」とはフランス語の「市民」を意味する「シトワイアン」(Citoyen)から来ていますから、政治権力から自立している人間を意味しています。フランス革命を通して生まれた言葉です。ということは、シビリアン・コントロールを文民統制と訳していますが、本当は「市民統制」ですね。その意味がぐっと身近に感じるのではないでしょうか。

それはともかく文民統制と訳されたシビリアン・コントロールが日本にもたらされた最大のきっかけは、

1952年5月3日の警察予備隊

一九五一年から始まる再軍備です。ご存じのように、日本が一九四五年に敗戦します。悪しき軍国主義、侵略主義というものから足を洗うという約束のもとに、戦後日本は日本国憲法を柱にして、戦後の旅立ちがありました。

軍事主義、軍国主義、あるいはファシズムで日本人は幸せになれなかった。逆に加害者になってしまった。日本国民だけではない、数多のアジアの人たちを含めて、世界中の人たちに危害を及ぼしてしまった、という痛切な反省から、軍国主義、軍事主義というものから足を洗おうとしました。

しかし、一九五一年に七万五〇〇〇名の隊員から成る警察予備隊、つまり自衛隊の前身ができたわけです。そのときに様々な議論が国内外で起きました。いよいよ日本に再び軍隊ができる。当時は警察軍的な警察予備隊でしたが、事実上どこから見てもそれは軍隊です。その軍隊ができたときに、また日本は軍国主義、ミリタリズムというものに覆われてしまうのではないか。それを回避するためにどうすればいいか。そのときに導入されたのが、文民（シビリアン）が軍事権、あるいは軍隊統制権を持つべきという考え方です。

既に述べた通りアメリカでは、一九六〇年代に理論化されるのですが、実は五〇年代からアメリカの中でも軍隊のトップは文民でなければならない、とする考えが生まれていたのです。

例えば軍人がトップになることは、日本の事例を見ればよく分かるように、良い結果は生まれようがない。戦前、日本でも陸軍大将や海軍大将が首相になったことは、何度かあります。

最初の日本の内閣総理大臣は伊藤博文ですが、三代目は山県有朋《やまがたありとも》で軍人です。

戦前は初代内閣総理大臣の伊藤博文から第四二代まで続きますが、このうち半分が軍人です。昭和の時代は、第二六代が陸軍出身の田中義一大将が首相となり、戦前最後の第四二代内閣総理大臣は海軍出身の鈴木貫太郎大将です。まさに戦前の昭和は軍人首相に始まり、軍人首相で終わります。その中で日本の侵略戦争、あるいは軍国主義が猛威を振るい、数多の加害を世界に拡げてしまうわけです。

この歴史の教訓を踏まえて、絶対に軍人がトップになってはならないというのを強く見定めていくわけです。その結果、文民がトップになることを大前提にした文民統制政策というものが生まれます。

それは日本国憲法の第六六条のなかの「内閣総理大臣その他の国務大臣は、文民でなければならない」と言う、いわゆる文民条項にも示されています。総理大臣や防衛大臣が文民であることを絶対化して、その下に軍事組織を据え置くと。でも日本国憲法が出来た時は、まだ警察予備隊の創設前です。それでもこの文民条項が結果的に文民統制を担保することになったのです。勿論、新憲法は「戦力不保持」を謳っています。軍隊など全く想定していなかったのです。

なぜそのようなことを、冒頭から長々と申し上げたかというと、実は今、私たちの目の前に展開されている問題というのは、軍事主義と民主主義が共に手をとり合って歩むのか、それとも敗戦時に私たちの先達たちが強く決意したように、軍事とは一切手を切ってしまうかの問いを常に発せられていると思うからです。
一九四五年から五一年までの占領期間に日本の再軍備がアメリカ主導で進められたのですが、そのアメリカ国内では再軍備によって日本の軍国主義が復活するのではないかと警戒感がありました。それゆえ、アメリカが文民統制を日本に導入することで、その可能性を削いだと言えます。言ってみれば、日本国憲法も日本軍国主義復活を封印する目的が主要な課題であったのですが、それに逆行するような日本再軍備への批判を回避する意味でも文民統制が導入された、とも言えます。

アメリカは日本軍国主義を完全に消滅させようと日本国憲法を制定しながら、朝鮮戦争への対応から日本再軍備を強行するという矛盾を冒すのです。その取り繕いのような感じもしますが、日本再軍備から軍国主義が生まれてこないようにと、文民統制の制度導入を図ったというのが真相です。こうして、日本もアメリカのように文民統制という政策で軍事主義と民主主義を共存させようとしたのです。

軍事主義と民主主義が共存していると言えば、聞こえは良いですが、その実態と言えば、これは本日話のメインになると思いますが、大部怪しくなっています。今明らかに日本の自衛隊は世界でも五本の指に入る戦力と権限を持っています。その自衛隊を持つ日本は、世界トップの軍事力を持つアメリカと同盟国になっています。そこで本当に文民統制が機能しているのか、と言えば大変に心許《もと》なくなっている現実があります。軍事主義が様々な形を採りながら、復活してきているのではないか、と私は思っています。

過剰な受け取り方だと思われるかも知れませんが、軍事主義が勢いを増す一方です。この評価は分かれるでしょう。疑似民主主義、形骸化した民主主義、そのような民主主義が鎧をまとった軍事主義と共に手をとり合って、いわゆる共存関係にあるとはとても思えません。

段々と錆びついてきた軟《やわ》な民主主義と、権能を強める一方の鋼《はがね》の軍事主義が、本当に共存関係を築くことができるかは、甚だ疑問です。共存とは、対等関係を全体とした表現ですから。繰り返すことになろうかと思いますが、民主主義と軍事主義は対等ではありません。対等にしてもいけません。あくまで軍事主義というものが存在したとしても、それは民主主義によって自在に統制可能なものでなくてはなりません。勿論、軍事主義が全く不在な社会が望ましいことは言うまでもありませんが。

別の言い方をすれば、完全に日本は軍事主義が民主主義を凌駕《りょうが》している、追い越してしまっています。そういう実態を法的に、憲法的に条文化しようという試みが、安倍首相の自衛隊加憲論です。私も今年出版した『自衛隊加憲とは何か』（日本機関紙出版センター、二〇一九年）と題するブックレットに書きましたが、自衛隊加憲論の中身については様々な解説が出ています。それをお読みいただければいいと思いますが、少しマクロ的に大きな話から、今の問題を掴み取ろうとすると、そのようになります。

私は軍事主義と民主主義が共存することは、原則的には不可能だと思います。少なくとも対等・平等の関係を取り結ぶことは。自衛隊加憲論をどう評価するかということも大きな問題ですが、その議論の大前提として私たちは、「民主主義に軍事主義は馴染みませんよ。共存は簡単なことではありませんよ」という強い認識を持たないと、再び民主主義が軍事主義に食われてしまうという危機感の中で、この問題を考えていかなければならないということを、最初からお話し申し上げたかったのです。

## 目立つ政治に介入する自衛隊幹部たち

以上の話を踏まえて、現在自衛隊周辺で起きていることに触れていきたいと思います。

最初は有志連合の問題です。これはニュースでご覧になっている通りです。イランとアメリカとの対立が深刻化し、いまや一触即発の緊張感が漂っているところです。もともとはトランプ大統領が悪いのですが、どちらが悪いかを話しても仕方がありません。イランは、一九七八年一月から始まるパーレビ国王を打倒したホメイニー師の指導によるイラン革命以後、かなり民主化路線を歩み、潤沢な石油をもとに国家再建を進めてきています。

二〇〇三年から始まるイラク戦争によって、イラクのサダム・フセイン体制が倒された後、イランは中東の経済大国、あるいは軍事大国としての道を歩むわけです。イランというのは、かつてのペルシャ王国の末裔たちですから、教科書的に言うと非常にプライドが高いわけです。

このあいだイランの最高指導者であるハリー・ハメネイ師と安倍首相とが並んで会談している画像が何度も放映されていましたが、まるで安倍首相が子供に見えるような感じがしなくもなかったです。二〇一九年六月一三日のことです。非常に理路整然と滾々《こんこん》と説いてみせるハメネイ師の前で安倍首相は、只管《ひたすら》拝聴している感じがしました。安倍首相は何か原稿に沿って話をしたはずです。トランプ米大統領と会談してください、という用事を頼まれていましたから。

ハメネイ師は、トランプさんの御使いで来たのですね、とでも言うような素振りを見せながら、自説を滔々《とうとう》と説くばかりでした。映像で見る限り、安倍首相は自らの言葉で何も言い得ていないように見えました。なぜなら日本は親日国家であるはずのイランとの間以上に、イランと敵対するアメリカとの縁を深くしていますので、独自の仲裁外交が展開できなかったのです。その辺のことをハメネイ師は、案の定見透かしていました。

それはともかく、アメリカとイランとの関係が悪化していく中で、アメリカは単独でイランと向き合うのは非常に危険であると考えています。まず一つには、アメリカは一頭地を抜く巨大な軍事力を持っていますが、イランと単独で事を構えるのはかなり危険だということです。それから、アメリカが単独でイランとやり合った場合、国際社会においてロシアがイラン、また中国も中立的な立場を採っています。中国もロシアもアメリカの覇権主義に抗しており、反アメリカ的な姿勢を鮮明にしていますから、このままでは当然ロシアや中国を敵に回してしまう。

つまり、孤立を招きかねないということで、仲間を集めてスクラムを組もうと言ってきた。その中に日本も是非入ってくれということで、このあいだアメリカ大統領国家安全保障担当補佐官のボルトン氏（当時）が来日して、一生懸命に安倍首相を口説いたとされています。あの髭のボルトン氏です。

ボルトン氏は、併せて韓国と日本において様々な貿易問題があるけれど、いい加減にやめてくれと。それよりも有志連合に入って韓国も日本も一緒にアメリカを助けて欲しいと。一緒にイランと対峙することで、韓国と日本の共通項を再確認してはどうかと。このようなことを言ってきたわけです。本日お話している七月（二〇一九年）の時点で日本としては現在、態度を決めきれていません。

イランと日本は実はとても仲が良いのです。イランにとってみれば、日本は大量の石油を買ってくれる非常にいい貿易相手ですから、そういう意味で言うと親日国家であるのです。一般的に中東全体がそう言われていますが、実際には少し違うところもあります。イラク戦争において日本が自衛隊を派兵した時点で、イランも含めて中東諸国は日本を見る目が違ってきています。

日本というのは、アメリカとイラクの戦争で、アメリカの肩を持ちました。自衛隊を派遣して、弾薬や燃料を送り込んで基地まで設営しました。潰れてしまったイラクだけではなく中東全体に、日本はもう立派な参戦国だという認識が広がっているので、かつてのように中東全体が親日国家とまでは到底思えないわけです。日本では「自衛隊派遣」と言うのですが、中東諸国からすれば、これは〝自衛隊派兵〟と受け止めた。

だからステレオタイプ的に中東、イランは親日国家で親日感情が強いです、というマスコミの垂れ流しは、いまや極めて問題です。

それはそれとして、有志連合に入るか入らないか、これはまだ分かりません。自衛隊では、統合幕僚監部の最高責任者の統幕長が、今年（二〇一九年）四月一日付で河野克俊海将から山崎幸二陸将に交代しました。河野前統幕議長は安倍首相との関係が太く、彼の下で集団的自衛権行使の閣議決定も、安保法制もどんどん進めてしまったわけです。

河野前統幕議長という人は、私に言わせれば、戦前によく見られた政治家的軍人です。つまり、軍事が専門だけれども、政治に口を出す。逆に言うと、政治に口を出さないと軍事はできないというタイプの人です。なので、河野氏は安保法制が二〇一五年にできる前の二〇一四年、まだ国会で安保法制に関わる審議がまったくなされていないときに、アメリカに出かけて行ってアメリカの統合参謀本部長をはじめ、海軍長官、陸軍長官、国防長官等々、アメリカの軍幹部連中と軒並み会っていました。そして「皆さん、日本は今、安保法制をこれから国会で審議に入りますが、必ず可決成立します。次の国会で必ず通して見せます」と約束して帰ってくるわけです。

安保法制は国会でまだ審議にかかっていない、委員会レベルでどうしようかという段階で、日本の自衛隊のトップがアメリカに行って、一年後には必ず成立させますと言って帰ってくるわけです。宣伝めいて申し訳ないのですが、このことの詳細については、私の『暴走する自衛隊』（筑摩書房・新書、二〇一六年）に書いています。政治に積極的に介入する自衛隊幹部の姿がここにあります。

こういったことは今までそれに近い状態はあったものの、安保法制という極めて国民の安全・安心、日本の外交防衛の根幹に触れる問題について、政治家でもない一高級自衛官、いわゆる軍人がアメリカに行って約束手形を切って帰って来る、これは極めて異常な事態でした。どこで何を言ったか全部リークされて分かっていまして、全部ではありませんが私の本に書いています。恐ろしいことです。戦前の軍人を見ているような感じです。実はそこまで来てしまっているということです。

そういうことを絡めて有志連合に参加するか、しないかということで言うと、自衛隊の中にはもちろん慎重論もあります。しかし、この機会にこそ、さらにアメリカとの連携を深め、同盟を強化させ、さらには進化させて同盟絶対化論でいくことが、これからも自衛隊が相応の権限と相当の正面装備を獲得する上では極めて大切なことだ、という議論が有力だと思います。簡単に言うと、自衛隊の制服組のなかには、随分と前のめり状態になっている幹部連もいるのではないか、ということです。

安保法制ができてからこのかた、自衛隊は基本的に極一部の例外を除いて海外に派遣、派兵されていないわけです。もちろん集団的自衛権、安保法制があって、暫く過熱気味であった世論や国民の関心も少し薄らいだ、との感触を得てのことでしょうか、再びアメリカに呼応して動きたいという衝動が抑えきれなくなっている、という側面があります。言い換えれば、自衛隊への国民的関心が日中・日韓・日朝との間での軋轢が進む中で、膨らんできていると、自衛隊は判断しているのでしょう。慎重を期す一方で、〝自衛隊派兵〟のチャンスとの思いも隠せないところに来ています。

## 自衛隊の出番が増える可能性をどう見るのか

そういう意味で言うと、自衛隊にとっては安保法制を実質化するため、あるいは実体化するためにグッドチャンス、絶好の機会が到来したということです。逆に言うと、安保法制をあれだけ国民の反対を受けても強行しておきながら、自衛隊は動かないのですか、といった右側からのプレッシャーも自衛隊に相当かかっていることは確かです。

自衛隊としては、消極的であれ積極的であれ、参加せざるを得なくなってきているということが言えると思います。結論が出るには相当時間がかかりそうですが。メリットとデメリットを天秤にかけて苦慮していることも確かです。自衛隊の中をずっと見渡していくと、そういう状態になっているということなのです。

ただ、官邸サイドも今の現行の法体制でできるかどうか、海上警備行動でいくのか、あるいはテロ特措法みたいなものでやっていくのか、その手法をいわゆる臨時の法律ですね、特別措置法でいくしかないのかと、内閣法制局あたりで一生懸命に議論をしています。ただやはり、特措法を適用して出かける可能性もゼロではないのです。

自衛隊の中で言えば、マグマのごとくエネルギーが渦巻いていて、有志連合の一角を占めて、相応の貢献を果たしたい、とする希望もあるのではないか。そこでは限定出動のような条件付きでの出動というかたちで、それを特措法のようなものでオブラートに包んで参画することで派遣の実績を残したいとのする案も練っているのでしょう。自衛隊制服組には、堂々と「こんごう」や「きりしま」などのイージス艦や軽空母化される予定の「いずも」や「かが」など自衛隊の最新鋭の装備を出すべきだとする強硬派もいるようですが、全体としてはあまりにも目立ち過ぎる。出たとしても、限度を弁《わきま》えたうえで事を進めよう、という議論が有力に思います。主要な石油輸入先としてのイランとの関係は壊したくない、という政治的かつ経済的な判断も当然ありますから、自衛隊単独の判断でとはいきません。

ですからまだこの七月下旬段階では先行き不透明ですが、出したとしても通常型の護衛艦程度で済まそうと穏便な対応策に知恵を絞っているかもしれません。それに他の国々の動きも視野に入れながら最終判断をすると思います。一番良いのは、先延ばしにして、有志連合参加問題、何時の間にか立ち消えになることです。トランプ大統領は、気分がころころ変わりますので、次に何を言い出すのか皆目見当がつかない、ということもありますから。

それに第一に、これまで友好国で石油輸入先として経済的にも深い繋がりのあるイランに、自衛隊を出すことには国民の了解や納得が何処まで得られるかも、流石《さすが》の安倍政権も悩ましい所です。恐らく世論の支持は得にくいと踏んでいるのでしょう。これが対中国や対北朝鮮ならば、世論には一定の〝脅威感〟が浸透していますから、一定の支持は獲得し易いけれど、対イランとなると話は違う、と言う反応があるのは分かっている。

でも日米同盟の強化とか日米一体化が先行していますから、アメリカの機嫌も損ねたくないし、自衛隊の活躍の場も提供したい、という矛盾に満ちた判断を安倍政権は迫られている訳です。言うならば、安倍政権は四面楚歌の状態に置かれつつあるということです。

## 戦争を呼び込む同盟政策

ここで少し昔話をさせて頂きます。

日本は一九〇二年にイギリスとの間で日英同盟を結んでいますが、その結果、イギリスの宿敵であったロシアとの戦争に追い込まれます。つまり、一九〇四年に始まった日露戦争です。日露戦争は、名前の通り、日本とロシアの戦争です。日本は約一〇〇万人の兵力を派兵し、その結果動員兵力の約一割に当たる一〇万人もの戦死者を出します。戦傷者を含めれば、約三割前後の戦死傷者を出すという、これが勝利と言えるのかというほどの惨憺たる結果にもなります。

イギリスはロシアを牽制するために、同盟相手国日本をロシアとの戦争に駆り出したと言えます。これは私の持論ですが、日露戦争は実は〝英露戦争〟であり、日本はイギリスの代わりにロシアと戦争した、のだと思います。これが同盟関係なのです。つまり、イギリスに代理戦争を仕向けられた、ということです。

同様に第一次世界大戦の時も日本はイギリスとの関係もあった地中海に艦隊を派遣します。この時は大きな損害を受けなかったものですから、同盟効果は大きなものがありました。日本はこの戦争でドイツと中国山東半島で激しい戦闘を展開し、ドイツの租借地を手に入れましたから。これを日独戦争と歴史学では呼んでいます。その時、同盟関係は国家発展にとり、良いものだとする観念を日本人に植え付けてしまいました。

中国の山東省青島のドイツ租借地、そしてビスマルク諸島と言われた南太平洋のドイツ領の群島も手にいれ、さらには国際連盟の五大常任理事国入りも果たしたわけですから、日本人の多くに同盟や戦争の〝旨味《うまみ》〟を覚えさせてしまったとも言えるかもしれません。そうした〝旨味〟を感じ取った日本人は、その後のアジア太平洋戦争で、あれだけの敗北体験を得ながらも、現在まで同盟と戦争には、ストレートな反対が出来ないでいるのではないかと思います。

少し回り諄《くど》い話になりましたが、今回も日英同盟に代わる日米同盟によって、どこかで再び〝旨味〟を味わいたいという感覚が日本の政治家や世論のなかには潜んでいるかもしれません。こうした政治家や国民世論の感覚を察知するかのように、日本の自衛隊、特に海自と空自が一定の政治的なプレゼンスを発揮することによって、自衛隊の発展に繋げようという期待感があるように思います。

そういう意味合いでも有志連合という名前も変な言い方ですけれども。これが非常に大きな問題だと思うのは、当然ですがロシアと中国が有志連合に与《くみ》しないことです。それから国際連合もこれにOKを出すわけがない。侵略されているわけでも戦争をふっかけられているわけでもないのに、兵力を出すというのは国連の憲章にも違反することです。国連は侵略されているか、侵略される明らかな動きがある場合に限り、防衛のための兵力使用を認めているだけですから。

トランプ大統領が何と言おうと、イランが日本本土や日本人に侵略や攻撃を仕掛けている証拠はありません。ホルムズ海峡で日本のタンカーにリムペットマイン（吸着爆弾）が仕掛けられ、一部炎上している動画が繰り返し放映されましたが、これを仕掛けたのがイラン軍だとアメリカが報じています。ところが、この吸着爆弾を危険をも顧みず船体から取り外したのはイラン革命防衛隊の隊員でした。決死隊ですね。いつ誘爆するか分かりませんから。

自分で仕掛けたものを自分が取り外す、しかも生命の危険があるのに。普通は信じられません。でも日本のメディアには、これを自作自演だと論ずるものもありました。そして、それに同調する世論も一部にあったように思います。随分と荒《すさ》んだムードが日本国内でも醸成されているのは気になります。

いずれにしてもトランプ大統領は国連を徹底して軽視しており、そのトランプ大統領の動きに安倍政権が呼応しようとする限り、日本がいつの間にか脱国連主義・脱国連外交を始めたと国際社会で思われても仕方ないことです。そうまでして、もし有志連合に参加することになれば、日本の外交も防衛も大きな危険を冒すことになります。そのような動きを先導しているのが一部の自衛隊高級幹部だとすると、これもまた問題は深刻です。いずれにせよ、安倍政権と自衛隊は、姑息な手段を用いて動くことになるでしょう。

## 2　戦略不在の日本外交のなかで

### 軍事主義に拍車かける安倍政権

次に安倍政権の外交について触れておきたいと思います。日本の外交防衛に大きな舵切りを敢えて行ったのは、安倍政権でした。

その安倍首相は外交が得意だ、と言うことになっています。長期政権を敷いていますから、当然ながら主要各国の首脳との付き合いも長いでしょうし、会談数も多くなります。ロシアのプーチン大統領とは、すでに三〇回近く会談を重ねています。その割に北方領土返還交渉は進まず、むしろプーチン大統領に押され気味なのではどうしてでしょうか。プーチン大統領に条件抜きの平和条約締結を提言されて即応叶わず沈黙。また、安保条約がある限り、北方領土返還は躊躇せざるを得ないと言われて、返す言葉が無かったのは、どうしてでしょうか。

アメリカからは有志連合参加を持ちかけれ、毅然と対応ができないままです。南北朝鮮和解の道筋にアメリカ、中国、ロシアが積極果敢に拘《こだ》わりの成果を着実に上げる一方で、安倍政権は、相変わらず経済制裁一辺倒で交渉の糸口を探し出せないでいます。そして、極め付きは韓国との歴史問題に端を発する軋轢が、これまでに類例を見ないほど深刻となっています。

確かに相手のある問題ですが、全体を通して言えることは、安倍外交は羅針盤なき外交、戦略なき外交であり、主体的自立的な外交が全くできていません。

そのことは日本が国際社会で益々孤立の度合いを深めるという問題に限らず、国際社会から信頼を得ていくことが難しくなることを意味します。もうひとつの問題は、戦略なき没主体的な外交が、最終的には軍事主義の台頭を許してしまった戦前の事例をも髣髴《ほうふつ》とさせていることです。

戦前の日本は外交路線が紆余曲折するあまり、戦略的な外交方針が貫徹できず、その間隙を縫う格好で軍部が外交領域にまで介入してきて、結局は軍部の主導する強硬外交を敷いていくことになった歴史があります。外交力が脆弱な国家は、必ず軍事力が前面に出てくるのが歴史の教えているところです。

そうした点から考えますと、脆弱な日本外交の反対側で強硬な軍事主義が台頭の機会を窺っている、とみるのは決して過剰ではないと思います。日本国憲法が示す平和外交が展開できていないとすると、外交の実態からしても現行憲法が死文化している、とさえ思うのです。

安倍政権及び日本政府は、国連の中心主義という従来の表向きの方針でいくのか、それとも自主的な日本の防衛外交を仕切ってしまっている日米同盟路線を遵守するのか、どちらだろうということです。有志連合にどっぷり浸かってしまえば、これまで以上に日本の自立的な外交防衛方針が、結局はアメリカの紐付きとなってしまいます。同時にそうなれば、反中国・反ロシアになってしまうリスクも一段と深まってしまう。ならば、それを断れば良いのではないかと思う人も沢山いると思います。そうするとアメリカとの同盟関係に罅《ひび》が入ると不安がる人も多い。アメリカの脅しを受けていますし、特に安倍首相も含めて日本の政府も、アメリカに絶対従属、今は絶対隷属なんて言葉さえ使う人もいますが、安倍政権は基本の枠組みから踏み出す勇気も覚悟もない。ついでに外交防衛戦略がない。これでは結局のところ、追い詰められていくしかない。安倍外交が完全に行き詰まっている、と私は捉えています。

この有志連合に参加するかしないかという問題は、実は憲法改正の問題と根底で繋がっています。どういうことかというと、自衛隊を憲法に明記して実質国防軍化してしまえば、わざわざそのときに単発的な臨時法制として措置法など制定する必要はない。憲法によって担保された自衛隊を、どこに出して構わないという話になる。

## 自衛隊加憲を突破口とする改憲の思惑

だから、こういう話があったときに、憲法に自衛隊が明記されていれば、即応可能という意図があるのです。派遣、事実上の派兵要請は今後次々に起こり得るので、私は憲法に自衛隊を明記する、極めて冒険主義的かつ軍事主義的な判断を誘引する自衛隊加憲には断固反対です。しかも、文民統制というギリギリの自衛隊統制という政策や原理・原則も、自動的に潰してしまうのです。

自衛隊の加憲、自衛隊が憲法に明記されてしまえば、憲法改正、改悪したことに問題があるのですが、殊にこの問題に焦点化した場合にもそれが言えるのです。だから繰り返しになりますが、本日お話している時点でも派遣するかしないか、で結論が出ていません。安倍流に言えば憲法に自衛隊が書いてあれば、悩まなくても済みますということになるのでしょう。

安倍首相は、憲法に自衛隊を明記するために、様々な理由づけをしようとしています。それが北朝鮮のミサイルや中国軍拡の〝脅威論〟です。最近では、これに〝韓国敵視論〟まで加えようとする勢いさえ見せています。

この度の参議院選挙で、憲法改正に必要な三分の二に届かなかったのですが、安倍首相は何があっても自分の価値観でしか世の中は動いていない、とでも思っているのか、与党の勝利をもって、憲法改正も支持されたと、都合よく捉える発言を繰り返しました。

選挙結果としては自民・公明の与党の勝利、野党の伸び悩みという結果を踏まえて都合良く解釈し、公明党が賛意を表しなくても、野党の皆さんが断固反対と言っても、自衛隊加憲論を推し進めたい、併せて改憲も実現したいというのですから。

これはよく言われるように、安倍首相が最も尊敬する自分の外祖父の岸信介の遺訓に従って、自分は六年半も首相をやって、さらに続投の可能性が出てきた状況で、尊敬する岸元首相が果たし得なかった憲法改正を実現するのだと強い意欲を繰り返し吐露しています。岸元首相が政界引退後も、自主憲法制定促進国民会議の中心となって、九〇歳で死去するまで先頭に立って、その実現に執念を燃やし続けていたように、安倍首相自身もその意思を継ぎたいと考えていることは周知の通りです。

今回の参院選では自民党は議席を一〇議席ほど減らしていますが、それでも与党全体での勝利ゆえに後退したという事実への反省の気持ちは微塵も見せないで、与党勝利を自ら掲げる憲法改正への支持が明らかになったとするコメントを堂々と口にするのです。それは敗北を認めたくない、とする心境なのか分かりませんが、選挙結果がどうであれ自主憲法制定を残りの任期の最大課題として、ある意味で自らを雁字搦《がんじがら》めにしているのです。

勿論、そのような安倍首相の頑なな姿勢を支持する自民党内あるいは世論が、一定程度存在します。非常に視野狭窄に陥っている安倍首相へのシンパシーを明らかにしている他の政治家たちや世論も、大変に気がかりです。

まるで戦前的な様相さえ呈してきた排外主義的なナショナリズムや嫌中・嫌韓感情とも相まって、この国の国民意識の右翼ぶりが安倍的な政治家を根底から支えているのです。安倍首相周辺も、そのことで勢いづいていますし、選挙結果に関係なく憲法改正は可能だと踏んでいるのでしょう。

## 目立つ争点回避の狡猾さ

文民統制の形骸化や自衛隊加憲論の話をしてきましたが、そこで通底しているのは、安倍政治の問題です。御存知の通り、安倍首相の答弁内容は極めてシンプルながら、肝心の政策に関わる部分は官僚が描いた「官僚メモ」の棒読みです。何度も官僚や政策担当者からブリーフィングを受けて答弁に臨むのでしょうが、消化不良が目立ちます。官僚からは野党やメディアから揚げ足を取られないように慎重を期する意味で、そこは確り読み上げて下さい、と念を押されているのでしょう。

それにしても自ら消化したうえで責任をもって自分の言葉で話すという習慣なり自覚が希薄な感じがします。その一方、こと憲法改正問題になりますと、ペーパーなど全くなくても滔々と喋り続ける訳です。熱も入っています。その事の意味は、安倍首相という政治家は、ワン・イッシュには強い意志を表明することに長《た》けている政治家だと思います。つまり改憲志向です。これが非常に強く、そこに政治生命と政治家として誇りを抱いているのだと思います。

野球で言えば、ここに来たら絶対ホームランを打てるというツボを持っているというタイプです。けれど政治、なかでも外交や防衛は複雑多岐にわたり、刻々と事態が変わっていきますから、一定の外交戦略を持ちながらも、変化球、つまり事態の変化にも対応する必要があります。

その意味で安倍首相は、非常に分かり易い政治家かも知れません。だけどピッチャーは、相手のツボには投げてきません。安倍首相とプーチン・ロシア大統領は、すでに三〇回近くの会談実績があります。大変親しい関係を築いているとのことで、そのことも安倍外交のひとつのウリだそうです。でも〝投手プーチン〟からすれば、〝打者安倍〟のツボが分かっていますから、そこには絶対ボールを投げてきません。何回も会談（対戦）していますので。

そんな安倍首相や日本政府に対して、プーチン大統領は昨年（二〇一八年）九月一二日、ウラジオストックで開催された東方経済フォーラムの席上、前提条件なしで平和条約締結を提案しました。習近平主席らが居並ぶ席上で唐突に言われて、返す言葉がなかったのでしょうか。プーチン大統領は、硬直しきった安倍外交の弱点を見事に突いてきたのです。回りの外務官僚たちも随分と悔しかったろうと思いますし、これは仕方ないかなと諦め顔だったかも知れません。これは私の想像ですけれども。

四島の帰属問題を確認した上での条約締結が日本政府の公式見解であることを知った上で、プーチン大統領の提案は、要するに日本政府や安倍首相が目標としてきた歯舞《はぼまい》・色丹《しこたん》二島返還を事実上棚上げする含みのある内容でした。その場で、それは従来の日露協議から逸脱する提案だと直ちに反論すべきでした。でも反論はその場でありませんでした。そうなることを知ったうえで、プーチン大統領は、ある種芝居を打ったのですが、安倍首相はただただ微笑むばかりでした。こうして日露間の領土問題の主導権を握ろうとしたのです。実に強《したた》かな外交です。

そのような事がありながらも、安倍首相の争点回避の手法は〝見事〟です。別に褒《ほ》めるつもりはありませんが。相手の主張を正面から受け止めず、自らに都合良く解釈して、強引な答えを返す。その狡猾さと不誠実さへの批判が渦巻いていることも、皆さんご存知の通りです。でもそうした安倍首相の手法を納得する、あるいは称賛する人たちが数多いるというのも事実です。日中・日韓・日朝・日露関係などの処し方を見ていると、本当に大丈夫かなと、とても不安を覚えるのは私だけではないはずです。

逆に言えば、正面から答えるのは困難なので、争点回避策や恣意的な解釈やらで、その場を乗り切ろうとする手法かも知れません。でもこれは特段に手が込んだ手法ではなく、むしろシンプル過ぎるくらいの手法です。だから支持派には受けますし、そうでない人たちには不誠実と受け止められるのでしょう。

つまり、相手が何を聞いているのかを分かってはいるけれども、答えが出せないので分かっていないふりをしてしまうということなのです。現在、日本政治の劣化、或いは政治家の劣化が言われていますが、そのことは本当に政治家としての資質を備え、誠実に国民の負託に応えてというより、自らの政治目的を達成する場としての政界、という位置付けが当たり前となっているのかもしれません。

また二世議員が多くなって、直接に汗を流して国民に向き合う必要もなく、取り巻き連に任せておけば難なく当選してしまう、そうした議員が多くを占めているからかも知れません。まさに日本政治の弊害として、世界を見渡しても特殊とも言える世襲議員の多さという深刻な問題です。

少々余談ですが、日本には本当に二世、三世の世襲議員が多いのです。欧米では国政レベルの議員で世襲議員は五％にも満たないのです。イタリアは少しだけ日本に似たところもありますが、世襲議員は中心的な政治家にはなれません。政治家としては、自らの才覚だけで、一から信用と実績を積み重ねていくのが当然です。そこに有権者からも尊敬と期待の気持ちを抱かせ、ひいては政治にも関心を寄せる有権者が多くなるのです。

## 侵略されることは本当にあるのか

さて、今年（二〇一九年）七月二一日に参議院選挙が終わり、秋口には国会が始まりますが、そこで安倍首相の主張する自衛隊加憲論を中心とする憲法論議は起きるのか、と言いますとその可能性は低いと思わざるを得ません。何よりも現在、日本は外交では日韓関係、内政では年金問題を中心とする国民生活の将来など切実な問題が山積しています。また、経済では日米貿易問題があり、同時に米中貿易摩擦による影響をどう処理していくのか、実に沢山の問題があります。

そういう中で、いくら安倍首相の個人的な思いが強いとしても、自衛隊加憲論の必要性や緊急性は希薄だと言わざるを得ません。自民党内にも与党内にも、憲法問題をいま争点化することの意味を疑問視する声が極めて強い。ただ、憲法問題を無視すると官邸から疎まれるので大っぴらに口には出せない。そういう空気が永田町一帯を支配している。そんな感じです。

それを安倍首相はなんとか憲法改正問題を優先課題にしていきたい。重要課題よりもこれを課題にすることによって、実はもっとセンシティブな問題で解決を急がなくてはいけない問題を先送りにしようとしている、とさえ見えます。つまり、難題解決の糸口が見いだせない、またその解決能力も不足している。それで自衛隊加憲論でリーダーシップを発揮し、宿願を達成したいと。そうだとすると、一体誰のための政治なのでしょうか。

自衛隊加憲論の問題を引っ張り出すことによって、緊急性を要する課題を後ろの方に回してしまう。そのために自衛隊加憲論が使われているのではないか、とさえ思います。この問題について、もし論ずるのであれば、自衛隊加憲論だけに収斂するのではなく、これからの日本の立ち位置に絡み、自衛隊をどう使うのか、使わないのか、どう自衛隊を統制するのか、など日本の安全保障体制や外交防衛戦略の方向性のなかで問うべきです。それをすっ飛ばしたうえで、自衛隊加憲論だというのは、木を見て森を見ない、極めてレベルの低い議論だと思います。

## 3　転換期迎えた日本の安全保障政策

### 迫られる脅威観念の見直し

そうした観点で少し触れさせて頂きます。最大の問題は日米安保見直し論のゆくえと、日本自衛隊の自立的展開についてです。

皆さんも、それぞれ自衛隊をどのような組織なのか、国家機関なのかについて、いろいろ思うところがあろうかと思います。自衛隊をもっと強化すべきだとか、減らせとか、現状維持で良いとか、いわばその体力のことが主要な関心対象とされることが多いのですが、問題は自衛隊の体質です。

体力や体格だけ強く、大きくするには、相応の理由や根拠、それに予算が必要です。二〇二〇年度の防衛予算要求額が五兆三二二三億円とされています。安倍政権になってから毎年増額に次ぐ増額です。つまり、ドンドン体力も体格も強化されています。その理由として国民に納得のいく説明が必要です。安倍政権は、そこで「東アジアの安全保障環境が変わったから」と漠然と説明しています。

どのように変わったのか、日本の防衛力は一体何を目的に、何に向けられているのか。具体的な説明は『防衛白書』には、何やら物騒な内容を含めて記述はしてあります。ただ、北朝鮮のミサイル発射実験や中国の軍備拡大の状況などの指摘がなされていますが、それが何故日本にとって危険で脅威なのかの説明はありません。

中国の軍事力が強大であり、危険で脅威だと言うならば、日本に駐留している在日米軍、韓国に駐留している在韓米軍合わせて約一〇万余の兵力、そしてハワイ・グアム、それにアメリカ本土に展開しているアメリカ軍は、世界でも一頭地を抜く巨大な戦力です。中国とロシアの核戦力を合わせても太刀打ちできないくらいの質量とも圧倒的な核戦力を保有し、同時に世界中に軍事基地や支援基地を設けているアメリカの軍事力は、危険でも脅威でもないのですか、という問いも同時に発する必要がありましょう。

そうするとアメリカとは日米安保を締結しているし、民主主義国家で自由な国だから、全く不安も心配もない。勿論脅威の対象ではなく、むしろ文字通り同盟国として最高の信頼を寄せている、という回答が通例です。

申し上げたいことは、危険とか脅威、逆に安全とか信頼とは、受け止め方の問題だということです。アメリカのような巨大な軍事力でも、そこに信頼と尊敬の心情があれば、危険でも脅威でもない。ということは中国や北朝鮮にも信頼とか尊敬の心情なり精神なりを築き上げていけば、脅威の感情は解消されることになります。そのためには、中国の軍拡の意図を冷静に分析し、北朝鮮のミサイル発射事件の背景を客観的に分析することです。これは極めて単純な把握かもしれませんが、突き詰めれば必ず獲得できる考えです。

恐らく、これは楽観的過ぎる見方だと言われるかも知れません。でも戦争発動や恐怖や脅威を材料にして儲けようと考える人以外なら、危険や脅威よりも信頼と尊敬のほうが、人間の本姓に沿った選択だと思います。より複雑に多様な要素を入れ過ぎて捉えがちな分だけ回答は遠のくばかりの筈です。いまこそ脅威観念の見直しが求められているのではないでしょうか。

## 中国と北朝鮮脅威論を問う

私は中国の軍拡の最大の原因は、かつて中国を襲った被侵略体験や半植民地化体験から、二度とそうした憂き目に遭遇することなく、徹底した防衛力としての軍事力を充実することが国家最大の目的となっているからです。別の表現を使えば、凡そ一四億の人民からは、二度と過去の不幸を繰り返さないで済むような、つまり日本や欧米諸国からの侵略を受けない強力な国家を築き上げて欲しいという期待があるのです。中国共産党もまた、その期待に応えていくことで、政権維持のための正統性を得ているのです。

中国は二〇一九年一〇月一日に建国七〇周年を迎えます。経済力で世界第二位、軍事力は相対的なもので簡単に順位は付けられませんが、国防費だけで言えば、約二〇兆円ですから、アメリカの約八〇兆円近い額についで世界第二位となります。順位に特段の意味がある訳ではありませんが、いまの中国は経済力も軍事力もアメリカに次ぐ位置につけているということになります。

恐らく今年の中国共産党が誕生したことを祝う建国記念日にあたる国慶節には、その地位を誇示するため、天安門広場では華々しい軍事パレードが執り行われ、世界から大きな注目と集め、同時に驚異的な軍拡ぶりを見せつけるはずです。そのシーンが繰り返し世界に向けて発信される訳です。

間違いなくアメリカは警戒心を深め、日本は脅威感を募《つの》らせることになるでしょう。それでもそこで登場する各種兵器が直ちにアメリカや日本に向けて使われる訳では全くないのです。軍備をこれでもかと見せつけることで、この中国への攻撃は断固許さないという決意を内外に向けてアピールすることが目的な訳です。

北朝鮮の相次ぐミサイル発射実験も同様に侵略阻止のための兵器開発の一環なわけですから、何一つ怖がる、あるいは怖がって見せる必要はないのです。ただ事前通告なしに日本の排他的経済水域（ＥＥＺ）に落下するのは問題視されていますが、ＥＥＺは日本以外の外国船なども航行は自由な海域です。

かつて日本が太平洋に向けてロケットの発射実験を無通告で繰り返した折には公海上に落下していたはずですが被害は全く起きませんでした。物騒であることは例えばそれが公海上であれ、ＥＥＺ上であれ変わりはありませんが、被害の可能性は殆ど無いものと捉えるのではないでしょうか。

中国の海洋進出について、私は次のような認識を持っています。すなわち、かつて歴代の中国王朝が北方民族の侵攻を地上で防ぐために営々と万里の長城を築き続けたのは、侵攻防止こそが王朝の正統性を確保する決め手であったと。それと同様に海洋に進出し、軍事基地まで設営しているのは、かつて地上に建設した万里の長城と異なり、海上に〝海の万里の長城〟を築いているとする見方もできるのではないでしょうか。中国がここを拠点にして日本に向けて侵攻する意図も能力も無いことは明らかです。

それと中国としては将来、かつての米ソ二極化から米中二極化の世界秩序の出現を見据えて、アメリカが世界中に軍事基地網を設定しているように、精々《せいぜい》のところ、海洋に一定の基地を設定し、基地を通してのネットワークを形成したい、と考えているのでしょう。

もっと肝心な事を言えば、中国は現在「A2AD」（Anti-Access/Area Denial）と呼ばれる軍事戦略を採用しています。これは「接近阻止/領域拒否」戦略と呼ばれるもので、中国が最も脅威を感じているアメリカに対し、海軍と空軍を主力とし、可能な限り中国本土から離れた場所で防止線を張り、中国の近海でアメリカ軍が自由に活動することを阻害しようとするものです。

それで岩礁にコンクリートを注入して、動かない〝空母〟としているのです。まさに比喩的に言えば、〝海に塹壕を掘って〟アメリカの侵攻を阻止しようとしているのです。現代戦の論理でいけば、防衛線が攻撃線に、防衛基地が攻撃基地にも転用可能ですから、それは防衛のためでなく、攻撃のためだと切り返すのは簡単です。

しかし、実際のところ中国の防衛ラインに〝海の万里の長城を築く〟や、〝海に塹壕を掘る〟などの喩えを多用しましたが、要するに中国のいわゆる海洋進出が問題にされるけれども、それは防止線の一環として位置づけられているものです。決して日本に向けての〝前進出撃基地〟などという物騒なものではありません。その読み解きをすれば、中国脅威論の虚妄性が明らかとなる筈です。

## 虚妄の脅威論を超えて

北朝鮮のミサイル発射実験や核開発などが、日本人の多くの人々に不安と批判を呼び起こしています。先ほども少し触れましたが、日本がかつて無通告でおこなった大量のロケット発射実験、これはミサイル化も可能なロケットでした。

恐らくそれを見ていた北朝鮮の人々も、また韓国の人々も、場合によっては危険や脅威の感情で見つめていたのではないでしょうか。いや、それは平和目的で兵器にするつもりはありません、と言っても民需が軍需に、平和目的が軍事目的に転用することは極めて簡単かつ短期間になせる業なのです。ましてや高度の工業技術を保有する日本であれば簡単です。

問題は能力があっても、その意図や政策が無い限り、その転用という事態は有り得ないのです。能力があっても意図や政策がなければ、潜在的な脅威が実際の脅威に転化することはない、という事を認識すべきと思います。言い換えれば、侵略の意図や計画が不在であることを確認できれば、それは脅威ではありません。大事なことは、私たちがこの虚妄の脅威論から、どうしたら解放されるのか、ということです。

たとえば、何発かの飛翔体と称するミサイルが発射されたとしても、それはかつての日本が繰り返し太平洋上めがけて打ち込んだロケット実験の類と同様であると認識すべきです。日本のロケット実験は平和目的で、北朝鮮のミサイルは軍事目的だと区分することは可能です。でも日本のロケット実験の結果、今日日本が保有する最大のロケットであるHⅡBは高さが五六・六メートル、質量が五三一トンもある巨大さです。

いまでこそ平和利用ということで頭部には気象衛星などを搭載していますが、技術的にはこれを大陸間弾道弾（ICBM）に転用できることは言うまでもありません。加えて日本には国際原子力機関（IAEA）からその保有量の多さを指摘され続けているプルトニウムを現在、四六トンも保有しています。日本は国内だけでなく、イギリスやフランスにもプルトニウムを貯蔵しています。それを直ちに核兵器化することは簡単ではありませんが。

しかし、その保有量は中国が軍事用に貯蔵しているとされるプルトニウムが四～五トンとされていますから、その一〇倍以上になります。中国は大分以前から日本の原子力技術の高さからして、日本には短期間で核兵器を巨大ロケットに搭載して核弾道ミサイルなど確保できると疑っています。

日本にはICBMに不可欠な命中精度（CEP）を担保する精密誘導システムも保有していますから、例えば中国大陸を射程に収める核ミサイルの保有能力について、ロケット・プルトニウム・誘導システムの三点セットはすでに手にしていると警戒しているのです。ましてや中国や北朝鮮は、日本からミサイルが飛翔する距離が極めて短いがゆえに、余計に脅威度は増している筈です。いくら中国や北朝鮮が巨大な核弾道ミサイルを誇示したとしても、その裏ではアメリカは言うに及ばず、非核保有国である日本の核兵器潜在能力を座視することは出来ない、というのが実態です。

多くの日本人は必ず、日本は平和国家で核武装することも、相手国を攻撃する意図もない、との前提でいます。同じことが言えます。中国や北朝鮮の人びとは、核武装はしていても日本を攻撃する意図はないと思っています。しかし、中国や北朝鮮が繰り返し、攻撃したり、侵略したりする必要性も意図もない、といっても日本人の多くは信じないかも知れません。なぜ、それを信じられないのでしょう。そこには可視化された兵器のオンパレードがあって、実際に日本の排他的海域（EEZ）に落下する情報を目の当たりにするからでしょうか。

もう一度繰り返しますが、太平洋側といえども、ロケットの発射実験を繰り返し、現在でも高さが六〇メートル近いロケットを打ち上げている日本を見て、ある種の脅威感情を掻き立てられ続けている中国や北朝鮮、それに韓国など含め、アジア近隣諸国に対し、振り撒いている日本の実情については、日本人はあまり関心を示していません。日本人は、それが平和目的であって軍事目的ではない、と割り切っているからです。

## 軍事目的と平和目的とは表裏一体

しかし、平和目的も軍事目的も実は明確な線引きは困難です。平和目的とされる原子力発電が核兵器開発と表裏一体の関係にあることは、ここでは縷々《るる》話す必要はないでしょう。

一九六三年一〇月から始められた東海村の日本最初の原発が、実は将来における核兵器開発に不可欠なものとして位置付けられていたことは良く知られた話です。沢山の兵器を保有する国は、相手が脅威感情を抱いていることに鈍感です。

勿論、抑止力として、相手を必要以上に驚かせて侵略する意図や動機を希薄化させていくのは、〝平時の戦争〟ということで、どの国も重視しています。それが際立つのは、中国やかつてのソ連、現在のロシア、それに北朝鮮です。どうして、あのような派手な軍事パレードを、これでもかと映像にして、日本を含めて世界中に配信すると思われますか。あれは私の言う〝平時の戦争〟を戦っているのです。

つまり、本物の戦争、戦時になったら勝利の見込みは危ういこと、また、本物の戦争は回避したいことを、あのような軍事パレードで示しているのです。国家としての威容を軍事力によって示すのは、深層を辿っていけば、それだけ国家として軍事力を用いる自信がないからです。アメリカは中国やかつてのソ連、現在のロシアや北朝鮮のような軍事パレードを、世界中のメディアを集めてどこかで実施していますか。していません。

というか、そもそもアメリカに軍事パレードの慣行がありません。最もトランプ大統領は、フランスの軍事パレードを見て羨ましくなったのか、アメリカでも二〇一九年一一月一〇日の退役軍人記念日に合わせて実施すると言い出しました。ところがペンタゴン（米国防総省）から経費の無駄遣いだ、というので延期させられてしまいました。一〇〇億円近くの経費を無駄遣いせずとも、世界中にアメリカ軍が展開しており、わざわざ「見せる」必要もない、というのがペンタゴンの考えでしょう。

アメリカは〝平時の戦争〟なんかしなくても、持てる圧倒的な軍事力があるのは世界中の人達が知っていますから、わざわざ派手なデモストレーションをする必要がないのです。時間と経費の無駄と考えているのでしょう。同時に、アメリカは頻繁に本物の戦争をアジア太平洋戦争後の世界の各地で行っているからです。

軍事パレードの話は兎も角、日本はそのアメリカを脅威とみなさず、本物の戦争をしない、あるいはできない中国や北朝鮮を脅威の対象としてみなしているのです。この壮大な矛盾に、なぜ日本人は気付こうとしないでしょうか。私は不思議でなりません。

序《ついで》に言えば、これらの国でアメリカはイラク戦争をはじめ頻繁に戦争発動をします。ロシアも二〇一四年に武力でクリミア併合を強行します。中国は一九七九年の中越紛争、イギリスは、一九八二年にアルゼンチンとフォークランド紛争を引き起こしています。日本もイラク戦争の折、二〇〇三年末から翌年にかけてイラクに自衛隊を派遣しています。その意味で一九五三年に終息した朝鮮戦争以来、戦争を起こしていない国は、アジア諸国で北朝鮮ぐらいです。韓国はベトナム戦争に延べで約三三万人を派兵しています。

一九五三年以降、北朝鮮はいくら朝鮮分断の解消を狙ったとはいえ武力行使に踏み切ったのですが、そのような攻勢的軍事作戦は、それ以来一貫して採用していないことの意味もまた記憶しておいて良いことでしょう。二〇〇三年末以降、日本は間接的ながら事実上の参戦国となっている一方で、一九五三年以降一度も戦争に加担していない北朝鮮を脅威と見なしているのです。

良く引き合いに出されるのですが、北朝鮮の経済力は日本で言えば茨城県のそれとほぼ同程度です。正確に言いますと北朝鮮の国民総生産（ＧＤＰ）は約三兆九〇〇〇億円、東京都が九四兆円ですから、北朝鮮の約二四倍近くの経済規模です。日本全体のＧＤＰは約五三五兆円あります。

世界第一位のアメリカが二一三二兆円、第二位の中国がアメリカの約半分の一三二一兆円余です。日本は第三位で、東京都単独でも世界第一六位という規模です。韓国も一六〇兆円規模です。こうした数字を羅列しただけでも、如何に北朝鮮の経済が小さいか分かるというものです。それだけの経済力格差は、当然ながら軍事力格差に連動してきますから、北朝鮮がいくら軍拡路線に走ろうとしても、それは実戦力というより、ひとつのシンボル的な意味でしかありません。

安倍政権も自衛隊も、その意味で虚構としての北朝鮮脅威論や中国脅威論を理由にして莫大な金額を投じて、次々に高価な武器をアメリカから爆買いしているのです。逆に言えば、爆買いするために、北朝鮮や中国の脅威論が、どうしても必要なのです。そんな陽炎《かげろう》みたいな虚妄の脅威論のために、私たちの税金が湯水の如く使われ、年金問題に象徴される国家の責任が不透明化されるのは、本当に堪《たま》ったものではなりません。

その意味からも自衛隊は、本当に必要なのか、という根源的な問いを繰り返し俎上に挙げたくなるのです。

## 4　自衛隊の現状はどうなっているのか

### 自衛隊創設の背景と体質を探る

それでここでは自衛隊の現状について、少し触れておきます。日本の安全保障問題を考えるうえで重要な組織です。

その自衛隊が直ちに無用の長物と言うつもりはありませんが、これからの日本のあるべき方向性と日本が事実上の軍隊を保有することが、本当に国民の生活、安全保障に貢献するのかについては、繰り返し真剣に考え抜かなければと思います。

そこでどうしても問題としたいのは、先ほども述べましたが、自衛隊の体力や体格だけでなく体質です。

自衛隊はアメリカの要請により創設された警察予備隊であり、保安隊を挟んで一九五四年に自衛隊と名称を変えていきます。つまり、自衛隊の前身である警察予備隊は、アメリカの補完部隊として創設されました。

また、朝鮮戦争が起きて朝鮮半島に移動したアメリカ第八軍が不在となり、そのことに不安を覚えた昭和天皇が再軍備を要請したという記録もあります。それは勿論間接的であったと思いますし、現時点で史料の確認はできていませんが、直接的に昭和天皇が一四回に及ぶ会談をした連合国軍最高司令部（ＧＨＱ）のトップであったダグラス・マッカーサーに進言したのかも知れません。沖縄を五〇年間リースすると申し入れた昭和天皇のことですから、その可能性は充分にあり得る話です。

その信憑性はともかく、自衛隊の前身はアメリカの、言うならば雇い兵として創設されました。言いかえれば、国民を基盤にして創設された訳でも、国民の合意を得て創設された組織でもありませんでした。その意味で日本国民のための武装組織ではなく出発したこと、つまり自衛隊の出自については、やはり注目しておくべきです。改憲派の皆さんは、常に改憲理由としてアメリカに押し付けられた憲法だからと言われます。私はそうは思いませんが、むしろ自衛隊もアメリカに押し付けられた組織であったのです。

甚大な被害を内外に与え続けた旧陸海軍という武装組織は、二度と御免だと日本の国民の大多数が思っている矢先、アメリカの都合で武装組織を押し付けてきたのです。でも改憲派の人々は、押しつけられた論を繰り返しますが、自衛隊もさらには日米安保も、押し付けられたとは言いません。一歩引いてみるならば、自衛隊も日米安保も憲法も、みな日本国民の安全を守るためにこそある、とすれば憲法だけを批判の俎上に挙げるのは片手落ちに思います。

それぞれの役割は異なりますが、憲法は自衛隊設置法や安保条約の上に位置するものですから、その憲法が示す平和の在り方に反するもの、矛盾するものは徹底して議論し、それが憲法の目標や理念に合致しているか鋭く問い続けることが必要に思います。

かつて私は『侵略戦争―歴史事実と歴史認識―』（筑摩書房・新書、一九九六年）と題する本の「第六章　アメリカの日本占領と安保・自衛隊」の章で、一九七〇年代から八〇年代にかけての自衛隊側の関連誌を調べて、そこに驚くべき文言をいくつか紹介しています。

例えば、海上自衛隊幹部学校長であった築土龍男《つくどたつお》海将は、第一義的に防衛努力を集中する対象が防衛戦略の主要問題としながら、防衛対象は「国土」であると明確に論じています（『海幹評論』一九七一年九月号）。つまり、防衛の対象は国土であって国民ではない、としているのです。また、統合幕僚会議議長であった栗栖弘臣《くりすひろおみ》陸将が自衛隊の精神的基盤として天皇の位置が再確定され、天皇を「自衛隊員統合の象徴」（『軍事研究』一九八九年三月号）と発言しています。栗栖陸将は「自衛隊が超法規的行動を採ることもある」と述べて解任されたことで有名な〝将軍〟です。

また、元陸上自衛隊東部方面総監であった増岡鼎《ますおかかなえ》は、「政権が社会党をはじめとする左翼政権に移行した時、これをそのまま国民の意思として素直に受け入れるわけにはいかない。今の自民党を中心とする政権、つまり議会制民主主義による政権下にあることを前提として作られたのが自衛隊なので、もしそういう事態になったとしたら、その下に働くことを潔《いさぎよ》しとせず去って行く者が多数に上ることであろう」（『軍事研究』一九八九年一一月号）としています。

これは殆ど恫喝に近い物言いですね。自衛隊を支持しないと痛い目に遭わせるぞ、と言っているに等しいのですから。いつから自衛隊は自民党政権の〝党兵〟になったのでしょうか。自衛隊の中立性は、警察の中立性と同様に、武装集団にとって極めた重要な原理原則のはずです。

それは、旧軍出身者たちの自衛隊幹部たちが受けてきた教育の負の成果と言えるかもしれませんが、現在の陸上自衛隊の情報収集機関である情報保全隊の主要なターゲットとして「P」が挙げられていることは、この考えが継続されているとも受け取れます。「P」とは、日本共産党を指しています。情報保全隊の問題については、私の『憲兵政治―監視と恫喝の時代―』（新日本出版社、二〇〇八年）で書いています。

何に使うかにもよりますが、自衛隊は武装集団ですから、場合によっては軟《やわ》な言論やら法律や、さらには憲法やらを吹き飛ばすだけの物理的力を保持しているのです。栗栖元陸将の「超法規的発言」などは、場合によっては憲法を踏み越えてでも目的達成のためには行動する、と言っているのです。事と次第によってはクーデターの方法もありますよ、と言って国民を脅かしているのです。もう、ここでは冒頭で述べてきた文民統制などという制度や思想は、全く視野に入っていないのです。

以上の海将や陸将たちの発言を、ただ妄言だと簡単に一蹴することはできません。以上で紹介した発言録は、いまから三〇年から四〇年前のことですし、まだまだ旧帝国陸海軍の影響力が強く残っている時代であって、現在は大分意識変革も進んだと思いたい。でも二〇一八年四月一六日に起きた統合幕僚監部に勤務する空自の三等空佐が行った国会議員への暴言などを見ていると、そんなに変わっていないのではないか、との疑いは強く残ります。

三等空佐と言えば、戦前の少佐の階級で中堅幹部です。しかも統合幕僚監部という自衛隊の中枢に居た将校だとすると、半世紀を経ても、取り分けいわゆるタカ派の制服組自衛官のなかには、築土・増岡・栗栖の先輩と殆ど変わらない意識や感情を抱いた幹部も決して少なくないと想像できます。

## 「従属する誇り」とは何か

このことに関連して長らく防衛大学校の校長を務められた五百旗頭《いおきべ》真《まこと》氏が、防大の入学式に良く引用される言葉として「従属する誇り」という言葉を使われるそうです。

実は、日本の通信販売カタログ誌の『通販生活』が、二〇一八年夏号の特集として、「シビリアン・コントロールを自衛隊は本心から受け入れるだろうか」と題する小特集を組み、そこに元陸上自衛隊員の井筒高雄氏、東京新聞論説委員の半田滋氏、そして五百旗頭氏がインタビュー取材を受けています。実は私も取材を受けて合計四人のインタビュー記事が掲載されました。五百旗頭氏はそのなかで防大の学生たちに、「従属する誇り」という言う意識を育んでいると発言されています。

すなわち、通常服従というと屈辱的なものですが、国民と政府への「服従」が自発性に基づく積極的なものであるなら、それはむしろ「誇り」となるのではないか、という意味だと説明されています。そこから文民統制を自らの信条として内在化することが重要だと教えていた、とのことです。

文民統制とは、確かに制度や思想ですが、それは上から強制できるようなものではなく、現場の自衛官の皆さんが積極的かつ能動的に、その制度や思想が、なぜ生まれたかを自覚し、納得したうえで血肉化しない限り、絵に描いた餅に過ぎないということです。非常に含蓄のある表現に思います。制服組幹部や自衛官の約二四万人の大組織である自衛隊に所属する一人一人が、「従属する誇り」を体質として不動のものにし、後は民主主義を成熟させていけば、民生と軍事との共生・共存は可能となるはずです。問題はそこなのです。

果たして、そうした状況に現在なり得ているのか。そこが大変に疑問です。国会議員への暴言発言のような事件があると、益々疑わしくなってしまうのです。

これから自衛隊の士官になっていく人たちに向かって、「諸君、これからは公務たるものに忠実であれ、同時に文民に従属されることを誇りと肝に命ずるべし」という言い方をいま紹介しました。「従属する誇り」、これは文民統制の原理原則です。統制というと相手の言うことを聞かなければいけないという感じがしますが、文民統制というのはもっと正確に言うと文民優越になります。

軍民と文民を比べた場合に、文民は優越しているのだと。英語でシビリアン・シュプレマシー（civilian supremacy）と言いますけれども、文民は優越しているということを文句なしに受け入れない限り、軍事が政治を、あるいは民生というものを潰してしまいかねないということです。

だから「従属する誇り」なのです。しかし、今の自衛隊には、全部とは言いませんけれども、「従属する誇り」というものが非常に希薄化しています。繰り返しますが、当時民主党の国会議員に向かって暴言を吐いた三佐は、当時統幕幹部の中枢の位置だったのが、いま福岡の太宰府の部隊に配置換えになってしまいました。自衛隊中枢部のエリートだったのが、地方の太宰府の連隊付きになってしまった。文字通りの〝左遷〟です。

三佐御自身は国家のために精励《せいれい》しているのに、これに反する言動をなす者が国会議員であれ誰であれ、許すことができなかったと。恐らくその思いが、一気に噴き出してしまったのでしょう。それが三佐個人の性格に由来するものなのか、それとも少なからず自衛隊幹部に共通する思いなのか、この辺は確り見ていく必要があります。ただはっきりしていることは、この三佐には「従属する誇り」の意識が微塵もなかった、ということです。

この暴言事件について、私は何社からもコメントを求められました。そのときに、防衛省に記者を集めて記者会見が行われ折に、防衛省の広報官に「文民統制をどう考えているのか」という記者の質問に対し、広報課長だったと思いますが、「私どもはこれまで一度も文民統制という原則に反したことはございません」的なことを発言したと聞いています。その通りの言葉だったか分かりませんが、要するに自衛隊はこれまで文民統制をキチンと守ってきたと主張されたそうです。そして、「今後とも文民統制の原則を遵守して参ります」と、型通りの発言を行ったとのことです。

自衛隊がこれまで文民統制をキチンと守ってきた、というのはこれまで私が事例として御話しただけでも、それは事実と違うと直ぐにでも反論ができます。全体の雰囲気として防衛省広報課にしても、また問い質《ただ》すべき記者側にしても、文民統制の制度や思想を非常に硬直的に捉えている感じが否めませんでした。

文民統制の逸脱や歪曲、無理解が実は民主主義からの逸脱や歪曲、無理解と同質の問題である、という観点が希薄なのです。文民統制を従来の通り遵守します、では終わらない、終わってはならない深刻な問題がその根底にあること、自衛隊の体質が実は民主主義と馴染まないものに段々となってきていることに自覚的でないのです。

自衛隊関係者の方々が、どれほど本気に文民統制の事を受け止めているの、少々がっかりする発言録を紹介します。

高知県出身で元自衛隊レンジャー部隊教官（陸自の二等陸尉）であった中谷元《なかたにげん》衆議院議員は防衛省設置法第一二条が改正されたおり、同法には文官統制の骨子が明記されていたのですが、中谷防衛大臣（当時）は記者から、同法第一二条は軍部が暴走した戦前の教訓を活かすために条文化されたのではないか、との記者からの問いに「そういうふうに思わない」と否定的な回答を行ったうえで、さらには「同法ができたのは一九五四年。私はその後、生まれたわけで、当時どういう趣旨があったかは分からない」とも述べたとされています。二〇一五年二月二七日の記者会見の席上のことです。

確かに一九五七年生まれの中谷議員ですから、一九五〇年八月一〇日の警察予備隊発足時は、生まれておりません。ですが、防大に進まれ、国会議員をされている方が「生まれていないので知りません」的な回答はあり得ません。

中谷議員は、分かっていても一々答えたくなかったのか、文民統制という制度や思想に共鳴や納得していなかったのか、そこは分かりません。想像するに、文民統制には特別の肯定感がなかったかも知れません。防衛省の背広組からすれば、型通りで良いから、そこはキチンと説明して欲しかったと思われたかも知れません。結局正面からの回答を回避した格好となったのですから。何か特別の思いがあって、それが上手く吐露できなかっただけかも知れません。ただ、その珍回答ぶりに記者たちから失笑を買ったのは間違いありません。

自衛官二四万人を率いる責任者としては、たとえ如何なる理由があろうとも、その漫画的な回答は頂けません。そのように多くの報道がなされたものですから、自衛隊は文民統制を本気で考えているのか、という当然ながら厳しい問いが発せられましたし、私も問題視せざるを得ませんでした。

## 米軍化する自衛隊のこれから

自衛隊の内側について触れてきましたので、今度は少し外側から自衛隊を見るとどうなのでしょうか。

自衛隊は確かに日本の国家機関の一つには違いありませんが、その役割を詰めていくと、基本的には〝第二のアメリカ軍〟としての役割自体を負っているという自負と自覚があるのです。これは少々辛辣な表現ですが、自衛隊はアメリカの四軍、つまり陸軍・海軍・空軍・海兵隊に次いで〝五番目〟の軍隊ではないかと。すなわち、〝第五軍〟ではないかと思われます。

アメリカ側も自衛隊を〝第五軍〟的に扱っているのではないか。そうなると差し詰め韓国国防軍は〝第六軍〟とみられているかも知れません。

アメリカの高級軍人は、自衛隊を極めて使い易い軍隊だと評価しています。装備もアメリカからの爆買

陸自東千歳駐屯地創立 59 周年記念行事で（2013 年 6 月）

いで第一級だし、日本自衛隊の最高指揮官の安倍晋三そのひとは、トランプ米大統領のペースにすっかり嵌《は》められているし、ということです。

自衛隊の高級幹部にはアナポリスのアメリカ海軍兵学校やウエストポイントのアメリカ陸軍士官学校などへの留学組も多いわけです。勿論、韓国軍も自衛隊と同様の体質を持っています。ただ異なる点もあります。装備は自衛隊、戦闘精神は韓国国防軍のような差別化はありります。アメリカ軍は主力としての自軍の第四軍と日本自衛隊と韓国国防軍を保有しているという実態があります。米日韓の三国にオーストラリアを含めて米日韓豪の合同軍が少なくとも机上演習では盛んに演習を重ねているのです。

事実を言えば、自衛隊はすでに日本の部隊という以上に、アメリカを中心とするこれら米日韓豪合同軍としての役割期待のなかに位置づけられている、と言ってもよいでしょう。ただ、先ほども触れましたけど、日韓の軋轢のなかで韓国が「軍事情報に関する包括的保全協定」(General Security of Military Information Agreement, GSOMIA)の破棄を宣告していることは、実は日本以上にアメリカにとっては頭の痛いところでしょう。軍事的にアメリカが困るのではなく、ひとつのシンボルが消滅することなのです。

情報提供の点ではアメリカは困るわけではありません。情報収集力はアメリカが圧倒的ですし、日本もアメリカから情報が提供されますから、日韓関係がおかしくなっても軍事的に齟齬《そご》を来すということは殆ど考えられません。アメリカとしては、それが合同軍内の団結にマイナスになるので盛んに韓国に対して「失望」のメッセージを発しているのです。従って韓国政府には破棄の撤回を迫ることになるはずです。結局、韓国政府はアメリカの要求を呑まざるを得ないでしょう。

これはかつても、日本の首相が靖国神社に参拝を強行して日韓関係に軋轢を生んだ折に、日本政府に対し、アメリカは盛んに「失望」のメッセージを発したと同質なのです。つまり、アメリカとしては配下の各国が内紛を起こしてもらっては困るのです。アメリカの覇権主義に罅が入りかねませんから。

多くの日本人は、アメリカとの同盟関係が強化されれば強化されるほど、中国の軍拡や北朝鮮の脅威に対して、最も有効な選択だと納得しているようです。でも本当でしょうか。アメリカは日本の安全を守るために、日米安保なり米日韓豪を中心とする合同軍を編成しているのか。それはアメリカの、もっと言えばアメリカ資本主義のアジア地域での展開に絡め、対中国包囲網の形成を合同軍によって担おうとしていると考えた方が合点できる事実が沢山あります。

御存知のように、アメリカ、日本、韓国、オーストラリア各国は、いずれも対中貿易額が極めて大きな国ばかりです。経済的に深い関係にありながら、軍事的には中国を脅威対象国として恫喝をかける、という摩訶不思議な世界がそこにあります。

国際政治とは、所詮そのようなものだと割り切るのは結構ですが、日本にとって、日本の防衛、日本の安全保障のためだとして日米同盟強化一点張りで、本当に良いのかをじっくり考え直す時期に来ていると思います。

経済的には現在、米中貿易摩擦が頂点に達していますし、日韓関係も歴史問題から端を発していることは間違いありませんが、日本が歴史問題を回避するために事実上の経済制裁を韓国に課しているのです。大切な経済や政治の関係がおかしくなれば、頭を出してくるのが軍事ということになります。政治的恫喝から経済的恫喝、さらには軍事的恫喝へとエスカレートしていく軋轢の連鎖を断ち切れないでいます。

そのことを自衛隊の動きと関連して言えば、これらの問題のなかに自衛隊という組織が絡んでくることになります。既に絡んでいると言っても良いのですが、防衛省という官僚機構の背広組のなかにも、対韓国強硬論者が台頭しています。制服組のタカ派、背広組の強硬派が、別に官邸の意向を忖度せずとも強面《こわもて》になっていることも大変に気になるところです。経済官僚も防衛官僚も、外交官僚も全て、とりわけ韓国には厳しい姿勢で一致していることは、アメリカの思惑とも外《はず》れることになります。

非常に妙な状況ですが、アメリカの思惑や意向とは別のベクトルで日本自衛隊は〝米軍化〟しているし、そうすることによって自衛隊機構の肥大化、自衛隊の権能強化を図っているのが現状です。このまま勢いづいたら、気づいたら誰も自衛隊を止められなくなっている、などということになりかねない。どうも私は心配性かも知れませんが、この四〇年間の自衛隊組織の変容ぶりから、そう思わざる得ないことが沢山あり過ぎます。

## 自主国防派の台頭と進む自衛隊再編の果てに

先ほど自衛隊の米軍化という論点で話をしたのですが、だからと言って自衛隊幹部の方たちが全て判で押したように、その精神まで〝米軍化〟しているとは思えません。〝米軍化〟とは、アメリカで軍事教育を受け、アメリカへのシンパシーを抱いている自衛隊幹部、そしてアメリカ製の兵器を最高の装備品だと信じて疑わない幹部のことです。

だからと言って、魂までアメリカに売ってしまっているのではないということです。自衛隊幹部のなかには、アメリカとの同盟を一層盤石のものとし、共同訓練も逞《たくま》しくし、一つの軍隊としての精強さを身に着けたいと日々訓練に励み、指揮・指導している幹部も多いはずです。そして、彼等彼女らの自衛隊幹部には、自衛隊はやはり日本の自衛隊であり、一国の独立国の事実上の軍隊だから、自立性をも確保したいと志向する幹部もまた少なくないと思います。

つまり、表向きではなく、実質的に対等な関係に変えていきたいと考えているのです。だから、アメリカの都合や意向だけで動くことは問題であり、自衛隊としての、独立した国家の軍隊としての誇りと役割を果たしたいと純粋な気持ちで職務に励んでいる自衛隊幹部も沢山いると思います。

自衛隊は決してアメリカの雇兵ではないのだから、場合によってはアメリカの意向や命令を断るだけの度量と自覚が必要だと、これまた真剣に考えて居るのです。最高指揮官はトランプ大統領ではなく、安倍晋三首相なのだと。当たり前のことですが、このような考えを抱いていても、そこはなかなか口にはできません。そうなると自衛隊が従来の専守防衛戦略に先ずは回帰すべきです。

少々古い表現ですが自衛隊のなかには、自主国防派と呼んでも良いような思考の持ち主が少なからずいます。要は独立国家であるから、なぜアメリカが右向け右と言ったら右に向かなければいけないのか。右向け右と言って、どうして上を向いたらいけないのか、あるいは下を向いてはいけないのか、ということです。それは一理あるわけです。独立国家ですから、アメリカの外交軍事戦略の中で、日本の外交防衛戦略が展開されるということはおかしいというのは、別に自衛隊シンパではなくても思うわけです。そういう格好でいうと、ある意味で当然な思いで自衛官をやっている自衛隊幹部も少なくありません。自主国防派とは、やや右翼的な表現ですけど。

自主国防派の台頭の問題に少し絡んできますが、自衛隊は現在、組織改編の途次《とじ》にあります。簡単に言えば警察予備隊として始まった日本再軍備の条件として、自衛隊は旧軍との関係を徹底して断つことが課せられました。そのため保安隊を挟んで自衛隊へと名称変更する過程で、特に陸上自衛隊の組織を帝国陸軍と異なり、陸自に一三個ある師団を五方面隊に分割したのです。

二・二六事件（一九三六年）のように陸軍部隊の一部がクーデターを起こして首相や大臣を殺害しようとしたように、政治介入や政権奪取などの行動を起こした場合、他の方面隊から鎮圧部隊を出動できるからというのが一つの理由ということになっています。分割しておけば、陸上自衛隊が一丸となって政府に反抗することは不可能だろうという読みです。ところが、この方面隊編制に改編が進められています。

最初はこの五面隊分割編制をやめて、統合運用の名で一括した編制をと考えたのですが、陸自内部で反対論が多くて、結局当面は方面隊は残すけれども、その上に陸上総隊という形で方面隊より上位の作戦指揮官を置くことになったのです。これは極めて中途半端な改編ですが、いわば折衷案です。いずれは時を見て五方面隊は廃止されると思います。

この改編の目的は明瞭です。陸自部隊の統合運用を可能にするための改編です。総隊司令に相当の権限が集中することになります。これは戦前で言えば陸軍参謀総長に近い権能を保持することになります。帝国陸軍では天皇に直結した参謀総長が陸軍部隊を直接指揮・命令するわけです。海軍の場合は、軍令部総長です。勿論、大元帥天皇の裁可を得てですが。その意味で言えば、総隊司令の登場は、戦後版参謀総長の登場を意味しています。

因みに空自には航空総隊、海自には自衛隊艦隊、戦前の連合艦隊に相当しますが、設置されています。陸自だけが統合運用が実質化していなかった、というわけです。こうして完全ではありませんが、取り敢えず陸海空三自衛隊に総隊が出来て、一人の作戦指揮官の下に部隊の運用が自在に実行されることになったのです。これは明らかに自衛隊部隊を動かし易くしたのです。まさに自衛隊の軍隊化の象徴的な改編でしたが、これへの世論の反応もメディアの報道も本当に驚くほど僅《わず》かでした。

それから、自衛隊制服組と防衛省背広組との力関係の変化が起こりました。日本の自衛隊の最高指揮官は現在のところ安倍晋三首相です。安倍最高指揮官の命を受けて自衛隊を運用する最高責任者が文民政治家である防衛大臣です。その下に、当時は統幕会議と言っていましたが、今は統合幕僚監部になりました。いわゆる統合幕僚長が下に縦のようになっています。つまり、縦のラインで、総理大臣、防衛大臣、それからこの中に、その間に内局といって背広組の人たちがいたわけです。

ところが、先ほども中谷発言を紹介した折で触れましたが、二〇一五年六月一〇日に「防衛省設置法」の第一二条が改正されて、その結果、従来ですと防衛大臣の下に防衛省背広組（事務次官・局長・官房長）が位置し、さらにその下に自衛隊制服組（統合幕僚長・陸上幕僚長・海上幕僚長・航空幕僚長）が縦のラインを形成していましたが、改正により防衛大臣の横に防衛背広組と自衛隊政府組が横に並ぶ形となりました。つまり、防衛大臣以下の縦のラインが横のラインに変わってしまったのです。

## 5 許されない政治介入

### 自衛隊制服組の政治介入を許して良いのか

一部であったにせよ、縦のラインが横のラインに変わってしまったということは、例え総理大臣と防衛大臣とが文民ではあっても、事実上は文民統制の意味が極めて弱められたとみるべきです。文民優越の原理原則が崩れ始めたということです。

恐らく、安倍政権は総理大臣と防衛大臣が文民である限り、文民統制は機能していると言い張ることでしょう。しかし形式的にはそうだとしても、縦のラインの徹底化が文民統制、あるいは文官統制と言われる統制システムを健全に動かせる決め手であったことを考えると、これは大変な事態に思います。文民優越の原理原則が防衛大臣以下のレベルで完全に反故にされたのですから。

背広組と制服組とが防衛大臣の下で台頭の位置を得たということは、明らかに制服組の権能が引き上げられたことを意味しています。確かに防衛大臣も、またその防衛大臣の任命権者は総理大臣という文民ですから、その限りでは制服組と背広組とが対等な位置に置かれたとしても、文民統制の大枠が完全に崩れた訳ではありません。

しかし、防衛大臣に意見具申をする場合、軍事専門家である制服組の意見を優先して聞いてしまうケースが、今後増えてくることは必至です。背広組は制服組の提案や主張に予算面や外交面の観点から意見を述べてはいきましょうが、防衛自体に直接関係する場合には、軍事専門家の発言を無視する事は出来ない、という空気や慣行が生まれ、出来上がっていく可能性は大きいと思います。

これは少し分かりづらいかも知れませんから、戦前の事例との対比で説明させて頂きます。

戦前は、最高指揮官というのは天皇です。天皇が大元帥です。戦前の大日本帝国憲法第一一条で「天皇は陸海軍を統帥《とうすい》す」の統帥条項というものがありました。天皇が陸海軍の最高指揮官であり、陸海軍の一兵卒たりとも、天皇の命を受けないで動かしてはならない。天皇の裁可をもらわない限り、一兵たりとも動かしてはいけない。

だから、二・二六事件のときに、反乱に激怒した昭和天皇が「朕自ら近衛《このえ》師団を率いて此《こ》れが鎮定に当たらん」と侍従に言い放ったとされるのは、反乱将校たちが天皇の命を受けずに、一四〇〇名余の部隊に実弾を持たせて出動させたうえに、天皇の忠臣である高橋是清《たかはしこれきよ》大蔵大臣とか渡辺錠太郎《わたなべじょうたろう》教育総監、齋藤実《さいとうまこと》内大臣を殺害してしまったからです。

陸軍将校の一部だとは言え、最高指揮官の天皇の統制にも従わず、岡田啓介《おかだけいすけ》首相官邸を含めて、政治の中枢部や新聞社などを襲撃したのです。軍人を統制することの重要さを実は最高司令官で大元帥の昭和天皇自身が、改めて痛感する事件でした。正確に言えば、戦前は軍人である天皇が最高司令官でありましたが、いうならば軍人による統制、あるいは天皇統制であったのです。天皇統制という言葉は、あまり使いませんが。

いずれにせよ軍隊を統制することの困難さは、戦前の旧帝国陸・海軍の時代も存在したのです。それで戦後になって、二・二六事件のような軍部クーデターを起こさせないためにも、平時からする軍の統制主体としての市民の存在がクローズアップされたのです。戦前の教訓をも生かしながら案出されたのが文民統制でありました。

因みに、戦後においてもクーデター計画が何度も起きていることを御存知でしょうか。主要なもので三度ほどありましたが、全てどういう訳か最初に「三」がつくのです。

最初が「三無《さんむ》事件」（一九六一年）、次が「三矢《みつや》事件」（一九六三年）、そして「三島事件」（一九七〇年）です。「三無事件」は「さんゆう事件」と呼ぶこともあります。このなかで特に有名なのは現職の陸将補が絡んでいた三矢事件で、これは第二朝鮮戦争が勃発したとの想定で戦前の国家総動員法に倣《なら》った動員法を自衛隊が国会を包囲するなかで強行採決させようとした事件です。佐藤栄作内閣の時で国民を驚かせました。

これらは全て未遂で終わりましたが、武力を背景にして政治目的を達成しようとする動きが、実は平和憲法下で起きたことは、強く記憶しておかなくてはなりません。

民主主義が成熟していくなかで、まさか戦前のように軍部の反乱ではありませんが、自衛隊の反乱など夢想すらできない、と誰もが思っていると思います。私もそう思いたい。けれど自衛隊制服組の権能が向上していくなかで、ある意味で国家への忠節を尽くしたい、そのような思いに反するような思想や組織、人物は排除すべきだとする硬直した発想が再び表面化することはない、という保証はどこにもありません。三等空佐の国会議員への暴言行為などは、その兆候のひとつかも知れないと思うと、背筋が凍るような思いもします。

大方の自衛官や高級幹部の方々は、全くそのような志向があるとは思いませんが、かつての栗栖発言や田母神事件などをも例に挙げるまでもなく、制服組のなかには極めて反リベラリズム、反民主主義的な言動を敢えてする方もおられたことが気になります。

## ここまで来た自衛隊の装備を問う

さて次に少し自衛隊の装備について触れてみたいと思います。防衛省設置法改正、陸上総隊の設置など自衛隊をめぐる法制度改革や組織編制の改編など、自衛隊は次々と新しい装いを凝《こ》らしつつあります。これらをソフト面の変容と括れば、ハード面での変容が装備の更新ということになります。自衛隊はこの面でも物凄い勢いで装備拡充に奔走しています。

実は数え上げれば切りがないのですが、そのひとつに山口県萩市むつみ地区と秋田県秋田市新屋《あらや》地区へのイージス・アショア配備計画があります。政府は既に配備計画を閣議決定し、アメリカから購入の手続きに入っています。それは表向き北朝鮮から飛来するミサイルを両市の上空で撃ち落とすというものです。イージス・アショアと何となく響きの良いネーミングが使われていますが、一基四〇〇〇億円とスバ抜けて高価なイージス弾道ミサイル防衛システム（イージスBMDシステム、Aegis Ballistic Missile Defense System）のことです。山口と秋田で二基購入し、その他整備費など加えると軽く一兆円を超すことになります。

しかし、このシステムは実験中で成功と失敗を繰り返しています。それで何時配備されるか見通しは立っていません。それでも政府は二〇一七年一二月一九日に早々と秋田県秋田市新屋地区と山口県萩市むつみ地区への配備予定を閣議で決定しています。表向きは日本防衛ということになっていますが、実際にはイージス・アショアは防御兵器として、ハワイを狙う敵ミサイルを新屋上空で迎撃し、グアムを狙う敵ミサイルを萩市上空で迎撃するのが当面の目的とされています。つまり、アメリカを守るためのミサイル基地です。日本の平和と安全には直接関係はないのです。

またイージス・アショアは防御兵器と喧伝されていますが、運用次第では攻撃用ミサイル兵器に転用することは技術的に可能と言われています。もっと先走って言えば、海上のイージス艦も同様ですが、それは中国やロシア、あるいは北朝鮮に射程を据えた海上移動攻撃基地であるわけです。そして、イージス・アショアも陸上の固定攻撃ミサイルとなります。つまり、秋田県新屋と山口県萩市に巨大なミサイル攻撃基地が設営されようとしているのです。迎撃ミサイルも攻撃ミサイルもMK41（マークフォーティワン）という同一の垂直発射システムを使用しているのです。これは言うならば軍事常識の部類に入る話です。

米朝首脳会談が板門店《パンムンジョム》の会談を含めると既に三回も開催され、まだまだ紆余曲折はあるとは言え、確実に朝鮮半島の緊張は緩和の方向に向かいつつあります。予断は許されないといっても、これに中国とロシアが事実米朝首脳会談の成果を期待もし、後押しもしている現状です。

そのような時に、北朝鮮のミサイルの脅威への対応のためと称して、一兆円もの巨費を投じて得られる安全とは一体どのようなものでしょうか。虚妄の脅威のために、莫大な税金が実はアメリカの軍需産業のために費やされるのは、これぞまさしく対米従属の証《あかし》です。

アメリカとしては高価な武器を唯々諾々として購入してくれる日本は、最上のお得意様です。日本の防衛に資するなどというのは、形式以上のものではありません。それでそのような高価な武器を欲しがる陸自の理由もあろうかと思います。

イージス・ミサイルは海自にすでに「こんごう」とか「きりしま」など六隻が実戦配備されています。最終的には八艘まで配備予定です。海自では「いずも」や「かが」などヘリ空母登載護衛艦の事実上の軽空母化が進められています。そのためにF35Bなど戦闘爆撃機を購入予定です。

それで、専守防衛戦略を採用しているはずの自衛隊が、なぜかくも軍拡に奔走するのか、大いに疑問です。このように言うと、多くの国民は、それは中国の軍拡に対抗し、抑止力を高めるためだ、とする政府見解を支持します。

先程も申したように、中国の軍拡を否定するものではありませんが、中国は国家防衛力を充実させ、二度と侵略された苦い過去の歴史を繰り返したくないのです。あの壮絶な国家的人的被害の教訓を背景にして防衛力の向上に尽力しているとみるべきでしょう。

その点で言えば、日本は侵略された経験はあるのでしょうか。蒙古襲来があったではないか、と言われる人がいるかもしれませんが、それは前近代の話です。近現代の歴史のなかで日本は繰り返し侵略戦争を行いましたが、中国やロシアの兵力が日本本土を蹂躙したことはありません。その意味で言えば、侵略される可能性も全くないのです。

アジアではインドやタイの海軍も空母を保有しています。ヨーロッパでは、ロシア・イギリス・フランス・イタリア・スペイン、そして南米ではブラジルも保有しています。でもこれら空母はアメリカの原子力空母や日本の軽空母化が予定されている「いずも」や「かが」と異なり、古い世代の空母であり、実戦には不向きな空母ばかりです。

私も訪中の折に大連周水子国際空港《ダーリエンチュウシュイズ》に向かう道路下に眺められる大連のドックで改装中の「遼寧《リャオニン》」（辽宁 Liaoning）を何度も見下ろしてきました。まるで見てくれ、と言わんばかりだった「遼寧」は、中国が旧ソ連から購入したアドミラル・クズネツォフ級航空母艦「ヴァリャーグ」の未完成の艦体を購入して改装したものです。言うならば、訓練用の空母で実戦向きでは全くありません。日本の「いずも」と「かが」が、極めて高度な実戦型空母となり得るのと比較して、図体こそ大きいのですが大分質が落ちます。

自衛隊の装備は、すっかり国土防衛型装備から外征型装備に転換しています。自衛隊は国土や国民を守る装備ではなく、アメリカとの共同作戦を展開するに充分な〝戦力〟を確保しつつある、ということです。

そのような自衛隊を国民は本当に望んでいるのでしょうか。自衛隊の軍拡は中国をはじめ、近隣諸国との軋轢を今後深めていくことが懸念されます。中国の軍拡の理由、北朝鮮のミサイル発射事件の背景を確り読み解きながら、日本は憲法に書かれているように、軍備に頼らない平和大国としての道を希求すべきです。

自衛隊軍拡ではなく、自衛隊軍縮こそ、日本が選択すべき道に思います。

自衛隊の国土警備隊化、専守防衛への回帰、文民統制の再構築など、自衛隊と国民が共存可能な選択がどのようなものであるか、考えてみるときです。ドイツとフランスが第二次世界大戦後に和解の努力を積み重ね、現在ではEUという形で連携して軍装備の軽減、いわゆる軍縮を断行しています。そのことをもモデルにして、日本は中国とも、そして遠くない将来統一するはずの南北朝鮮とも連携していく道を模索することが、本当の安全保障を確保することではないでしょうか。

私たちはアメリカに従属し、自立的な外交防衛構想を築くことを忘れてしまっています。アメリカの覇権主義に加担することで日本の将来が安泰だとは到底思われません。経済規模の縮小、人口減という不可避的な課題と向き合うことになる日本は、全ての国家や国民とも胸襟を開いて友好関係を樹立し、価値観の多様性を原理原則とする国家社会を作り上げていかないと、気付いてみたら世界の孤児になっていた、という可能性は極めて大きいと思います。

その点から安倍首相の主張するように、自衛隊を憲法に明記して、将来国防軍として位置づける改憲論は、極めて未来の可能性を削ぐ危険な選択です。いつまでも冷戦思考から抜け出せないでいる政治指導者、そして政党が日本と日本国民を誤った方向へと誘導しようとすることは、日本人にとって極めて危険であるばかりでなく、近隣アジア諸国民にとっても不幸なことです。

つまり、中国軍はアメリカ軍の相手には到底ならない、と言うことです。中国としても何時かは原子力空母を保有したい構想を確実に持っていますが、経済力ならば後数年でアメリカと肩を並べることはできても、軍事力格差は開くことはあっても、そう簡単に縮まることは有り得ません。なので、中国としては軍事力をある程度整備していったとしても、アメリカと一戦を構える意図も能力も無いのです。ですから、中国としては軍事力ではなく、経済力でアメリカと対抗可能な経済大国を目指しているのです。それゆえに生じているのが米中貿易摩擦です。かつて振興著しかった日本が、それゆえにアメリカと繊維戦争、次いで自動車戦争と言われる経済摩擦を引き起こした事例と同質の問題が起きているのです。その辺のことも確り見据えて、中国の軍拡の意味を読み解く必要があります。

表向きは専守防衛戦略を採用しているはずの自衛隊が、いよいよ軽空母を持つと発表したのです。言うまでも無く純軍事的に言えば、空母は攻撃兵器としてカウントされることが多い兵器です。

先ほども触れたように、中国も「遼寧」という航空母艦を配備し、さらに来年の二〇二〇年には二番艦「山東《シャントン》」（山东 shān dōng）が配備される予定です。中国としては、アメリカが現在一〇隻の原子力空母を保有し、なかでも横須賀を母港とする第七艦隊所属の原子力空母ロナルド・レーガン（Ronald Reagan, CVN-76）が率いる空母打撃群の巨大な戦力と対抗する一環として、懸命に空母建造に力を入れていますが、その格差は歴然としています。

## 私たちの未来は私たちが切り開く

冒頭の話に少し戻って、そろそろ纏めに入りたいと思います。

軍事では私たちの未来は切り開けません。平和でしか私たちの未来を担保することはできません。私は『私たちの戦争責任』（凱風社、二〇〇九年）という本を書きました。これは中国でも『我們的戰爭責任』（人民日報出版社、二〇一〇年）と題して出版しました。韓国も同様のタイトルで出版しています。そこの帯に書いたことは、「過去の戦争には責任がなくとも、明日の戦争には責任がある」との言葉です。

私はそれを「未来責任」の言葉で表しています。明日の戦争には責任がある、と帯に書いてあるのですが、過去の戦争、つまり終わってしまった戦争に責任はないというのは少し問題かもしれません。

私が生まれたのは、一九五一年で戦後です。でも過去に責任があると考えて戦争の歴史を勉強し始めたのですが、自分の子供や若い学生たちには、君たちには未来に戦争が起きた場合、起きるような社会をつくった場合には責任が発生する。それを未来責任と呼んでくれ。これは簡単な造語です。未来責任です。

戦争責任というのは、「war responsibility」といいます。responseというのは「応答」ですね。abilityは「能力」のことですから、戦争責任とは「戦争への応答能力」を意味します。つまり、相手を怖がらせない、そのために自らが脅威の対象と見なされていないか、真剣に考えること。そして、相手から責任を問われたら明確な言葉と行動で応答すること、それが責任の本来意味するところです。

どうも戦後日本人は日本政府が大体そうなのですが、アメリカには確り応答するのに、かつて日本が侵略した諸国民からの問いには応答してこなかったと思います。一貫して日本はアメリカの機嫌だけを気にして生活してきた。アメリカに気に入られるように、ある意味では何でもした。爆買いでもなんでもです。そうした日本の姿勢に疑問を抱く人達は、対米従属・対米隷属の用語で批判するのです。

何も日本政府を腐《くさ》す訳でも、安倍政権を揶揄《からか》うつもりもありません。これからの日本が一体どのような方向性のなかで生きて行けば良いのかと、真剣に問うたとき、これまでのようなアメリカ従属国家で良いのですか。間違いではありませんか、と言いたいのです。

韓国も北朝鮮との対峙がありましたから、アメリカの同盟国として、ある時は日本以上に対米従属ぶりを発揮してきました。しかし、韓国国民は気付き始めているのです。対米従属でやってきたばかりに、北朝鮮との和解の道筋をつけられなかったのではないかと。そのアメリカが米朝首脳会談を繰り返したのは、もちろん韓国の文大統領の仲介によるものです。同時に韓国は、北朝鮮との和解を進め、休戦協定から講和条約を締結して正式に戦争終結宣言をなし、そして近い将来、南北朝鮮の統一を果たせば、対米従属はかえって足枷になると自覚しているのです。

アメリカもそのような韓国の出方に複雑な思いを抱きながらも、南北朝鮮の統一の流れは、もう止められないと考えているはずです。恐らくアメリカ国内でも、北朝鮮への強硬外交や経済制裁強化論者は政治の表舞台から後退するはずです。それで、アメリカはトランプ大統領のような、ややアウトサイダー的大統領だから、思い切った舵切りができたのだ、という評価がありますが、私は違います。トランプであれ誰であれ、朝鮮半島の情勢はドラスティックに変容の途次にあることを分かっている人は分かっているのです。

変容する国際情勢に冷戦時代の志向を持ち込んでは、事態の推移が何を意味しているのか理解できないでしょう。安倍首相及びその周辺は、その読み解きが出来ないばかりに、気付いてみれば一周遅れのランナーとなっています。一周遅れているのに、前を走っているランナーと並走しているため、自らの遅れに気が付かないのです。

## 平和憲法で未来責任を果たす

本日は自衛隊の現段階を中心に御話させて頂きましたが、私の言う未来責任を果たし、近隣アジア諸国との友好と信頼を持ち合うためにも、平和憲法の原理に即した平和大国への道を明らかにするときでしょう。そのような大枠のなかから、肥大化する自衛隊をどう統制し、民主主義との共存が可能な組織へと改編していくことが求められていると思います。

私たちの未来は私たち自身が切り開いていかなくてはなりません。その意味で自衛隊軍縮、憲法を護る、歴史和解を求めて歴史問題の清算に尽力する、などの国民的な課題に共にスクラムを組んで立ち向かうべきと思います。二度と誤った歴史の轍を踏まないために。

私は、この日本が今後、あの歴史の轍を踏まないように、そして国際社会からこの憲法に明示したように、特に前文に示されたように、世界から信頼される国家、社会をつくっていくには、どのような展望を持って平和をつくっていくのかという、その明示的な説明をしきらないといけないと思います。

ただ平和憲法に縋《すが》っているだけでもいけないと思います。平和憲法だけに縋って、平和憲法を守っていれば平和が自然とやってくるのだ、これはかなり問題かもしれません。平和憲法を活かすという意味では「活憲」という言葉を使えるのですが、そういう意味で、どういうふうに平和を創り上げていくのか、の問題を考えていくためにも、自衛隊のあり方をいずれは変えていかないといけないと思うのです。

私は自衛隊軍縮と自衛隊改革が急務だと考えています。繰り返しになりますが、いわゆる欧米先進諸国は軒並み軍縮政策を進めています。中国もアメリカ、それにロシアをも含めて軍事大国とされる諸国でも兵力数を減らす方向に舵を切っています。もちろん、マンパワーを削減して、無人爆撃機やドローンなどを兵器化するなど軍事技術の向上にともなうマンパワーの削減という側面もあります。しかし明確なことは、相対的に兵力数は削減しても良いとするのが世界の軍事常識にもなっています。ところが、自衛隊だけは一向に隊員数を減らす計画はありません。

私は話してきたように平和憲法の目標に忠実であるためには、自衛隊の存在自体も正面から問わなければなりませんが、当面は自衛隊の縮小を段階的にも推し進める必要があり、朝鮮半島情勢の変化などを考慮した場合に、そうした動きを先読みする形で軍縮計画を打ち出すことにより、日本が放つ近隣諸国への脅威感情を緩和していくことが肝要に思います。

大切な論点ですので繰り返しますが、中国の軍事力は、少なくとも日本に向けられたものではありません。それでも将来、日中再戦に備えるために自衛隊の強化が必要と考えるのは、平和は理想にしか過ぎず、力による均衡論、いわゆるパワーポリテックスの世界が現在の、そして未来の現実だと信じ込んでしまっている人の考え方です。

世俗的に言う、いわゆるタカ派の人達がどこまで日中再戦を危惧しているかは別として、実は本音のところでは軍拡による利益構造、軍需産業による産業の活性化を期待しているのです。それはアメリカ仕込みの考え方です。アメリカの最大かつリーディングセクターは軍需産業であり、実は中国でもロシアでも、イギリスやフランスでも名立たる軍需産業が産業界の頂点に立っています。

中国の軍拡、アメリカの軍事プレゼンスの常態化、ロシアの強力なミサイル開発やクリミア紛争などを後押ししているのが軍需産業界であり、政権への関与が著しいことは、周知の通りだと思います。つまり、外圧からする軍拡というより、内圧から派生する軍拡の側面が強いと言えます。兵力数こそ減らしても、一方では兵器開発や新兵器配備への動きが止まらないのは、「軍拡の利益構造」（セングハース）が言うならば世界を動かしているからです。

そうした現実の構造にも注意を払いながら、私は自衛官の方たちとも、連帯する必要性も感じています。二四万人もの自衛官を抱える自衛隊ですが、現在は深刻な募集実態があります。自衛官になりたいという青年が少なくなり、また、防衛大学校を卒業しても任官を拒否する学生たちが年々全体の一割、正確に言いますと今年（二〇一九年）三月の卒業予定者四七八名のうち、実に四九名もの学生が任官拒否をしているのです。

この点は良く話題になりますから御存知の方も多かろうと思います。三月に防大を卒業した学生は、翌月の四月に幹部候補生学校に入校が義務づけられていますが、さらにその学校にも入校を辞退する学生も存在することはあまり報道されません。いわゆる、入校辞退者です。任官拒否者と入校辞退者が多くいることは、現在の自衛隊の在り方を考える上では重要な問題です。

防大を卒業すると曹長の階級が自動的に付与され、その後一年間幹部候補生学校に入学して、陸海空のいずれかの尉官となり、幹部自衛官として任官する仕組みになっています。任官拒否者も入校辞退者も、要するに自衛隊から縁を切ってしまうのです。

その理由は沢山あろうかとは思います。自衛隊には適合していないという自己判断、人材難の企業への有利な条件による就職機会の増大などです。しかしもう一つには、自衛隊がイラクに派遣された年度末の任官拒否者が激増したように、自衛隊の本来の専守防衛戦略から大きく逸脱してしまいそうな自衛隊の将来への不安と危惧が大きな原因としてあることも間違いありません。

そうした学生たちの思いも含めて、自衛官が今後消防庁などを含め、防大や各種の自衛隊学校で学んだ技術などを十全に活かせる職域を開放することで、卒業後の進路の自由選択の道を用意することも必要でしょう。そのような意味で自衛官との連帯、あるいは自衛隊の民主化という問題も真剣に考えていく必要があろうかと思います。

そして大きな意味では、外征型の自衛隊ではなく、専守防衛戦略に特化した自衛隊、そのためにはその装備についても軽空母の保有などは慎むべきです。そして自衛隊存在の根拠にもなっている日米安保を段階的にでも解消し、アメリカとは日米友好平和条約を結ぶなどの思い切った政策を実現する必要があると思います。

そして何よりも、これからの日本がアメリカの覇権主義に加担することによって担保されるような平和ではなく、先ずは中国や南北朝鮮など、アジア近隣諸国との友好親善のなかで担保される安全保障を創り上げていく必要があろうかと思います。

その点では中国が提唱する「一衣帯水《いちいたいすい》」の発想は、私たちが唱えているアジア平和共同体構想に連動する内容を含んでいます。中国もある意味覇権国家の様相を呈しつつありますが、それゆえに日本が中国との紐帯を逞しくしていくなかで、共にアジアの平和構築への道を誤らないよう働きかけていくこと、そのためには相互信頼関係が不可欠です。

（二〇一九年七月二七日　京都市での講演から）

# 第六章　戦前回帰志向の果てに

## ～拍車かかる精神・思想動員と監視社会への道～

### はじめに

いま私たちは、如何なる時代を生きているのでしょうか。

この時代そのものを考えていく上で、やはり安倍政権あるいは安倍的時代と言って良いような時代状況そのものが、現在的な時代の本質を端的に示しているように思います。つまり、長らく安倍政権が続いているから安倍的時代という意味ではなく、今日の時代の本質が安倍政権によって具現化されているのではないか、ということです。ですから、この時代の本質は安倍政権が終焉を迎えても、再び〝安倍的政権〟によって、いまの時代が続いてしまうのではないか、との意味です。

確かに安倍政権以後、急ピッチで進められている、新たな戦前的な様相は、実は戦後日本に潜在していた右翼国家日本が、堂々と表出してきたのであって、時代が本質的に変わったのではない、と私は捉えています。

これまで安倍政権によって具現化された右翼国家の体質は、反戦平和運動や護憲運動など、現行憲法に後押しをされた平和主義や民主主義といった原理の実態化を目指す様々な領域における運動の成果として抑制されてきたのです。その箍《たが》が外されてしまい、旧帝国日本への回帰の動きが改憲の動きなどに収斂される格好で立ち現れているとみるべきではないでしょうか。

その推進役として安倍晋三という二世政治家が外祖父岸信介の再生現象のなか政権を掌握し続けているのです。ですから私は、日本は最近右傾化してきた、とする論は間違っていると思います。日本は戦後も戦前から引き続き右翼国家、換言すれば、ある意味で洗練された〝大日本帝国〟であったのです。安倍首相が時折口にする「戦後レジームからの脱却」とは、私に言わせれば〝戦前レジームへの回帰〟以外の何物でもありません。

そうした視点から、本講演では安倍政権を生み出している時代状況について、この社会が共謀罪などにより監視社会化している現状を問いつつ、軍事国家としての実質を明らかにする集団的自衛権行使や安保関連法などを含め、限りなく戦前国家日本への回帰を露わにしている現実を論じてみたいと思います。同時に、私たちがどのように対応したらよいのか、の課題を意識しながらお話してみたいと思います。

## 1　安倍政権の本質を問う

### 大正時代と平成時代の非立憲内閣

多様な評価を受けることになりましょうが、安倍晋三という政治家は間違いなく後世に名を遺《のこ》す一人でしょう。ただ、私はその政治家に残念ながら否定的な評価しか思い付きません。安倍首相は、退任後も様々に論じられましょうが、私はかつて陸軍軍人で首相を務めた寺内正毅《てらうちまさたけ》と比較したくなります。

現在から凡そ一〇〇年前、一九一六（大正五）年一〇月一九日、内閣総理大臣に就任した寺内正毅陸軍大将は、朝鮮総督の経歴が買われて総理大臣に指名されたことになっています。当時の明治憲法下でも、憲法を基本にして政治が行われることが原則でした。それで戦前でも立憲主義政治が当然ながら、時の政治家には求められていたのです。

第18代内閣総理大臣寺内正毅陸軍大将

しかし、内閣総理大臣に就任した寺内は、帝国議会（現在の国会に相当）の場で、寺内内閣は明治憲法に束縛されず、また議会や政党に左右されず、自ら思うままに政治を行うとする旨の発言を行い、実践しようとします。これを歴史用語で超然《ちょうぜん》主義と呼び、そのような姿勢を採る内閣を超然内閣と呼ぶことがあります。

もっと広い意味では政党間の争いなどに拘束されず、大きな視点から政治を行うことも意味することがあります。しかし、当時にあっては、明治憲法や議会などを軽視ないし無視する姿勢を指す用語でした。

それで寺内の政治の運営ぶりに当時のメディアも民衆も立憲主義を守れ、と叫んだのです。特にメディアは、寺内内閣を「非立憲内閣」と記し、それを「ビリケン内閣」と呼んで、徹底した寺内内閣攻撃の論陣を張りました。「ビリケン内閣」のビリケンとは、大正時代にアメリカから持ち込まれた大衆に人気のあったビリケン人形のことです。

その頭が寺内の頭と良く似ていたものですから、「非立憲」を敢えて「ビリケン」と呼んだのです。そこにユーモアのセンスを感じますが、同時に民衆にも立憲主義の大切さを知って貰いたいとする配慮もあったのでしょう。その結果、民衆から発した、立憲主義を取り戻すための「反ビリケン運動」が、最終的には内閣打倒にまで発展していくのです。

そんな歴史の話を持ち出したのは、この寺内非立憲内閣と安倍非立憲内閣とが、とても酷似していることを強調したかったからです。それで寺内を大正のファシストとすれば、平成のファシストこと、安倍晋三首相その人ではないか、と思うのです。寺内は山口市、安倍は長門市と、奇《く》しくも二人とも山口県を故郷あるいは選挙地盤としています。

でも異なることがあります。当時のメディアや大衆の立憲主義回復への強い意志は、現代と比較できないことです。この時代、これだけの非立憲内閣にも拘わらず、大正の時代のように打倒できていない現実があります。大正の時代にできたことが、何故この時代にできないのでしょうか。そのことを検証することは、安倍政権を打倒するうえでとても重要に思います。

まだ普通選挙法が施行（一九二五年）される前の歴史事実から、私たちが汲み取るべきは、民主主義が政治や生活の場における大原則であることを、大正年間のメディアも民衆も、すでに会得していたということです。

私が教えてきた学生たちは、戦前は真っ暗な時代で、民衆の声は封印されて言論の自由は厳しく制限されていた、と勝手に想像しているのです。つまり、民主主義なんていうのはなかったのではないか、と思っているのです。違うのです。明治の後期から大正一〇年ぐらいから、あるいは共産党が創立された一九二二（大正一一）年。このあたりというのは、立憲主義が多くの民衆にもメディアにも共有され、それは「大正デモクラシー」と後で呼ばれることになりました。

これは東京帝国大学で政治学を講じていた吉野作造《よしのさくぞう》教授が、「民本主義《みんぽん》」という言葉で普及させたのです。本来は「民主主義」という言葉を使わなければいけなかったのですけれども、そこは明治憲法の規制があるものですから、民主の「主」の代わりに、「基」の意味に近い「本」を使って「民本主義」と称したのです。明らかに日本型民主主義のことです。このように民主主義の潮流が深く根を張っていた、と思うのです。

そうした民衆の思いが浸透していたがゆえに、先ほど申し上げたように、寺内首相が帝国議会の場で立憲主義を事実上否定した超然主義の姿勢を明らかにするや、直ちに猛烈な反発が起き、寺内内閣打倒運動が拡がっていくのです。

寺内内閣がメディアと民衆によって内閣打倒運動のウネリに抗することができず、辞職に追い込まれた最大の理由は、立憲主義を否定する姿勢と、何よりも、今年（二〇一七年）から丁度一〇〇年前に起きたロシア革命に対し、反革命のための戦争を開始したことです。歴史ではシベリア出兵（一九一八年八月）、あるいはシベリア干渉戦争と呼称しています。これに日本軍は七万五〇〇〇名もの大兵力を投入します。

日本の他にもアメリカ、イギリス、フランスなども参戦しますが、この戦争が無駄な戦争だと気づき、早々に撤兵していきます。けれども日本だけが、何と一九二五年までシベリア各地に転戦し、駐留を継続して、各国から警戒と顰蹙《ひんしゅく》を買った一大事件でした。

国内でも戦争により軍と結託した会社組織などが米の買い占めを行ったため、米価が高騰し、最初は富山県の魚津村《うおづ》（現在の魚津市）の婦人たちが米買い占め反対運動を起こし、それが瞬く間に関西方面に拡がります。世に言う「米騒動」です。戦争発動による国際社会からの厳しい目と日本の孤立、そして民衆に生活苦を招いた寺内内閣は、打倒以外のなにものでもなくなっていたのです。

## 権力が仕掛ける罠

さて、寺内内閣が民衆とメディアの力によって打倒（一九一八年九月）されてから、凡《およ》そ一世紀が経ちました。しかし、一世紀後の現在、再び安倍内閣という名の非立憲内閣、憲法を無視する超然主義内閣が跋扈《ばっこ》しています。憲法があるけれども、本来、憲法を遵守しなければいけない、その最たる最高責任者が憲法を蔑《ないがし》ろにし、憲法を踏み躙《にじ》り、憲法の下で民主主義と平和の実現に邁進してきた私たちの先輩たちの思いも含め、深く傷つけてしまっているのです。

私たちは民主主義と平和を希求した憲法を持ちながら、それとは真逆の行為を強行する平成のファシスト、平成のミリタリストを政権の座に就《つ》けてしまっているのです。許すことの出来ない現実です。深い怒りを覚えずにはいられません。

〝第四の権力〟として、権力を監視し、批判の俎上に挙げることで、民衆の合意を前提として、権力のあり様を常に報道・分析する責務を負うはずのメディアも、あの寺内内閣打倒に重要な役割を演じた大正時代のメディアを比べてみると、その劣化ぶりや権力への迎合ぶりは、本当に情けなくなります。

勿論、平成の非立憲内閣の跋扈を許しているのは、メディアの責任ばかりではありません。私もそのメンバーの一人ですが、アカデミズムも同じです。

集団的自衛権行使容認問題が浮上した折、憲法学者が異議を唱え、それが安保関連法反対の運動に火をつけ、文字通り燎原《りょうげん》の火の如く燃え盛ったことは記憶に新しい。しかしアカデミズム全体を見回した時、必ずしも強力な反対運動の陣営に与することはありませんでした。

また、労働組合も狡猾《こうかつ》なる労働組合潰しにあって、本来の力を喪失しています。現在、二〇〇〇万人以上とされる不正規雇用の労働者と正規雇用労働者が分断されている状況下にあって、労働運動が権力の横暴を阻む力も意志も希薄となっていることも間違いないところです。

国民や世論も政権が繰り出す巧みなレトリックに翻弄され続けています。例えば「アベノミクス」やら「新しい考え」やら、「アジアの安全保障環境の変化」、さらには「戦後レジームからの脱却」、「美しい日本」などの言動の術中に嵌《は》まってしまっていると思われてならないのです。

これら実態とはかけ離れたデマゴーグに翻弄《ほんろう》され続け、権力の本質に肉迫する視点を欠落させています。それらが、一方では安倍内閣の高い支持率に具現されています。私の政治評論集に『権力者たちの罠』とタイトルを付けました。私は以前から常々、安倍政権への高い支持率の背景には、国民世論に向けて幾重にも、かつ巧みな罠が仕掛けられているからではないか、と思っています。

そもそも「罠」とはなにか。一説には、「国民」の「民」とは、逃亡を防ぐために目を針で突いて目を見えなくした奴隷を表し、強者（＝権力者）によって支配下におかれる人々の意味があると言われています。そして、「民」の上に「网《あみ》」（網の原字《げんじ》）が覆い被さり、「罠」の文字が形成されたと。

つまり、「罠」とは「网」と「民」との会意兼形声文字なのですが、そこから「罠」の文字が成立したのです。現在もなお〝権力者たちの罠〟が、国民（市民）に仕掛けられ、それが現時点では功を奏し、安倍政権の高支持率の理由となっているのではないか、と思います。

その意味で私たちは、安倍政権の「罠」が何処に仕掛けられ、その目的が何であるかを問い続けなくてはなりません。いままた、共謀罪と言う戦後版治安維持法が、二〇一七年六月一五日、参議院本会議で可決成立しました。その「罠」から解放されるための議論と運動を、一層力強く進めていくことが益々求められているように思います。

## 引き継がれない非立憲内閣打倒運動

それにしても日本の戦前においては、富山に始まり、やがて大阪方面にも拡がっていった米騒動と同質の民衆の闘いが、実は各地で起きるのです。先ほども述べましたが、その結果、メディアや民衆の立憲主義を取り戻す運動、そして反軍運動をも含めて果敢に動き、政治を変える主体としての民衆の動きがありました。まさに民主主義を蘇生させる運動でした。そうした運動が継続的に展開されてこそ、民主主義の劣化を防ごうとする営為が、それ以後も常態化していくのです。

そうしたメディアや民衆の動きに、政治権力や軍部は、あの手この手を繰り出して抑えこもうとします。その最たるものが、普通選挙法と同じ年に施行された治安維持法です。よく教科書などで、この相反する法律を「アメとムチ」と表現します。実は民主主義を抑え込み、民衆の政治運動に脅しをかけ、言論活動を封印しようとする権力の動きが顕在化するのです。

そして今日、権力は、安保関連法の安定的履行を担保するために、共謀罪を強行可決しました。権力は歴史から学んでいるのです。

それと同じように私たちも、民主主義と平和を獲得するために果敢に闘った戦前の先人たちや、戦後の護憲運動を戦い抜いた人たちの歴史から多くを学ぶ必要があります。その意味で寺内内閣打倒運動は、とても参考になると思い紹介させて頂いた次第です。

そのことは日本の歴史のなかだけでなく、現代における他国の事例をも参考にすべきかも知れません。

例えば、アメリカはフィリピンとの間に米比軍事基地協定を締結していましたが、フィリピンにおける米軍兵士の犯罪など基地被害が相次いだことから、フィリピン民衆の間に基地撤去運動が起き、確かにピナツボ火山の噴火など災害に見舞われたこともありましたが、この運動が功を奏して、一九九一年から一九九二年にかけアメリカはクラーク空軍基地、スービック海軍基地からの撤退を決定せざるを得ませんでした。つまり、米比相互防衛条約は締結されているものの、アメリカ軍の駐留を取り決めていた基地協定の期限延長ができなくなくなったのです。

これは日本にとっても、大いに参考とすべきです。アメリカ軍との間に、当面は相互防衛を骨子とする日米安保の廃棄が直ちに困難であれば、アメリカ軍の駐留を認めない形での駐留なき安保化へのプロセスを講じ、その間にアジアの安全保障を安定化させるなかで、日米安保を廃棄し、日米友好平和条約への切り替えなど、実に多様な方法があります。

もうひとつ、隣国の韓国における動きも参考となります。朴槿恵《パククネ》政権を倒した韓国の運動、学生労働者の運動です。ソウル市庁舎の前などで一〇万から二〇万にも及ぶ人たちが毎週金曜日、土曜日に集まって朴槿恵政権を倒していくわけです。その不正に対する怒りというのは、根源はもちろん韓国も日本もそうなのですけれども、深刻な格差社会になっているということがあります。

それと、やっぱり不正は許してはならない、権力者に監視の目を光らせなければ、私たちはいつか政治という枠組みから葬り去られるのだということを、彼ら彼女らは韓国の歴史から、また民主化の歴史から学んでいるのです。夥《おびただ》しい血が流れた光州《クワンジュ》事件（一九八〇年五月）を経験しながら、韓国では一九八〇年代に始まった民主化運動から蓄えた歴史が、朴槿恵政権を倒したのです。

その成果として、今回、文在寅《ムンジェイン》大統領の誕生に繋がったのです。そのように内容も形式も異なるとは言え、フィリピンや韓国、あるいは民進党の大統領を選出した台湾の事例なども含め、アジアにおいては確実に民主化運動が力を得ています。

そうした状況が隣国で展開されている一方で、日本ではなかなか民主化運動が一本化されず、力の分散状態が続いています。民主化勢力を纏める政策や組織、それに人材が欠落しているのでしょうか。そうした民主化陣営の反作用として安倍自公政権が権力を独占し、憲法を蔑ろにしているとすれば、それは私たちの護憲運動や民主主義と平和を求める運動総体の脆弱《ぜいじゃく》性にこそ、その原因があるとする総括も必要でしょう。

確かに安倍自公政権は、不正と抑圧を常態化する危険極まりない政権ですが、それを許してしまっているのは、私たち日本の先人の歴史や隣国の政治から、あまり学んでいないからだと自省する必要もあるように思います。

ただ、二〇一六年七月に施行された参議院選挙において、護憲政党と市民運動が一体となって野党共闘候補の擁立に全国すべての一人区で成功しました。私も安倍首相のお膝元である山口選挙区で民進党・日本共産党・社会民主党の三党共同統一候補として出馬の機会を与えられました。

この野党共闘が全国で一一ヵ所もの選挙区で勝利を得たのは、本当に大きな前進でした。残念ながら私は一八万三〇〇〇票を得票したものの、安倍首相の息がタップリかかった自民党公認候補に惨敗しました。二〇一六年四月七日に出馬表明してから七月四日の投票日まで、凡そ一〇〇日間しかありませんでしたが、山口の地でこれだけ多くの方が安倍自公政権にノーを突き付けた意味は頗る大きかったと思います。この共闘の教訓は、今後の大きな財産となったのではないか、と言うのが私を支援頂いた方たちの実感です。

ついでに言えば、今後は「野党共闘体制」ではなく、さらに「野党挙党体制」の構築の段階に進むべきと思います。そうした動きを、今後の国政選挙でも全国で大きなウネリとして欲しいと切に思います。

## 2　共謀罪と集団的自衛権行使容認とは

### 絶対に許せない共謀罪

共謀罪と同質の法律がかつて国会に上程された折りに、私は『監視社会の未来──共謀罪・国民保護法と戦時動員体制──』（小学館、二〇〇七年刊）というタイトルの本を出版しました。私は一介の歴史学者として、戦前の監視国家の成立過程をも研究してきましたが、現在の日本がかつての監視国家・監視社会へ回帰していく実体をどうしても看過することができなくなりました。

日本が監視社会・監視国家に堕していくという受け止めが、世論には希薄であったのでしょうか。共謀罪が日本の民主主義や人権そのものを締め上げていく危険な法律という捉え方が、必ずしも共有できなかったようです。権力は戦前の歴史を教訓としつつ、洗練された政治手法で着実に監視社会・監視国家に仕立てていったのです。

かつて繰り返し提出された、所謂《いわゆる》スパイ防止法案から一連の有事法制まで、実に多彩な治安立法群の制定が相次いでいます。今回の共謀罪は、そうした動きの延長線上にあり、ある意味では監視社会・監視国家の総仕上げ的な意味と意図を持つ法律です。

共謀罪こそは、私たちの言論の自由が事実上息の根を止められかねない悪法中の悪法です。こうした法律が堂々と登場してくること自体、この国はいつか来た道を暴走しようとしているのです。正確に言えば、逆走していると言えます。まさに戦前回帰への志向がとても強くなっていることです。

そうした意味で、戦後日本が目指した自由で平和な市民国家・市民社会の終焉を迎えるかも知れない、物凄い危機の時代に入り込んでしまっている、と思います。この共謀罪については、後ほどもう一度詳しく触れることにします。

それにしても、一体私たちは、そして政治家は何をしてきたのだろうと、痛切な反省と権力への深い憤りを抱かざるを得ません。一介の歴史研究者に過ぎない私が、場違いな政治の世界に足を踏み込もうと決意したのも、この国の未来を憂え、奮闘されている護憲政党や護憲勢力の一員として国会で共に闘わなくては、と思ったからでした。それは、先行きをあまり考えないで、いま何をしなければならないか、を感じ取った行動でした。私の家族も含め、私の周りの人たちも賛意と心配の複雑な思いを吐露しておりました。学者生命そのものにも影響するのではないか、と懸念を表明する研究者の仲間たちもおりました。しかし、いまこの国の状況を思えば思うほど、多くの人たちの思いを形にする行動こそ、例えどのような境遇にあろうとも大切ではないか、とそう決断したのです。

私は今回の共謀罪が、特定秘密保護法と安保関連法とを合わせ、三位一体の関係にあると思っています。つまり、この三法はワンパッケージとして捉えることが可能であり、戦争を実行するための法律であること、それは民主主義と平和を破壊する法律であること、この国が戦前の如く戦争を外交手段のひとつとして位置づける法律であること、この点に集約される法律であることです。

特定秘密保護法の奇しくも第九条には、外国に秘密を売り渡すような内容が書かれております。私も特定秘密保護法は〝売国法〟だと思っていまして、同法の第九条には、「（本邦の域外にある国又は地域をいう。以下同じ。）外国の政府又は国際機関であって、この法律の規定により行政機関が当該特定秘密を保護するために講ずることとされる措置に相当する措置を講じているものに当該特定秘密を提供することができる」云々という件《くだり》があります。これは例えば、明らかにアメリカのために、例えば反基地運動やっている、あるいは反共謀罪運動をやっている、反安保関連法をやっている、そういう人たちの組織、個人の情報を向こうがオファーしてきたら、やっぱり渡してしまうという法律です。だから私はこの特定秘密保護法が出てきたときに、これは〝売国法〟であると主張しました。

## 代理戦争を強いる集団的安全保障行使容認

集団的自衛権の問題も、皆さん方も多様な捉え方をされていると思うのですけれども、私は一応歴史学者ですので、歴史に範を採って説明してみたいと思います。

それで、ある漫画をレジュメに張り付けてきました。私は集団的自衛権を説明するときに、好んでこの漫画を使うのですけれども、実は日英同盟（一九〇二年締結）というのがありましたね。その後、一九〇四年から一九〇五年に日露戦争が起きました。日露戦争に日本は約一〇〇万の大軍を動員して、結果として約一〇万人の死者を出すのです。死傷者を含めたら死傷率が三割近くになったのです。これは完全な敗北に近い結果です。

この戦争は、確かに私たちは中学、高校のあたりから、日本が中国の東北部（満州地域）の覇権を争って日本とロシアが喧嘩したのだ、と教えられてきたと思いますが、事の本質は違います。これは事実上〝英露戦争〟と言っても良い戦争なのです。

簡単に理由を申し上げると、一九〇〇年に入りロシアがイギリス最大の植民地インドを狙って南下政策を開始します。イギリスはそれを食い止めなければならなくなりますが、イギリスは当時アフリカでボーア戦争という大きな戦争を抱えておりまして、極東に兵力を派兵する余力は、あの大英帝国でもありませんでした。そこで、イギリスは一計を案じる訳です。そうだ、極東の小国・日本を使えば良い、と発想したのです。日本と陸軍大国のロシアが戦争する。日本が勝てる訳がない。けれども、ロシアを牽制することは可能だというので、イギリスは日本を唆《そその》かして日英同盟の締結を提案します。

当時、日本の政治家たちには、超大国イギリスとの同盟締結を極東の小国日本からアジアの、そして世界の大国の仲間入りのチャンスと捉える者が多数を占めた結果、これに乗ります。こうして日本は明治国家成立以来、初めて同盟条約の締結に踏み切るのです。

勿論、同盟締結をめぐっては政府部内でも異論・反論もありました。確かに朝鮮半島から中国東北部の覇権をめぐり、ロシアとの間には軋轢はありましたが、ロシアとの間に差し迫った戦争の危機とまでは認識できないと。それでも大国イギリスとの同盟関係は、先ずはアジアに覇権を求めることで、大国日本の創造を夢見た政治家や世論は同盟締結賛成の判断をしたのです。その結果、日本がイギリスの代わりに、ロシアと戦争する羽目になろうとは思いもしなかった人々も、勿論多数いました。

左頁に日露戦争前の日本、イギリス、ロシア、アメリカの関係を示した漫画を載せています。それは立憲政友会の機関誌『中央新聞』（一九〇三年一〇月一三日付）に掲載された風刺画で、教科書にも頻繁に登場した漫画ですから、御存知の方も多いと思います。

火鉢で好物の栗を焼いているロシア人、その栗を日本人に拾わせようと背中を押すイギリス人、それを背後でニヤリとした顔つきをしながら見やっているアメリカ人が登場します。要するに、イギリス人が日本人に「火中の栗を拾わせようとしている」のです。模写図ですから上手な絵ではありませんが、日露戦争の

英露日米の関係を示した風刺画

本質を見事に活写した漫画として有名になりました。

問題は日本が火傷を覚悟してイギリスの〝要請〟に、結局は従ってロシアと戦争をしてしまったことです。これを現代の状況に転写すれば、ロシアの代わりに中国か北朝鮮が、そしてイギリスの代わりにアメリカが日本の背中を押している図柄となるのでしょう。

因みに、この風刺画の原画はオランダの画家ジョアン・ブラッケンシーク（Johan Braakensiek 1858-1940）が、一九〇三年七月一二日に〝THE POWER AND MANCHURIA〟（力と満州）のタイトルで発表したものです。それを恐らく日本の画家が模倣したものであろうと思われます。

つまり、日英同盟がロシアとの戦争を引き起こしたように、日米同盟が日本をしてアメリカのために代理戦争を買ってでる可能性が出てきました。それが集団的自衛権行使容認の真相だと思いますし、それを法的に担保するものが安保関連法です。そして、戦争に反対し、北朝鮮との関係を含めて平和的に解決しようとする組織や人の行動を縛ろうとするのが、共謀罪と言うことになりましょう。

私たちはアジアに戦争の危機を深め、アメリカの代わりに戦争を引き起こし、敵対国への恫喝を抑止力強化の名によって行ってはならないのです。そもそも抑止力とは、懲罰的抑止力と防禦的抑止力に分類されますが、安倍首相の言う抑止力とは、先制攻撃をも辞さない攻撃的かつ侵略的な意味での抑止力論であり、それは懲罰的抑止力と言います。

それに対して、あくまで相手からの攻撃があった場合に限り反撃することで、防衛行動に出ることを防禦的抑止力と言います。安倍首相が口にする「積極的平和主義」の英訳は、〝proactive contribution to peace〟ですが、ここで言う〝proactive〟とは先制攻撃を意味する軍事用語でもあるのです。

もう一つ、事例があります。これは簡単に触れますが、一九四〇年に日独伊三国同盟が結ばれました。これというのも、日本とドイツはそんなに深い関係国ではなかったのですが、ドイツから同盟締結の要請があったのです。

ドイツはソ連を背後から牽制する役割を日本に期待して接近してきたのですが、日本の政府・軍事指導者たちは、軍事大国のドイツと同盟を締結すれば、アメリカもイギリスも日本には安直に攻勢をかけられないだろうとし、ドイツの破竹の連戦連勝の状況下で、日本はドイツの威を借りてアジアの盟主になれるかも知れない、と期待感を抱いてしまったのです。

繰り返しになりますが、ここで日本政府部内や軍部内で盛んに論じられたのは、対英米戦争は時間の問題かもしれないが、ドイツと手を組んでおけば、アメリカもイギリスも簡単に日本との戦争は望まないはずだ、とする認識でした。

つまり、同盟が抑止力となるとの考えが強く指導者たちを突き動かしたのです。しかし、実際に抑止力は、英米との戦争を呼び込んだだけでした。日英同盟が日露戦争を、日独伊三国同盟が対英米戦争を、それぞれ呼び込んでしまった歴史の教訓から確りと学ぶ必要があります。

以上の二つの歴史の事例は日本の場合でしたが、隣国の韓国にも同質の事例があります。すなわち、一九六〇年代後半から開始されたベトナム戦争に、韓国はアメリカからの強い要請を受ける格好で、延べで約三三万人にも及ぶ韓国軍を派兵したのです。時の大統領は軍事クーデターで政権に就いた朴正熙《パクチョンヒ》でしたが、その政権を維持するためにはアメリカの経済支援が不可欠でしたから、要請を受け入れる他なかったのです。同時に韓米安保がその大きな背景となっていました。日本も日米安保を結んでおり、実は日本に対しても派兵の要請がなされましたが、日本は平和憲法の存在を理由に、これを体よく拒否することが可能でした。

しかし、韓国には平和憲法が不在であったこと、また戒厳令が敷かれており、派兵反対の広範な声が封印されていた現実もありました。韓国は派兵した結果、約五七〇〇名の戦死者を出し、そればかりか夥しい戦傷者と心的外傷後ストレス障害（ＰＴＳＤ）を発症して、現在でもなお韓国社会においては問題になっています。ベトナム戦争終了後、韓国では何故アメリカの戦争に韓国が加担しなければならなかったのか、について大きな議論が巻き起こりました。韓米安保の存在、軍事政権の問題など、多様な視点からする反戦運動や戦争研究が展開される結果にもなりました。

## 3　日米同盟は国家テロリズム同盟ではないのか

### 横行する国家テロリズム

次に日米同盟とは、〝国家テロリズム同盟〟ではないか、とするやや過激な表現を敢えて用いたいと思います。

「戦争とは国家のテロリズムであり、テロリズムとは弱者の戦争である」と、フランス比較文化論が御専門で、かつて立命館大学で長らく教鞭を執られた西川長夫氏が喝破されました。私は勿論、テロリズムやテロを認めるつもりは毛頭ありませんので、誤解なきようお願いしたいわけですけれども、私の言いたいことは、戦争はアメリカであれ、どこの国であれ一種のテロリズムだと思うのです。テロリズムは、フランス革命の時代に革命を成就させたジャコバン派の実力者にロベスピエールというフランス革命の中心人物がいるのですけれども、彼は反革命分子をどんどん抹殺していくのですね。非常に惨たらしい形で。

フランス革命は、自由・平等・博愛を基本思想とするのだから、生命や人の尊厳を大事にしたのだろうと思うのですけれども、違うのです。やっぱり反対者や敵性分子に対しては、呵責《かしゃく》なき弾圧を加えていくのです。それをテロリズムと言ったのです。テロリズム（terrorisme）は、フランス語の「恐怖政治」（La Terreur）から来ていると言われています。

そして、弁護士でもあったフランス革命の指導者ロベスピエールは、「世界で最初のテロリスト」と呼ばれているのです。結局は反感を買ってテルミドールのクーデターで処刑されてしまいます。三六歳の時です。

このようにテロリズムとは、自分の意に反する人物や組織を言論ではなく暴力で抹殺していくことを意味します。その意味からしてアメリカは、これまでにベトナムやイラクで意に沿わないからと言う理由から、戦争というテロリズムに訴えました。

現在、進行形ですが、朝鮮民主主義人民共和国（以下、北朝鮮）への軍事的恫喝と、その延長に戦争発動を志向しているとすれば、それは北朝鮮の政治や体制が気に食わず、危険であるから抹殺するのだ、と言わんばかりのテロリズムの思想に落ち込んでいる、と言っても良いでしょう。一方、「イスラム国」（ＩＳ）に代表される、いわゆるテロ組織は、超大国アメリカの正規軍には正面から対抗することは不可能ゆえに、あらゆる非合法かつ残忍な方法でテロ行為を繰り返しています。

私たちは対テロ戦争と呼称してテロ撲滅を呼号する国家や政府の視点から、テロリズムを捉えようとしますが、これを第三者的な視点から見た場合、アメリカにもISにも共通点があります。それは言論ではなく、アメリカは戦争という暴力によって、ISは自爆などの暴力によって、自らの思想や判断を他者に押し付けようとしていることです。

そこには、言論による判断や前向き思考が完全に排除されているのです。私たちは反テロを叫ぶと同時に、反戦をも叫ぶことで暴力が跋扈《ばっこ》する社会や世界の清算を求めなければならないと思います。反戦と反テロは、その意味で一対の関係にあるのです。

これまた繰り返しになりますが、アメリカの戦争、今まで随分と戦争をやってきました。ベトナム戦争、最近でも湾岸からイラク戦争ですね。これは国家テロリズムの実例です。私に言わせれば明らかな弱者に対し、圧倒的な戦力を数多投入して潰していく、まさにテロリズムなのです。

もちろんISの暴虐ぶりというのを私たちはきちんと批判していかなければいけません。彼らが正しいとは私は全く信じていませんけれども、貧困、そしてアメリカの悪しきグローバリゼーションから脱却するために、強力な兵器を持ってないがゆえに自爆テロに走り、無辜《むこ》の民にも犠牲に強いているのです。

無辜の民に犠牲を強いることは結果責任として罪深いものであって、到底許容できるものではありません。それと同時に、何故そのようなテロを繰り返すのか、徹底して考察の対象とし、暴力ではなく言論で矛盾の告発と議論を深め、解決策を共同して紡ぎ出していく方向性を確認していくべきだと思います。

共謀罪は、安倍政権により、テロ対策の一環だという説明が繰り返し行われてきました。それ自体欺瞞に満ち満ちたものですが、少し角度を変えて言えば、安倍政権は、アメリカの国家テロに集団的自衛権行使容認によって加担しようとしている、その自らの立ち位置について認識が全く無いことも大きな問題です。

　テロ対策と言いながら、テロに加担する自己矛盾を自覚できない、あるいは全くその想像力を欠いた政治であることに、別種の恐ろしさを感じるのは私だけでしょうか。暴力を振るう者が自らの行為を暴力と自覚できないことは往々にあるにしても、それが理性と客観性が求められる国家や政府であってみれば、ことは重大だと言わざるを得ません。

## 抑止論と脅威論

先ほども触れましたが、安倍首相の言う、「積極的平和主義」は、先制攻撃をも辞さない懲罰的抑止力論に依拠したものです。換言すれば、それはまた国家テロリズムを敢えて用意する発想が、そこにあります。それで共謀罪を生み出す安倍自公政権に潜在する暴力とか脅威の概念についても、少し触れておきます。

　長年、軍事問題研究にも勤《いそ》しんできた私からすれば、アメリカと中国が正面からがっぷり四つに組んで戦争するとは到底思えませんし、ここが大事なのですけれども、中国にその意図も軍事能力もありません。百歩譲って、アメリカと戦争する能力があったとしても、その意図も意志も不在ということです。

　それでは北朝鮮はどうかと言えば、これまた全くありません。考えてみてください。北朝鮮はアメリカと比較してGNPで五四七分の一（アメリカは二一三一兆円、北朝鮮は三兆九〇〇〇億円）、軍事費支出で一三三分の一（アメリカは約八〇兆円、北朝鮮は六〇〇〇億円）でしかありません。眼が眩む程の絶対的な格差です。北朝鮮がいくら核兵器で武装していたとしても、それは防御的抑止力にある程度なり得ても、とても懲罰的抑止力にはなり得ないことは軍事常識からして明らかです。

北朝鮮やアメリカを鼠や猫に例えるのは失礼かもしれませんが、「窮鼠猫を噛む」とでも言いますか、追い込まれたら思わず噛みついていた、という事態は起こり得ますが、追い込む必要が本当にあるのでしょうか。強大な「猫」たるアメリカは、その「鼠」に怯《おび》えることはあり得ません。あり得るとすれば、そこに何かしらの政治的思惑で「怯えて見せる」ことで政治的利益を獲得しようとしているからなのです。

そのアメリカの政治的思惑を知ってか知らずか、日本の安倍政権も一緒に「怯えて見せる」パフォーマンスに懸命です。それは、「アジアの安全保障環境が変わった」と繰り返される口上に良く示されています。北朝鮮を脅威と算定する根拠は、実は政治的にも軍事的にも極めて脆弱です。

脅威と言うのは、その前提としてアメリカなり、韓国なり、そして日本なりを圧倒的な軍事力で捻じ伏せ、敗北に追い込むだけの力が備わっていることです。万が一、北朝鮮がアメリカの挑発に誘引されて、在韓米軍基地や在日米軍基地を攻撃するか、洋上のアメリカ艦艇にミサイルを撃ち込むか、また、現時点では計算以上のものではないICBM（大陸間弾道弾）をアメリカ本土に打ち込むような事態になれば、アメリカは圧倒的な戦力を投入して一気に北朝鮮の壊滅を実行するはずです。

北朝鮮は、アメリカや日韓の軍事力を確り算定しています。それで北朝鮮が自らの体制の崩壊と引き換えに先制攻撃を強行して、「猫を噛む」ことは絶対にあり得ないことです。

換言すれば、アメリカや日本にとって、北朝鮮は脅威ではなく、逆に北朝鮮はアメリカや日本を脅威として算定しているのです。そのことはアメリカも十分に知っています。アメリカとしては、アメリカの北朝鮮作戦計画は、これまでの北朝鮮の侵攻があった場合に侵攻を阻止し、それを奇禍として北に向けて侵攻する従来の「五〇二七」計画に替えて、全面戦争開始前に迅速かつ積極的に北上侵攻作戦を展開し、北朝鮮の壊滅を意図する作戦計画である「五〇一五」計画を採用しています。これは、二〇一六年の六月に韓米連合司令官兼在韓米軍司令官が署名したものです。切り替えた理由として、米韓ともに北朝鮮側からの侵攻は皆無だと判断しているからです

そこでは、これまで通り戦時作戦統制権（作戦権）はアメリカ軍が握ることになっています。つまり、韓国の国防軍の作戦指揮権がアメリカ軍に委ねられているのです。ということは、アメリカの意図に従って米韓軍が、北朝鮮への侵攻を可能とする体制が出来ているのです。

周知のように、米韓両軍は二〇一七年三月一日から、北朝鮮の「脅威」に備えた定例の合同野外機動訓練「フォールイーグル」を開始しました。因みに二〇一六年にも同様の合同軍事訓練が実施されましたが、二〇一七年の訓練には、米軍約一万七〇〇〇人、韓国軍三〇万人以上が参加しました。

それに対抗して、北朝鮮は臨戦体制化を強いられ、軍事領域以外にも防衛体制が敷かれました。その結果として、経済・教育などの諸領域に影響したと見られます。二〇一八年の演習には、日本はヘリ空母型護衛艦「いずも」（満載時二万四〇〇〇トン、長さ二四八m）を参加させ、アメリカの空母カールビンソン（一〇万トン、長さ三三三m）を中心とする機動打撃部隊に随伴しての訓練を実施しました。まさに日本の自衛隊は、「先制攻撃」訓練に参加したと言えます。

ここで言う「先制攻撃」とは、北朝鮮の核・ミサイル発射の兆候があれば、三〇分以内に「先制攻撃」するものであって、そうでない場合は必ずしも想定されていません。韓国国防軍の対北朝鮮作戦計画「キル・チェーン」（Kill Chain）の基本概念も同じです。そこでは、特に米韓合同軍事演習に典型的にみられるように〝誘発〟や〝挑発〟の軍事・宣伝行為が絶えず繰り返されていることを押さえておくべきでしょう。

こうした動きは、一方の北朝鮮からすれば脅威以外何物ではないはずです。北朝鮮が厳しい経済状況のなかで、民需生産を抑制してでも、経済建設と核武装化の、いわゆる「並進政策」を押し進めざるを得ない

のは、この圧倒的な脅威に対抗し、体制堅持を担保するためには、反撃能力の大きい核兵器開発とその実践化という、究極の選択しかなかったとも受け取れます。

その意味からも北朝鮮には、アメリカや日本、韓国や日本の米軍基地攻撃を先制攻撃する意図は全く不在であり、あくまで防御的抑止力としての牙を磨く行為に過ぎない、と考えるのが妥当でしょう。

残念ながら護憲政党や護憲勢力とされる組織や人たちのなかにも、軽々に北朝鮮脅威論に便乗してしまう傾向が見受けられます。これは朝鮮半島をめぐる政治の実態や軍事の実像を必ずしも正確に捉えきれていない証拠だと言わざるを得ません。ここでいう北朝鮮の「脅威」から解放されるためには、アメリカの「五〇一五」侵攻作戦計画や米韓合同軍事演習など、北朝鮮への脅威や恫喝行為を辞めさせることが先決に思います。

こうしたアメリカの先制攻撃作戦計画が、実は日本の集団的自衛権行使容認や安保関連法を急ぎ強行成立させた、本当の理由です。そして、このようなアメリカの動きや、これに呼応する安倍政権あるいは自衛隊の動きへの反対行動を事前に封印しようとするのが、実は共謀罪の大きな目標なのです。その意味で、共謀罪は単に国内的な意味だけでなく、アメリカの覇権主義に加担する法律という側面も併せ持ったものと見ておく必要があります。

## アメリカの「正義」を信じるのか

問題は、こういうアメリカの志向するグローバリゼーションという名の国家テロリズムということに対して、もう一回繰り返しますけれども、日本政府が、思考停止に陥ってしまっていることです。なぜ思考停止に陥ってしまっているか、を問題としなければなりません。

それはある種の利益構造が、そこにあるからです。著名な政治社会学者にセングハース（Dieter Senghass）という学者がいますが、彼の「軍拡の利益構造」というキーワードがあります。今、アメリカの軍産複合体という「軍拡の利益構造」を保守しようとする非常に強力な権力複合体が存在しています。これはもちろん今に始まったことではないのですけれども、それこそ一九六〇年代からアメリカの権力核になっているのです。

アメリカの若き大統領であったジョン・F・ケネディ（John Fitzgerald Kennedy）が一九六三年一一月二二日にテキサス州のダラスで暗殺されますが、真犯人は現在でも捕まっていません。事件報告書の「ウォーレン報告書」を読んでも、犯人像は明確にはなっていないのです。でも事件の背後には、アメリカの軍産複合体が介在していることを暗に匂わせています。つまり、真犯人は教科書会社の倉庫からライフルを発射したオズワルドでも、容疑者として拘束され、連行中に警察署内で射殺されたジャック・ルビーでもなく、アメリカの軍産複合体なのだと、実は多くのアメリカ人が思っています。

つまり、ケネディは事件の前年に起きたソ連がミサイルをキューバに持ち込んだことを発端とする、いわゆるキューバ危機に対し、ソ連のフルシチョフ首相と和解をして「デタント」（雪解け）に成功します。このままだとアメリカの軍需産業に大打撃となる、と危機感を募らせた軍産複合体の幹部がケネディの排除に乗り出し、それが暗殺に結果したのではないか、との推測が殆ど真実となっています。その位にアメリカの軍産複合体は絶大な力を持っている、という訳です。世界最強の権力者とされるアメリカの大統領を葬るだけの力があり、尻尾を摑ませないのですから。

記憶に新しいところですが、大統領選でヒラリー・クリントン候補とトランプ候補とが激しい鍔迫《つばぜ》り合いが演じられ、僅差でトランプ候補の勝利となりました。どちらも軍産複合体とも非常に深い関係があることは良く解っていました。特にクリントン候補と軍産複合体との関係は大変に濃密でありました。そこから多額の選挙資金が入っていたことは周知の通りでした。だから、例えクリントン候補が大統領になっていたとしても、アメリカのグローバリゼーション、アメリカの国家テロリズムという戦争政策というものは、多少の表現の違いはあっても存続していたのだと思います。

私はアメリカの言う「正義」を、どうしても信じることが出来ません。これまで縷々《るる》話してきた、アメリカの言う「脅威論」と同様に。

要するに、トランプ大統領の好んで使う言い回しである「アメリカン・ファースト」、換言すれば「一国至上主義」や「アメリカン・ナショナリズム」のことです。経済的には凋落の兆しが濃厚なアメリカにとって、軍事費の増額による軍事力への依存が一段と目立つようになっています。つまり、外交力ではなく軍事力によって、アジアや世界での覇権を堅持しようと躍起になっているように思われてなりません。その方向性と軌を一つにしているのが、日本の安倍政権です。

オバマ前政権時代の北朝鮮政策は、それでもトランプ大統領に比較すればですが、抑制的でありました。そこには、ギリギリのところで北朝鮮や中国、その他の諸国との議論を前提とする外交力を前面に題した姿勢を貫いていたと一定程度評価できます。しかしながら、トランプ政権は違います。安倍首相とオバマ前大統領とは、政治姿勢も肌合いもかなりのズレをお互いに感じ取っていたと思います。

それがトランプ大統領になって、一番喜んでいるのは安倍首相ではないでしょうか。まだ大統領に就任していないのに、現職大統領への敬意を忘れ、トランプ・タワーでの燥《はしゃ》ぎぶりは目に余るものがありました。日本も絡めて言えば、そこに「日米二国至上主義」の世界や秩序を最善とみなす、どうしようもない独善性を見てしまうのです。

トランプ大統領の軍事偏重主義は、本当に危険極まりないものです。二〇一七年四月一三日には、アフガニスタンの北部にＭＯＡＢ（モアブ）という核兵器以外においては最大の威力を持つという大型爆風型爆弾の使用に踏み切りました。ＭＯＡＢというのは、凡そ一一トンもの高性能爆薬を詰めた超大型爆弾です。

地中深く建設された基地や洞窟なども破壊可能ということで、対テロ戦争の一環として使用されたのです。それは同時に、北朝鮮の地下に設営された軍事施設破壊をも念頭に据えた作戦だったとされています。つまり、北朝鮮への恫喝の一環として使用した訳です。

それより一週間前にはシリアの空軍基地への巡航ミサイル攻撃を敢行しました。それはシリアのアサド大統領がイラクにおいてサリンを使用したことへの報復作戦であった訳です。

確かにサリンを使った形跡は画像を見る限りなくもないですが、シリアの主権を侵して良いということにはならず、やっぱり先んじて国連なり国際機関なり第三者が査察に入ってしかるべき手続を踏むべきだったと思います。その上で、アサド・シリア政権に対して抗議をする。そして本当に持っているか、持ってないかを現地査察をするのが常套なのです。

それもしないで、ある意味では状況証拠だけで空爆をするということは、まさにトランプ大統領も国際法違反をしているということなのです。だから国際法違反合戦をやっているようなものです。そこには、平和的なる判断というものが介入しない、という問題性があるということを議論しなければいけないのです。

実はグローバリゼーションを、かなり肯定感持って捉える人も多いようです。

グローバリゼーションというのは、多様な解釈あって良いのですけれども、それはアメリカの軍事サイドから基本的に出てきた用語なのです。つまり、アメリカと同じ価値観を持つようにと、世界を全部アメリカと同質の存在としてしまおうとする考えのことを意味します。

簡単に言えば、そこの組織、人、地域、歴史の差異ということを抹消していくということがグローバリゼーションです。だから全部地球を金太郎飴にして、アメリカ好みの世界にしてしまうということを、グローバリゼーションだというふうに私は解釈をしているのです。グローバリゼーションという方向性のなかで、異端分子を徹底的に軍事力で、あるいは軍事力を恫喝材料にして包囲網を敷き、フラット化していくことを、グローバリゼーションだという訳です。

実はアメリカのやろうとしている戦争が、一体全体何を目的とした戦争なのか。戦争の持っている方向性、あるいはアメリカの戦略性というものを十分に吟味しないで、条件反射的にイエスマンに安倍自公政権がなっているとするならば、全くこの言葉はあまり使いたくないのですけれども、思考停止に陥っている、と言わざるを得ません。つまり、考えなくなってしまっている、ということです。

国会などで圧倒的多数の議席を確保しているものですから、数があれば全ての意見なんていうのは聞かずとも法律なり政策がドンドン実現していくのだ、と思い込んでしまっているのです。まさに、「数の暴力」が現在の政治を極めて歪なものにしています。

今回の共謀罪の審議を見ていても、議会や委員会の審議は、形式以上の何物でもなく、議論が深まっていくシーンは全く見えず、ただ只管《ひたすら》民主主義を装う劇場でしかない、と心ある国民には映っているはずです。まさに疑似民主主義の時代に入り込んでしまった、という感想を抱かざるを得ません。

## 共謀罪こそ日本テロリズムの産物

とても民主主義が機能しているとは思われない事態が、相当に構造化しています。数の暴力というのは、言葉をかえて言えば、もう一つの〝軍事力〟なのです。つまり、軍事力も圧倒的な量や力で相手を捻じ伏せていく、抹殺していくということでしょう。これもテロリズムの一種、とすら言えるのはないでしょうか。反対者を抹殺していくこと、殺しはせずとも発言の自由、思想・信条の自由を剥奪するのが共謀罪だとすれば、共謀罪こそテロリズムの思想が孕まれた危険な法律に思うのです。反テロ・反戦と同様に、反共謀罪を継続して言い続けることが肝要に思います。

だから、私は時折、議論の余地も敵対する相手に与えず、自由や自治の思想や精神を軽んじる人は、やや過剰な表現かも知れませんが、〝テロリスト〟ではないか、とさえ思うのです。

ここでは、勿論、民主主義を実質否定する考えをテロリズム、その実行者をテロリストと言うのであって、自爆して無辜《むこ》の民の生命を奪うテロリストとは異なりますが、西川氏風に言うなら、戦争を敢えて政策として採用しようとする人は、まさに国家テロリズムの実行者という見方もできるのはないか、という問題提起でもあります。

私は二〇一六年四月年参院選への出馬を決意してから急いで書き上げた本に『逆走する安倍政治─馬上の安倍、安保を走らす─』（日本評論社）があります。サブタイトルの「馬上の安倍、安保を走らす」は何の意味かと言えば、実は私は政軍関係史研究を行ってもきたのですが、アメリカの政軍関係研究で著名なファイナー（Samuel E. Finer）の代表作に、“The Man on Horseback: The Role of the military in Politics”（馬上の人：政治における軍隊の役割）という本があり、ここから「馬上の安倍」を考えたのです。

「馬上の人」とは、「軍人」（Militarist）を示す言葉です。安倍首相の政治手法に具現される軍事主義の危険性に警鐘乱打する意味で、このようなサブタイトルを付けたのです。その軍事主義的な手法を好んで採用する安倍首相が、音頭を取って強行採決しようとしているのが共謀罪です。共謀罪に孕まれた軍事主義的な側面が、実は非常に問題だと考えています。それで次に、この共謀罪を強行しようとする日本の安倍政権の対米従属ぶりについて、少し触れておきたいと思います。

## 4　対米従属から対米隷属へ

### アメリカの戦争に加担する日本

日本がなぜアメリカの国家テロリズム、つまりアメリカの戦争に加担をしていくのかというのは、アメリカ側からの説明と日本側からの説明を取り敢えず区別しておきます。勿論、両者の戦争への志向性は、一体のものですが。アメリカとしては、先ほども言いましたように、もうアメリカが単独で大きな戦争をする力もない。けれども、「世界の警察官」としての役割を果たしたい、ストレートに言えば世界やアジアで覇権を握り続けたい、そうでないとアメリカ資本主義の安定的発展はあり得ない、という考えに凝り固まっているのです。

強大なアメリカ資本主義は、強大なアメリカ軍によって支えられてきたのです。世界中にネットワークを張り、世界中を市場化しているアメリカの資本主義は、それをカバーするかのように、アメリカの軍事力も世界中に強力無比の軍事基地や軍事施設、そして兵員を配置展開しています。かつてのような警察という思惑は別にしても、アメリカの影響力を軍事力によって担保したいという志向性は、まだまだ衰えていないわけです。

だから世界で七〇〇カ所以上の軍事基地や軍事施設を保有し、特に近年では日本や韓国の基地機能強化が顕在化しています。韓国京畿道《キョンギド》南部に位置する平澤《ピョンテク》の基地拡大や日本の岩国基地の機能強化、それに沖縄の辺野古の滑走路建設計画も、その文脈で見ておく必要があります。

日本や韓国に展開する合計して一〇万人以上の米軍が駐留しているのも、勿論、日本や韓国の安全を守るためではありません。日米安保も韓米安保も、アメリカ資本主義の利益を保守するために展開していると言って過言ではないでしょう。日本の戦前の陸海軍も、何も軍隊それ自体を保守するために存在するのではなく、戦前の「国体」（天皇制国家支配体制）や日本資本主義を保守し、拡大するための最大最高の支援者でありました。

それゆえ当時の日本にとって最大の市場とみなした中国本土や中国東北部（満州）、それに石油やボーキサイトなど産業に不可欠な戦略資源の収奪装置として日本軍隊が東南アジアや中国に侵略戦争を強行したのです。

そういう意味で言うと、何としても軍事力の低下は資本主義力の低下にも直結しますから、アメリカとしては極めて重大な課題です。そこでアメリカ側としては、軍事力をここにきて一段とパワーアップするために、トランプ政権は軍事費の大増額を敢行しました。それだけでは足りないので、今に始まった訳ではありませんが、日本や韓国に軍事負担を強いています。

そこから日本には、再三にわたって集団的自衛権の行使容認を急ぐように要請していましたし、安保関連法も同様に、一体いつまでに制定するのだと、かなり強面な要求を行ってきました。

安倍政権もそれに呼応するかのように、圧倒的多数の議席をフルに利用する形で、アメリカの要請を次々に飲んでいったのです。対米従属ぶりは目に余るものがありますが、その背景にアメリカの脅迫に近い要請があったのです。

このようなアメリカの方針は、同盟国分担体制と言っています。つまり、日本や韓国にアメリカの戦争を肩代わりさせたいという志向性が、大分以前からあったのですが、ここに来て非常に顕在化している、と指摘できます。

日本の自衛隊の増強、そして集団的自衛権行使によって自在に展開できる自衛隊、それから自衛隊が自在に国の内外に展開できるために法的な縛りを解くこと、そのために出てきたのが憲法改正でもあり、取り分け第九条に自衛隊を明記するという、二〇一七年五月三日の憲法記念日に安倍首相が唐突に出してきた加憲論です。憲法改正に慎重な態度を崩していない公明党を取り込み、自衛隊を国防軍化していくためのステップとして、従来の「自民党憲法草案」を引っ込める格好で提出してきたのです。

その安倍改憲論の眼目は、自衛隊の国軍化ですが、それはアメリカ軍と対等に作戦展開できる軍隊への道を、大胆に切り開く狙いがあるのです。その辺のところは、とても重要なポイントに思います。こうした安倍政権の根底には、当面はアメリカの企画する軍事的緊張状況や先制攻撃計画に便乗することが国策に適《かな》うとする判断なり、戦略があるからでしょう。

それで、安倍首相の言う、「アジアの安全保障環境の変化」とは、私たちの目に映る中国の海洋進出や北朝鮮の相次ぐミサイル発射実験を素材にして、それを「脅威」の二文字に強引に収斂《しゅうれん》し、解釈することによって成立するものです。

いま、朝鮮半島では表向きの緊張激化と裏腹に、南北朝鮮の間で、一〇年前の二〇〇〇年六月一五日に世界に向けて発信された「六・一五南北共同宣言」の趣旨に則り、「高麗《こうらい》自治連邦政府」構想への歩みが再起動しているのです。

それは、韓国の金大中《キムテジョン》大統領と、北朝鮮の金正日《キムジョンイル》国防委員長との連名で交わされた南北統一への道筋を明らかにしたものです。韓国の大統領は盧武鉉《ノムヒョン》氏に替わっておりましたが、南北朝鮮の首脳会談は二〇〇七年にも行われ、同趣旨の「一〇・四宣言」が発表されました。

現在、韓国では文在寅大統領を中心に「南北共同宣言」を再起動するためのプログラムが検討されています。文大統領の側近に南北統一に向けて活躍してきた実績のある人物を登用したことも、その証左のひとつです。北朝鮮開城《ケソン》工業団地の再開もまた、そのひとつでしょう。同団地に資本投下した数多の韓国の資本家集団も、この動きを歓迎しています。同工業団地の再開も近い将来実現するはずです。

このように、韓国では現在、「六・一五時代」への回帰が謳われています。南北朝鮮間の緊張を緩和し、和解と平和を目指す方向において自主的平和的統一を目ざす運動が確実なウネリとなっています。

対米従属路線を直走《ひた》ってきた朴槿恵政権を退陣に追い込んだ直接の理由は不正への怒りでしたが、もっと大きな視点では、南北朝鮮の統一への熱い思いがあったことも、注目しておかなければなりません。

いま、韓国の労働者や学生たちを中心に集会などで、次の言葉が流行っているそうです。それは、「Is this an alliance? Get lost with your THAAD!」(これが同盟なのか。サードを持って消えろ!) というものです。これは不平等な韓米関係と従属的な韓米同盟の見直しを希求する切実な声であり、文在寅大統領の登場と前後して、活発な運動が展開されているのです。THAADミサイル (Terminal High Altitude Area Defense missile) とは、終末高高度防衛ミサイルのことです。

アメリカ陸軍が開発した弾道弾迎撃ミサイル・システムで、韓国国内に実践配備されたものです。それは以前には、戦域高高度防衛ミサイルと呼ばれていたもので、北朝鮮だけでなく、中国やロシアにとっても頗る脅威と算定されているミサイル・システムです。

つまり、韓国では対米従属路線への疑問が沸き起こりつつあり、南北朝鮮が「休戦協定」により構築されている南北分断を固定化する「停戦体制」を打破し、統一朝鮮への歩みを模索することで朝鮮半島に平和を実現しようとしています。

「停戦体制」とは、〝戦争なき戦争状態〟を意味します。それこそが、南北朝鮮分断を固定化しているのです。その固定化は、アメリカにとっては都合の良い状態なのでしょう。在韓米軍や在日米軍を展開配置し、東アジアでの覇権を堅持できる軍事力の展開を正当化できるからです。

朝鮮半島に平和を実現しようとする南北朝鮮の真摯な姿勢を、アメリカも日本も全面的に支援することが重要であって、これを阻害したり、批判したり、ましてや軍事的恫喝によって自主的平和的統一を阻んではならない、と思います。

そのためには、日本もアメリカに従属するだけでなく、日米安保の段階的解消と日米友好平和条約への切り替えによる対等な関係構築を図るべきと思います。

## 5　自衛隊加憲で骨抜きされる文民統制

### 自衛隊を憲法に明記しようとするのは何故か

ここで少し自衛隊の動向について、触れておきたいと思います。自衛隊は日本の再軍備により創設された警察予備隊と、その後の保安隊を前身としています。警察予備隊は、当初七万五〇〇〇名の隊員から編成されました。指揮官クラスには大勢の旧陸海軍の将軍や将校から充当されました。

私は学生の頃、金呂万《キムロマ》という人が書いた『切腹した参謀たちは生きている』（幻の地下帝国シリーズ〈4〉、晩声社、一九七六年刊、初版は五月書房、一九五二年）という本を神田の古本屋で偶然見つけて読んで、大変ショックを受けたことを記憶しています。遥か昔のことですが。どういうことかと言いますと、私はそれまで日本の旧陸海軍は解体され、その軍人は完全に社会から追放されたものと、固く思い込んでいたからです。

しかしながら、それは誤りでした。旧陸・海軍は、第一、第二復員省として復員業務を担うという口実で事実上温存されますし、旧陸・海軍人の多くが警察予備隊の指揮官や中堅幹部として採用され、復帰していたのです。それが私をして、軍事史に関心を抱かせた契機にもなったように思います。それは兎も角として、こうして日本の再軍備は、旧陸・海軍の再興という意味をも持ったのです。

警察予備隊は朝鮮戦争で日本に駐留していたアメリカ第八軍が朝鮮半島に出撃してしまい、日本の安全に不安を感じた昭和天皇が連合国軍最高司令部（ＧＨＱ）のマッカーサー司令官に軍隊の創設を要請したことになっています。アメリカはそれを奇貨として、従来の日本の非武装化政策（民主化政策）を転換させ、再軍備を指令します。

こうして創設されたのが自衛隊の前身であり、再軍備を法的に担保したのが日米安全保障条約（日米安保）でありました。その意味で自衛隊はアメリカの、言うならば「押しつけ」で出来上がった部隊をルーツとしているのです。その出自から、自衛隊は、そもそもアメリカ軍の一翼を担う宿命にあったのです。

先ほども触れましたが、安倍首相の自衛隊加憲論の提示で、再び注目を浴びることになった自衛隊ですが、このところ組織拡大と政治的役割期待を強く表明するようになったことに、大きな警戒と疑問とを生じさせています。自衛隊は何故に防衛外交政策の前面に出ようとしているのでしょうか。

勿論、自衛隊最高指揮官の安倍首相の「指示」があり、また、旧陸・海軍がそうであったように、最高指揮官の意を汲んで率先して自らの役割に従い動いているからです。いずれにせよ、自衛隊制服組の暴走ぶりが顕著なのです。その背景には、幾つかの原因があるように思われます。

**第一**には、従来からするアメリカの同盟国分担体制に従って、自衛隊制服組のなかには、専守防衛に専念する従来型の自衛隊ではなく、世界最強の軍隊であるアメリカ軍との共同作戦を遂行するに足りる、文字通り世界に通用する軍事組織としての内実を固めたいとする強い志向が存在していることです。

その強い志向性は、自民党の国防族を含め、多くの文民政治家が認めるところです。そこにはあくまで日米共同態勢の構築という枠組みからはみ出し、自立型の自衛隊にはブレーキをかけるべきだとする考えもあります。その一方では、現状の自衛隊にはその枠内で一定の伸び代がある、とする共通観念が強く存在し、主流の位置を占めています。

そのなかで自衛隊自身が従来型の自衛隊の殻を破り、応分の能力と責任を果たすことを、アメリカからも強く要請されていると考えているのです。要するに、先ほども触れたように、アメリカの言う同盟国分担体制を積極的に受容することが、自衛隊の組織拡充の絶好の機会と捉えているのです。近年、これに拍車がかかる状況が生まれています。

それはアメリカの軍事戦略の転換が進められようとしていることです。例えばアメリカでは、すでにトランプ政権が誕生する以前からですが、「Offshore Rebalancing」(沖合均衡戦略)の打ち出しを検討しています。それは、平時においてアメリカ軍は可能な限りアジア地域から後退する、という内容です。文字通り「沖合」(Offshore)に後退しておき、有事にのみ紛争地域に出動展開するという戦略です。

平時において紛争想定地域への軍事力の展開は紛争に巻き込まれ、想定外の戦争に加担せざるを得ない可能性を排除できない、と考えているのです。従って平時においては、アジア地域における日本自衛隊と韓国国防軍に、アメリカ軍の〝代替軍〟としての役割を担当させようとする意図が明々白々です。

二〇一七年四月上旬、北朝鮮に近い海域に原子力空母カールビンソンを中心とする機動打撃部隊が展開し、侵攻姿勢を示す作戦を演習と称しつつ強行したのも、沖合均衡戦略と絡めて捉えることも可能ではないか、と思います。つまり、必要と判断した時にアメリカの軍事プレゼンスを展開して恫喝をかける、場合によっては攻撃に踏み切る、という戦略です。そうでない場合は、極力、紛争想定地域から撤収しておき、その穴埋めは日本と韓国という同盟国軍に任せる、というものです。

そうしておけば、アメリカは意図しない突発的な紛争に巻き込まれず、犠牲や費用を強いられないのです。そのような戦略的転換が、アメリカ軍からの自衛隊の役割を一段と期待する理由となっているのです。そのことが、実は自衛隊を勢いづかせてもいるのです。

**第二**に、そうしたアメリカの要請と認知を恰好の動機づけとして、自衛隊は近年において急ピッチで組織の改編を進めています。

事例は実に数多く指摘可能ですが、このうち二〇一五年六月二日付で成立した防衛省設置法第一二条の改正（正式名称は、「防衛省設置法等の一部を改正する法律」法律第四二号）は、極めて衝撃的な事件でした。それは要約して言えば、制服組（武官）と背広組（文官）との権限の平等化を図ったものです。

## 形骸化する文民統制

いま自衛隊が危険な方向へと大胆に歩み出している実態を知って欲しいと、私は昨年に『暴走する自衛隊』（筑摩書房・新書、二〇一六年刊）と題する本を書きました。この本を書くに至った直接的な動機は、日本共産党書記局長の小池晃参議院議員が明らかにされた自衛隊の統合幕僚監部が作成した「内部文書」の内容と、仁比聡平参議院議員（日本共産党、当時）が明らかにされた「統幕長訪米時の《ママ》おける会談の結果概要について」と題する文書に接したときでした。この二つの文書の読み解きは、長年自衛隊の動向に関心を寄せてきた私に課せられた宿題のように思えたのです。

その内容は、河野克俊統幕長（当時）が、二〇一四（平成二六）年一二月一七日（水曜日）にアメリカ国防総省（通称、ペンタゴン）を訪問し、オディエルノ陸軍参謀総長、スペンサー空軍副参謀長、ワーク国防副長官、グリナート海軍作戦部長、スイフト海軍作戦部幕僚部長、デンプシー統合参謀本部議長、ダンフォード海兵隊司令官らに個別に大凡三〇分程度会談を行った折の会談内容を記したものです。

そのなかで、例えば、オディエルノ陸軍参謀総長が、「中国の活動に関し注視して頂き感謝する。中国に対しては外交、軍事等あらゆる手段を用いて対応することが重要である。現在取り組んでいるガイドラインや安保法制作業についても有効な手段であると認識しており、引き続き見守っていきたいと考えている」と述べたのに対して、河野統幕長は、「安倍政権の以前は防衛関係費は減少傾向にあったが、現在は増加傾向にあり、陸上自衛隊においてはV22オスプレイ、AAV7（注・水陸両用車）を導入する」（同文書、五頁）と答えているのです。

安保関連法案が国会の場で審議される凡そ半年前に、米軍トップの将官から、「有効な手段であると認識」していることが自衛隊トップに直に伝えられていたことは、安倍首相が二〇一五年四月三〇日、米連邦議会でガイドライン及び安保法制を同年夏までに実現すると約束していたことと合わせると、一連の法整備がアメリカ政府・米軍と、日本政府・自衛隊との主導によって周到に練られていた結果であったことを証明するやり取りです。

このやり取りの直前にも、オディエルノ陸軍参謀総長が、「現在、ガイドラインや安保法制について取り組んでいると思うが予定通りに進んでいるか？　何か問題はあるのか？」（同三頁）と質したのに対し、河野統幕議長は「与党の勝利により来年夏までに終了するものと考えている」（同右）と答えていたのです。すなわち、自衛隊幹部にとって、安保法制の成立は当然の前提であることを公然と語って見せたのです。

まだ、国会審議も始まっておらず、しかも国民の間でも議論もなされていない時点で、外部にリークされないという前提とは言え、政治家顔負けの政治判断と決意を口にするのが通常の感覚となっているのではないか、と思われる問答内容です。これらは、日本国内の民意とか世論の動向とは無関係に、重大な決定が、文字通り済し崩し的に推し進められていることを跡づけるものです。本当に深い憤りを覚えずにはいられません。文民統制の形骸化も、ここまで来てしまっている現実に唖然とするばかりです。

もう一カ所だけ引用しておきます。それは河野議長の民意や世論への姿勢を垣間見せた個所です。それは、ワーク国防副長官との会談の折に、副長官がオスプレイの日本導入に触れて、「オスプレイ導入に関して日本国民の不安は低減されただろうか?」と懸念を表明した折、河野統幕長は、「オスプレイに関して不安全性を煽るのは一部の活動家だけである」(一一頁)と応答したのです。オスプレイへの国民の不安を、「一部活動家」と矮小化することも由々しき問題ですが、こうした硬直した発想自体にある種の怖さを感じます。

その硬直した発想は、沖縄における普天間基地移設問題が俎上に上がったおりにも示されることになりました。河野統幕議長は同副長官に、「沖縄知事戦《ママ》では普天間移設反対の候補者が当選した。普天間移設問題は地方の問題ではなく国の問題であり、安倍政権として立場を変えないものと認識している」(同一二頁)と述べたと記されています。

自衛隊幹部が本音で政治発言を行うことは今日では、決して珍しくないことになってしまっていますが、それにしてもこれは露骨な発言です。日本で唯一の強力な武装組織集団である自衛隊のトップが、一政権にこれほどまで赤裸々に肩入れすることに全く躊躇していないのです。

本来、自衛隊は政治的中立性を原則としてきたのではないか。外部にリークされないという安心感があったのか定かではありませんが、これでは文民統制の原理原則としての被統制者としての自衛隊の中立性が担保されていないのです。自衛隊は一党一派に偏《かたよ》るのではなく、公正中立かつ政治による統制に従ってこそ、初めて民主主義社会の原理と共生・共存が可能であるはずです。それが、自衛隊存在のギリギリの線なのです。このことに無自覚で居る自衛隊制服組のトップの実態が、浮き彫りにされた文書に思います。

## 5　強まる監視社会の向こうには

### 戦後の出発は本当にあったのか

戦後日本社会を鳥瞰するならば、戦前期と戦後期という戦争を挟んでの時代を監視社会と国民動員のキーワードで検証するとき、その区分がほとんど意味をなさないと言えます。

つまり、戦前国家が極めて露骨な数多の国民監視統制法を敷くことで、徹底して国民への恫喝と動員を強いたことにより、軍国日本を保持したように、実は現代日本においても、とりわけ高度経済成長が終焉した後、戦前より洗練された内容だとしても、本質的には何ら変わらない国民監視統制法というべき範疇に入れられる法制が、相次ぎ整備されていることが指摘できます。

あらためて整理しておけば、戦前期の治安維持法の再来とも言える共謀罪なる法律の制定をめぐる動きは、これまでにも何度もその成立が試みられました。

すなわち、二〇〇五年八月に衆議院解散により一旦は廃案、二〇〇六年四月二一日に与党修正案国会提出、同年五月一九日に与党再修正案国会提出という具合です。共謀罪が検討されはじめた契機は、二〇〇〇年一一月に国連総会で採択された「国際的な組織犯罪の防止に関する国際連合条約」（国連国際組織犯罪条約）により、これを国内法として整備するためだとされています。これは、現在の共謀罪議論の最初に持ち出されるものです。

手を換え品を換えて共謀罪は三度目に提出された折、盛んに口にされたのが、二〇二〇年の東京オリンピックを無事開催運営するためには、「対テロ対策」として共謀罪が不可欠とするものです。

繰り返し議論されたことですが、国連国際組織犯罪条約を批准するためにも必要だと説明していますが、これも権力による罠と言って良いと思います。テロ対策のための法律は既に存在しており、これらを持ってすれば批准することは可能です。極めて見え透いた方便を弄しているのです。

国連の国際組織犯罪条約は麻薬密売など国境を越えた犯罪への国際協力を円滑に進めるための法整備を各国に提起したものであって、共謀罪の骨子たる市民運動や労働運動をも取り締まりの対象とする目的とは、全く異なるものです。こうした権力の手法は、戦前の歴史においても多く見い出すことができます。

一例を挙げておきます。畑中繁雄・梅田正己編『日本ファシズムの言論弾圧史抄史―横浜事件・冬の時代の出版弾圧―』（高文研、一九九二年）に詳しいのですが、進歩的知識人として著名であった細川嘉六《ほそかわかろく》の出版記念の折に撮影した一枚の写真が、特別高等警察（特高）によって、「共産党再建の会議」と決めつけられ、ここから出版人・ジャーナリストら約六〇名が検挙され、このうち三〇余名が治安維持法違反で起訴されるという事件が起きました。戦前の一九四三年に起きた世に言う横浜事件です。

さらに、悪名高い治安維持法は、「治安維持」の名目で、協議罪や扇動罪を用意し、あらゆる言論や活動に厳しい監視と抑圧を加えることを目的とするものでした。一九二八年に、同法はさらに目的遂行罪を加え、目的達成に必要とされる書籍や資料など情報一般を所有しているだけで、当局によって恣意的に犯罪対象とされ、重罪が課せられることになったのです。同法は、さらに日米開戦の年である一九四一年の三月には、治安維持法再犯防止を目的として予防拘禁制も付け加えられました。

共謀罪は、表向き組織犯罪への対処から提起されていることになっていますが、労働者や市民・住民が様々な運動などを進める上での協議や準備も、公安当局（＝政府）の恣意的な判断によって共謀罪の対象と認定され、犯罪と見なされてしまう構造を持ったものです。一体何を持って、「共謀」とするのか、また、何よりも様々な運動への取り組みが、何故、「共謀」という名によって公安当局の監視の対象となるのか、実に疑問の多い法律であることは間違いありません。

最大の問題は、そもそも刑事訴訟法では、捜査の対象範囲を、結果が発生した犯罪および犯人の検挙に限定することによって、人権侵害への配慮を行っているのに対し、共謀罪は、犯罪の〝可能性〟を当局が予知し、その〝可能性〟をも犯罪の対象として取り締まろうとしていることにあります。それゆえ、先に述べたように、犯罪の〝可能性〟を自由自在に拡大解釈して、全ての運動や活動を、まさに恣意的に〝犯罪化〟することが可能となるのです。

もちろん、このような当局のスタンスは、戦後に共謀罪において、初めて出されてきた訳ではなく、盗聴法の別名で呼ばれた通信傍受法（一九九九年成立）などの法律にも示されています。それは、国民保護法に代表される一連の有事法などに通底するスタンスであり、その結果として現代社会は、監視社会となっているのです。

冒頭でも触れましたが、二〇一七年開催の第一九三国会（通常国会、二〇一七年一月二〇日招集）に「組織的な犯罪の処罰及び犯罪収益の規制等に関する法律の一部等を改正する法律案」が内閣より提出されました。安倍政権は、これを通称「テロ対策法」と呼びますが、言うまでも無く「共謀罪」です。これまでにも二〇〇五年と二〇〇九年にも国会に上程されましたが、いずれも衆議院解散により廃案となっていたものです。

共謀罪の適用犯罪は二七〇以上にも及ぶとされています。そこでは、あらゆる領域に監視の目を張り巡らし、いつでも犯罪対象として処罰可能な体制を整えているということです。共謀罪は第一に密告が奨励され、第二に電話やメールの盗聴が合法化され、第三に自白強要が強化され、第四に街頭や集会などで交わされる会話まで監視されることになります。そこでは、「司法も『行為』ではなく、『思想』と紙一重の『態度』を犯罪として裁く時代が来ている」と言われています。この点については、海渡雄一弁護士らが纏められた『共謀罪とは何か』（岩波書店・岩波ブックレット、二〇〇六年）、『新・共謀罪の恐怖』（緑風出版、平岡秀夫共著、二〇一七年）が分かり易く要約しています。

現在、欧米諸国における反戦反核平和運動を含めた市民運動がコンスピラシー（共謀罪）の脅威に晒され、自由な運動や表現に著しい制約が科せられています。日本でもすでに国民保護法など一連の有事法制によって、言うならば外堀が埋められ、共謀罪などによって内堀を埋められる途次にあると言えます。

それは監視社会としての側面が強まりつつある日本社会を、一層閉塞した社会へと変容させるものであることは間違いありません。有事体制ゆえに国民動員体制が敷かれ、これに抗する者たちを監視し、場合によっては共謀罪によって封殺する手だてが、実に周到に準備されていると言わざるを得ないのです。

このような状況に直面している私たちの社会は、今後どの方向に進んでいくのでしょうか。

これに関連して、昭和史から現在を見直す視点を強調する作品を次々に発表している保阪正康氏は『昭和史の教訓』（朝日新聞出版・朝日新書、二〇〇七年）のなかで、満州事変（一九三一年）から敗戦に至る過程で日本は、「四つの枠組みで囲いこまれた時代」であった定義し、その一つに「弾圧立法の徹底化」を挙げています。とても参考となる視点の提供です。

それは治安維持法（一九二五年制定）が昭和の時代に入り、共産党の壊滅以後は「自由主義者や宗教家、それに文化人などが狙われていく」としています。そして、日中全面戦争開始以後は、一般の人々をも軍機保護法などを加えて弾圧の対象としてきたと。

確かに今日では治安維持法や軍機保護法、さらには国防保安法のような正面から治安弾圧法というネーミングを冠した法律は不在ですが、武力攻撃事態対処法にしても国民保護法にしても、その本質的な役割機能は何よりも国民の動員・管理・統制を実行する法であり、同時的にそれは治安弾圧法でもあるのです。現在の治安弾圧法は、そのように外からの脅威を口実にして、国民の保護や安全を持ち出すのです。

そのカラクリを見破らないと、私たちの言論の自由は、言論の統制に取って替わられ、さらには言論の弾圧が日常化する事態になることは必至です。本の帯に「昭和一〇年代を蘇らせるな」と付した保阪氏の『昭和史の教訓』のメッセージは、軍機保護法はじめとする軍事法の整備が文字通り、戦争と抑圧の時代を準備したことを踏まえ、二度と〝新たな昭和一〇年代〟を招くことがないよう警鐘乱打するものです。

## 「保護」と言う名の監視と動員

「軍機保護」に名を借りた徹底した国民監視と国民統制の手法が、戦後において、今度は「国民保護」に名を借りて受け継がれています。戦前の日本国家が、軍国日本に適合する国家体制と国民意識を創り上げるためにこそ、広い意味での国民監視統制法を不可欠としたように、現代においても、再び戦争のできる国になるために共謀罪が不可欠となった、と安倍政権らが判断するに至ったのです。あるいは米軍の軍事行動に参加できるようになるための必須の条件として、戦前型国家と戦前型国民を必要としているのであり、その文脈から、国民保護法が成立し、さらには共謀罪の成立があらためて意図されているのです。

軍国日本の再構築の試みは、戦前期における軍機保護法や国防保安法、さらには前後するが治安維持法などを踏まえつつ、現在の国民保護法や共謀罪などに受け継がれていますが、この他にも教育基本法の改悪や国民投票法案の検討などにも通底しているように思われます。

つまり、愛国心を強制することによって、「非愛国者」のレッテルを貼り、戦前で言うところの「非国民」とし、社会からの排除を試みようとしているのです。政府・自民党は、連立を組む公明党と共同して、二〇〇七年四月一三日に衆議院で国民投票法案を可決成立させました。

それは国民から自発的かつ積極的な発言の機会も時間も事実上奪うための法律に過ぎず、言うならば憲法に関する議論を封殺する意図が明確です。

国家・国旗法の成立が、日本の戦争責任や歴史認識に関する言論封殺法として、その役割を背負っていたと同様に、戦後の国民保護法、通信傍受法、そして、この共謀罪や国民投票法も、戦前期の軍機保護法や国防保安法と同質の役割を担っているのです。

日本国憲法では、主権在民、基本的人権、平和主義の三大主義が貫かれています。すなわち、政治の主体として国民が主権者であり、国民一人一人の人権が尊重され、さらには個人の人権が侵されないために、また、国家に戦争という人権侵害を引き起こす暴力を振るわせないために平和主義を採用したのです。

極めて基本的な事ですが、この国の基本原理は、一人の人間の人権が最大限に尊重され、そのために国民が政治の主体となり、政治の主体としての人間が生命と人権を侵害されることなく生活を営むことが可能となることです。そのためには、平和な状態が不可欠とされます。要するに、基本的人権の尊重・主権在民・平和主義という、日本国憲法の三大主義のことです。

その意味で、個人尊重の有無が戦前と戦後の最大の違いです。ところが、それが現在突き崩されようとしているのです。日本国憲法とは、要するに、国家が引き起こした戦争の惨禍を経て、ようやく日本国民が手にした、まさしくかけがえのない財産なのです。

ところが、有事法制は、この三大主義をことごとく否定する論理で貫かれ、これに対し政府の説明は、有事法制は国民の「安全」を護るために整備するのだ、と言う。確かに、武力攻撃事態法の第一条には、「我が国の平和と独立並びに国及び国民の安全の確保に資することを目的とする」と明記されていますが、これは疑問とせざるを得ません。

これに関連して一つの歴史事実を紹介しておきたいと思います。一九三三年一月に国家社会主義ドイツ労働者党（Nationalsozialistische Deutsche Arbeiterpartei、通称ナチス党）を率いたヒトラーが政権に就《つ》きますが、そのヒトラーは政敵を倒すために国会放火事件をでっちあげ、約一〇万人からなる政敵を保護検束しました。その法的裏付けとされたのが、同年の二月二八日に大統領命令の形式で出された「国民と国家の保護のための共和国大統領命令」（通称「国会炎上命令」）でした。

また、同年三月五日に最後の国会総選挙が行われ、ヒトラーの率いるナチスが社会民主党の二倍以上の議席を獲得し、同月二三日にはドイツ国会は「全権委任法」（Ermächtigungsgesetz、通称、授権法）を可決成立させて、ヒトラーの独裁権が確立します。その「授権法」の正式名称は、「国民と国家の困難を除去するための大統領命令」と言います。

既存の憲法と全く相反する法律を創ろうとする場合、政府や国家は、「平和」とか「安全」という言葉を多用するのです。現在のドイツでは、このような歴史の事例を教訓として、「ドイツ基本法」（Grundgesetz für die Bundesrepublik Deutschland）と呼称する憲法の条文内容を実質否定するような法律は、禁止する措置（基本法第七九条第一項）さえ採っています。それだけ、国家が守るべき基本を定めた憲法を遵守することの大切さを繰り返し確認もし、法的措置も講じているのです。

ところが、日本の場合は憲法を横目で見ながら、違憲立法行為を積み重ねており、ドイツとの比較においても著しく違憲行為が罷《まか》り通る〝法治国家〟となっているのです。その意味から、私たちは「平和」「安全」

「人権」など、誰もが肯定感を持って受け入られるような法律の名称に騙されてはならないし、そのような名称を冠した法律が出てきた場合、先ずその内実を詳しく検討する必要があるのです。

そのためにも、軍機保護法が日本国民を戦争へと動員していったように、国民保護法もまた「保護」を口実とする国民動員によって危険な水域へと私たちを誘引する法律であることを繰り返し強調しておきたいと思います。軍機保護法であれ、国民保護法であれ、「保護」する対象は、この国に住む全ての市民ではないことは明らかです。

## 監視社会にどう立ち向かうのか

共謀罪を批判する場合、必ずと言って良いほど持ち出されるのが、これが法制化されたら高度な監視社会が出現する、と言うものです。私も全く同感です。「国民保護」の名による国民動員は、何も戦時体制下でなくとも、監視社会のなかで日常的に行われている点を繰り返し強調せざるを得ません。戦前においては、国民の監視や動員が日常的に行われ、同時に国民同士による相互監視体制が制度化していました。現在における監視社会化ぶりは、テクノロジーの進歩により、より強固になっているとも言えます。

日本の監視社会化の方向性が、明確な国家方針として打ち出されていることに注意を払うことが必要です。例えば、住民基本台帳ネットワークによる国民総背番号制は、表向き住民サービスの合理化を理由として挙げられます。そのメリットを全否定するものではありませんが、それ以上に圧倒的に危惧されるのは、国家による国民の管理です。

問題はいまなぜ国家による国民の管理が急がれているのか、という点です。すでに多くの指摘がある通り、その答えは日米同盟を基盤として、アメリカの軍事活動に協力するのに必要とされる国民の選別と動員です。

そのために、住基ネットやNシステムなど、あらゆる国民監視システムや、個人情報保護法をはじめとする数多の言論の自由を制限する法整備が施行されているのです。その国家方針に私たちが隷従することを可とするのか、あるいはこれに逆らうことによって、自由と安全とを私たちの手で守り通そうとするのか、その選択を迫られているのです。このことは、今回の共謀罪をめぐる審議の根幹に据え置くべき論点です。

そこでは監視社会が招く相互監視体制による市民相互の不信感の醸成が、どれだけ歪な人間関係を生み出すか想像してみることです。斉藤貴男氏は、「監視社会はただ、世の中を見張る側と見張られる側とに分断していく。そして〝見張られる側〟に分類された人々は、〝見張る側〟にとって都合よくあるよう教育、誘導されてしまう」（斉藤貴男『不屈のために―階層・監視社会をめぐるキーワード―』ちくま文庫、二〇〇五年）と鋭く指摘しています。

つまり、監視社会の最終目標は、実に国民を分断し、統治する社会です。国家の権力が一段と増強されるのに反比例して、国民は細分化され、共生の機会を剥奪されていくのです。無力化した個人は、国家によって容易に管理・動員の対象とされるのです。

市民の安全に寄与するもの、とする通念が蔓延している監視カメラの設置に代表されるように、監視による安全確保の通念は、安全確保のために国家に自由を売り渡していった戦前期のファシズム体制そのものです。まさにエーリッヒ・フロム（Erich Seligmann Fromm）が著した『自由からの逃走』の題名通り、安全のために自由を捨ててしまう行為です。

ドイツの人たちは、ヒトラーに脅かされて自由から逃走し、ナチズム（ドイツ・ファシズム）に身を委ねてしまったのです。国家によって束ねられる（ファシスモ）ことによって、国家が指定する安全に身を寄せ、実態として、国家に無条件に隷属することによって、安心を得ようとするスタンスです。それこそがファシズムなのです。

監視社会とは、そうした意味での安全と安心を国民に売りつけ、国家が自在に振る舞う体制を築こうとするものです。私たちの自由と安全は、市民相互の自立的で主体的な協力と合意のうえで獲得されるもの、とする原理原則を取り戻す営みが不可欠です。そうした営みに対して、国家は様々な手法によって安全への脅威を振りまき、国家の指定する安全への無条件の受け入れを強要します。現在における中国脅威論や北朝鮮脅威論の振り撒きによって、言論の自由を平気で犯すのです。

かつてのイラク派兵反対のビラ撒きをした市民が逮捕される事件（立川反戦ビラ配布事件、二〇〇四年一二月）など、明らかに市民への恫喝以外の何物でもありません。この事件もまた、敢えて日常的行為を危険視することで恫喝の対象として、逮捕・拘禁してきた戦前の事件例と時代を超えて重なり合うのです。

私たちは、国家による暴力を正当化し、国家の危険な方向に異を唱える市民を排除する監視社会から脱することが求められています。安全や自由の選択権を自らの英知と努力によって確保することが、市民社会としては当然あるべき姿であると思います。

そのような時にこそ、私たちは自由や平等が、一体どのような社会によって担保されるのか真剣に考え抜かなければなりません。そこでは、自ずと監視社会が、ここで言う市民社会とは相反する社会であることに気づくはずです。あるべき市民社会の構築によって、自由と平等が担保される社会が望ましいか、監視社会によって創り出される国内における差別社会・格差社会、外に向かっては拝外主義的なナショナリズムを拡散する社会が望ましいか、答えは自ずと明らかであると思います。

それゆえに、私たちは自由と安全を確保する権利を国家に譲り渡してはならないし、同時に取り戻さなければならない時代を迎えています。戦前期における濃密な監視社会が、結局は平時から戦時にかけて、国民を戦争体制と戦争そのものに動員していったことを教訓としなければなりません。様々なハイテクを導入した、戦前と比較にならないほどの強固な監視社会を迎えている今日にあって、自由と平等が一体何によって確保されるのかの問いを発しつつ、原点に立ち返って再考する時でしょう。

## 6　私たちの拠り所は何か

### 憲法九条が私たちを自由にする

同時に私たちは、かつての日本と異なって監視社会から逃れ、本来あるべき自由社会を築きあげるための力を持っていることを忘れてはなりません。それは、言うまでもなく、日本国憲法の基本原理としての基本的人権です。旧憲法（大日本帝国憲法）下では、個人の権利が徹底して阻害されていました。「国民」という概念もなく、ただ被統治者たちは「臣民」として、国家や天皇に隷属する存在でした。そこでは当然ながら、国家や天皇の政治への抵抗に最初から限りがありました。そのような国家や天皇への隷属状態が、戦前において国民は監視や動員の対象とされ、国家暴力に絶えず曝され続けたのです。

そのような状態が結局は、日本の軍国主義体制を生み出し、侵略戦争へと結果していったと言えます。その歴史を教訓としつつ、新憲法下では基本的人権の名において、個人の権利、言い換えれば国家から常に自由であり続けることを保証してきました。そこでの個人とは、水島朝穂氏が、「法によって人間は〝個人〟として対等な人間関係が認められ、対等な契約を結ぶことができるような法的な『人格』が生まれる」（水島朝穂『憲法「私」論』小学館、二〇〇六年）と論じたように、最初から国家の構成員として、その属性が明確にされた「国民」ではないのです。

狭い意味で「国民」の用語を用いたのではありますが、新憲法は、「個人」を尊重する原則の確立を謳っています。すなわち、新憲法の「前文」には、「そもそも国政は、国民の厳粛なる信託によるものであって、その権威は国民に由来し、その権力は国民の代表者がこれを行使し、その福利は国民がこれを享受する。これは人類普遍の原理であり、この憲法は、かかる原理に基くものである。われらは、これに反する一切の憲法、法令及び詔勅を排除する」と記されているのです。そこでは当然ながら「個人」は国家から自由であり、その「個人」をましてや国家の名において戦争に動員したり、日常的な管理下に置き、国家の論理によって「個人」の権利＝基本的人権を侵したりしてはならないのです。

そうした意味で、私たちは現行憲法下において、相応の公的責任を負いながらも、「個人」の権利が貶《おとし》められたり、侵されたりすることがあってはなりません。しかしながら、今日における憲法「改正」の動きのなかで、現政府は「公益」や「公の秩序」の尊重を打ち出しています。

戦前と同じく「個人」の尊厳を蔑《ないがし》ろにしようとし、また、教育基本法「改正」などによって、国家への帰属意識を注入することで、「個人」の存在の希薄化を図ろうとする動きが急なのです。監視社会化という問題も、言うまでもなく、こうした動きと連動したものと断言できましょう。

このような動きに歯止めをかけ、あくまで国家からの自由を確保するためにも憲法を活かすことが求められています。それがまた、監視社会化への道を阻む決め手となるはずです。私たちは現在、戦前と異なる個人の権利を保障した憲法を持っています。また、そのための言論の自由を確保してもいます。そのことが戦前と決定的に違う。私たちには、監視社会への道を阻む術を、まだいくつも自らの手に握りしめているはずです。

だが、その憲法すら解体の危機に直面しています。また、私たちの手に握りしめているはずの言論の自由を充分に活かし切っていないことも確かです。先程指摘したので、少々諄《くど》いようですが、その役割を事実上先導すべき現代のジャーナリズムも、また多くの課題を背負っているように思われます。

第四の権力として権力を監視し、その濫用を諫《いさ》める役割のジャーナリズムが、その批判精神を忘れ、時として権力に迎合する論調を敢えてなす機会が目立っているのです。いまや迎合するだけでなく、自己規制さらには自己検閲とでも言い得る沈黙ぶりも、実に目に余る事態が見受けられます。

確かに、先に触れた立川反戦ビラ配布事件で、東京高裁が一審の無罪判決を破棄して逆転有罪判決を行った際には、多くの新聞が有罪の不当性と言論の自由の大切さを説きながら批判する社説を掲載はしていました。しかし、一九九九年以降における一連の有事法制整備や国旗・国歌法の制定、教育基本法「改正」など言論の自由を脅かす法制について、必ずしも有効な批判の論陣を張ったとは言い切れないのです。

戦前期のジャーナリズムが準戦時体制から戦時体制へと移行していくなかで、軍国主義の気運を煽り、日中全面戦争突入時には、各社メディアが競って戦争報道を逞しくし、国内世論に戦争支持熱を炊きあげた忌まわしい歴史の事実が残っています。一旦、国策に便乗するや、その果てしない商業主義を露骨に示すことで、ジャーナリズムの原点を忘れ、権力の濫用や戦争政策に拍車をかける役回りさえ演じてしまったのです。そのようなジャーナリズムの轍を踏まないためにも、ジャーナリストは自らの役割期待が何処に所在するのか自覚が不可欠でしょう。

憲法原理やジャーナリズムの役割期待を再確認する場合、詰めて考えるべきは、一体誰のための自由か、何のための自由か、誰からの自由かという点に徹底して拘り続けることが肝要に思われます。戦後の日本人は戦前の教訓を活かし切れず、自由について正面から向き合い、真剣に問い直してこなかったことが現在的状況を呼び込んでしまった、と言うのは酷でしょうか。そこで、私はかつて著した評論集のなかで、以下のように記しています。その一部を読み上げてみます。

私たちが戦後創造しようとした社会モデルは、民主主義を規範とする市民社会であった。そこでは動員・管理・統制をキーワードとする軍事社会と対極の、自由・自治・自立をキーワードとする民主社会が目標とされた。自由とは抑圧や暴力を内在させた国家からの自由である。しかし、今日の日本政府は自由をあからさまにつぶすことはしないが、自由を制限したり押さえたりする論理を持ち出し、それを正当化する法律を次々につくってきた。そのなかで〝論理的〟に提示されるのは、国家への無条件の賛同や合意を前提とする「自由」だ（纐纈厚『いまに問う　憲法九条と日本の臨戦体制』凱風社、二〇〇六年）。

ここでの私の主張は、私たち自身の安全は国家によって翻弄されることのない、自らの自由の確保が不可欠であるという点にあります。その事を私たちは、戦前期の戦争体制が国家による個人の自由侵害行為から開始されたことを教訓としなければなりません。拙著で取り上げた軍事機密保護の名による個人の自由剥奪の実体を追った理由は、自由が剥奪される過程を、いまいちど歴史から読み取るためでした。

そのような戦前体験を踏まえ、戦後日本と日本人は、戦争体制を二度と敷かないための方法の一つとして、新憲法に第九条の条文を盛り込んだはずです。その意味で、第九条とは、日本と日本人の安全を非軍事的手段で達成しようとする試みであり、言い換えれば、あらゆる人々の自由を侵すことなく、自由を共有することによって、絶対的な安全を確保しようとするものであるのです。

しかし、現在、そのような意味を含む第九条を含め、現行憲法の見直しが進められようとしています。

憲法学者である樋口陽一氏が、「国内での自由の保障、軍事価値を最優先に置くことを否定することによる自由の保障という問題の側面を考えるならば、第九条の存在はますます重要になっている」（樋口陽一『個人と国家――今なぜ立憲主義か――』集英社・新書、二〇〇〇年）と指摘された通り、憲法第九条は、日本国家によって自由が剥奪され、戦争という暴力に晒されることのない社会の創造を目標としたものであったのです。

個人の自由な空間に土足で上がり込むような監視社会への道、恐らくは、そのような状態をも含め、作家である辺見庸氏が「戦争構造の日常化」とまで言い切った現代社会の有り様から、私の言う「臨戦国家」へと向かう事態こそ、今日における日本の現実と思われてなりません。

それゆえに、監視社会から臨戦国家へと変貌する日本社会にあって、憲法九条を徹底して活かし続けることが、私たちの自由も活かされ続けることになるはずです。実に、第九条が私たちを自由にするのです。なぜならば、第九条こそ、全ての抑圧と暴力から解放されることが、本当の安全と自由を確保する途であることを教えているからです。

## 戦後の平和と自由をあらためて問う

最後に今一度、戦後の平和と自由について触れておきたいと思います。私が、繰り返し思うのは、私たちは安全に汲々とするあまりに平和を創ることを忘れていたのではないか、ということです。

そして、そのような私たちの隙を突いて、権力者は平和創りの機会を奪うがために、安全を口実に共謀罪に示されるように、国民監視体制をしこうとしているのではないか。誤解や反論を恐れずに申し上げるならば、そのような試みを権力者に許しているのは、平和な市民社会を創ることが、同時に安全な社会を創ること、とする命題への真剣な問いかけが忘れられていたのではないか、ということです。

戦後日本人は平和社会、平和国家の創造によって、失った信頼を取り戻し、アジア地域を中心に国際社会に平和の実行者としての役割を果たすべく歩み出したはずでした。しかしながら、折からの米ソ冷戦体制の中に否応なく放り込まれ、そこでの平和が極めて制限的で普遍性を欠いた「平和」に堕していく状態に充分な歯止めがかけられなかったのです。

有力な反戦平和運動や思想も果敢に登場し、深められもしましたが、平和憲法を活かす機会を摑み損ね続けてきた、というのは言い過ぎでしょうか。その不十分性を克服する機会が、米ソ冷戦体制の終焉によって到来したのですが、その日本の権力者たちは、有事法制の整備と日米安保再定義による、言わば、〝国内冷戦体制〟創りを着々と進めるに至ったのです。そこでは再び平和主義の骨抜きが進められたと、私は捉えています。

そして、二〇〇一年九月一一日、アメリカを襲った同時多発テロを境に、平和の創造と獲得という戦後のスローガンが後退し、「安全」が前面に押し出されてきた。平和構築の過程あるいは結果として生み出される安全が、平和よりも優位の概念あるいは位置を占める事になってしまったのです。

つまり、〝対テロ戦争〟の用語が頻繁に使われるようになって以来、「戦争」が「平和」という用語の意味を希薄なものとしてしまい、これに換わって「安全」が戦争のためのキー・タームとなっているのです。そこでは「平和」のために戦争を回避するという思考ではなく、むしろ「安全」や「安心」を確保するために、積極的に戦争しなければならない、とする議論が受容される時代となってしまったのではないか。安倍首相の言う「積極的平和主義」の主張も、これに倣ったものです。

権力者は「テロの時代」を喧伝し、テロに備えることを口実に平和創造への動きにブレーキをかけ始めました。平和よりも「安全」が第一に優先されるべき目標であり価値だとされ、さらには「安心」の確保という感情にも訴えることで平和と、さらには市民の自由さえ堂々と制限を加えようとしているのです。こうして、「平和のための戦争」をするレトリックが横行することになりました。

こうした傾向に対抗するに、西谷修氏は「いま求められているのは、確固とした戦争の概念に対抗する確固とした『平和』の概念を対置するのではなく、戦争とは呼べないものの全面化のただなかで、どのようにして生存空間を作り直すか、そこで必要な最低限の秩序をいかに確保するかという思考ではないでしょうか」（土佐弘之・岡真理氏との対談「『非戦争化』する戦争」『現代思想　特集　戦争の正体』第四二巻第一五号・二〇一四年一一月）と重要なヒントを提起しています。

戦争に対置する「平和」ではなく、「安全」の用語に隠蔽された暴力の実体を炙り出す用語で対抗しないと、権力の恣意的な「平和」に十分に肉迫できないのです。何れ権力者たちは、共謀罪をも日本国民の「安全」確保のために機能すると言い出すに違いありません。まさに権力者たちの罠が、ここでも仕掛けられているのです。

私たちは、権力者の言う「平和」や「安全」の意味を徹底して問い詰めることが求められています。これに対置する用語として、ここでは「自由・自治・自立」の「三自」を取り敢えず提起しておきたいと思います。

薄れゆく平和づくりへの意欲と過剰な安全・安心への思いが、結局は権力の手に私たちの自由や権利が奪われていき、その奪われていく様に気づかない。社会の平和が、ますます遠い存在となり、個人のレベルの安全だけが優先される結果、社会や国家という単位の上位者がいつしか一部の権力者や、これに追従する一群の人々と位置づけられ、数多の個人はバラバラな状態で安全のみに関心を向けてしまう。そうした状態に異を唱える人々には、常時、権力による監視が行われ、時には恫喝や弾圧が強行されることになります。それがまさしく共謀罪の狙いです。

ここでの権力とは、哲学者である東浩紀氏のいう「環境管理型権力」とでも言い得ます。つまり、現代社会の変化を特徴づける二つの要因として「情報化」と「セキュリティ化」を挙げ、両者の交差するところに「新たな権力」として、「環境管理型権力」が浮上すると言うのです（東浩紀・大澤真幸『自由を考える』日本放送出版協会、二〇〇三年）。大変興味深い分析に思います。

東氏は理念や価値観についての議論の前提として市民の安全確保が不可欠だとする市民の感情を俎上に挙げながら、「いかなる社会思想も、人間の生を前提とするかぎりにおいて、セキュリティの強化には原理的に反対できない。その無力を尻目に、私たちの社会は、環境管理型権力の網の目を着々と張り巡らしつつあるのだ」（東「情報自由論」）と我々が置かれようとしている現実を見事に活写しています。

例えば、明るみに出た陸上自衛隊保全隊による国民監視業務の実態は、その氷山の一角であって、全てではありません。また、私たち市民は住基ネットなどによる行政による住民サービスの向上を謳った行政措置によって、合法的に監視もされ、通信傍受法などによって盗聴の対象とされています。その反面で、権力者の秘密は個人情報保護法なる法律によって庇護される有様です。

一体この国は平和と安全の関係を逆転してしまったのでしょうか。安全のためとして、いまある平和さえ壊しかねない勢いで安全確保という口実で一連の有事法制を整備してきました。日米同盟関係による外圧をも利用しながら、内から外から平和を打ち壊していくことで獲得される「安全」とは一体何でしょうか。国民の自由や権利を奪い、制限しようとすることで生まれる「安全」とは何でしょうか。

国民を監視することで結果されるであろう「監視社会」が、「安全社会」を生み出すと言うのでしょうか。「監視社会の未来」とは、平和づくりを事実上放棄し、権力に都合のよい「安全社会」が創り出された社会ではないか。だとすると私たちは、自由を捨て、権力によって意味づけられた「安全」のなかに放り込まれ、これに隷属するだけの存在と成り果てるのではないか。

「監視」され、「管理」されるなかで生み出されるのは、最終的に「安全」を提供する権力への隷属です。それは政治学者であった藤田省三氏の言う「安楽への隷属」（藤田省三『全体主義の時代経験』新装版、みすず書房、二〇一四年）なのかも知れません。その意味で戦前の「監視社会」と、戦後の「監視社会」の差異も充分に自覚しておかなくてはなりません。

すなわち、戦前のそれは強制された、いわば一方的な「監視」や「管理」でしたが、戦後のそれは言うならば消極的であれ積極的であれ、あるいは意識的であれ無意識的あれ、隷属あるいは双方的な特質を持っています。その限りでは、戦前型の「監視社会」が、そのまま浮上している訳では決してありません。言い換えれば、国家が市民を監視するだけでなく、むしろそれ以上に市民同士が、相互監視と相互管理の枠組みに参入せざるを得ないような環境が設定されているのです。そのような環境設定に、メディアが決定的な役割を担っています。

隣組などに象徴される戦前の相互監視と言っても、それは精々地域社会の、それも小単位の空間であり、相手の顔を確認できる範囲に過ぎませんでした。しかし、今日における相互監視は、不特定多数者を同時的にメディアなどの力を借りながら押し進められています。そのような「監視社会の未来」を想像することは、今日的な情勢からすると容易《たやす》い。それだけ隷属社会としての未来が、表向き民主社会のなかで生まれようとしているのです。

私は、そのような監視社会が到来することを拒絶していくためにこそ、かつての監視社会の実態をあらためて教訓とすることを通して、安全も安心も自由で平和な市民社会の創造のなかで獲得され、実現するものであると信じています。そのためには、私たちの先人たちが被ったような、監視社会のなかで人権を蹂躙され、戦争国家の国民として戦争に動員され、侵略戦争に駆り立てられていった歴史を繰り返し読み返さなければならないと思うのです。

その意味でも憲法を活かすことが、侵略戦争を繰り返さないための決定的な歯止めとなるはずです。同時に私たちは自らの思想と信教の自由を国家や権力者によって奪われないための力を持ち続けることになるのです。

私たちが創造するのは、「監視社会」ではなく、「自由社会」であり、さらには「平和社会」なのだと思うのです。

（二〇一七年五月二一日　群馬県安中榛名市での講演から）

# 付録　纐纈厚の仕事

私はこれまでに幸いにも、多くの出版の機会に恵まれてきました。ここでは少しジャンル別に私の仕事の内容を紹介させて頂きます。本書のなかで紹介した著書もありますので、一部重複しています。本講演録集『重い扉の向こうに―歴史和解と戦前回帰の相克―』も、これまで刊行してきた一連の著作がベースにあります。共著は基本的に除外しています。

## 総力戦体制研究と政軍関係史研究

西洋史を専攻した大学時代、ドイツ現代史を学び、当時活発であったヘルベルト・マルクーゼやジークムント・フロイト、それにフランツ・ノイマンなど所謂フランクフルト学派の文献を参考にしながら、卒業論文として「ナチズムの精神構造」を提出しました。この後、次第に日本近現代政治史に比重が移り、院生時代からは軍事史研究にも関心を深めていきました。

それで修士論文として「統帥権独立制と軍部の政治的地位」を纏めてから、日本ファシズムの制度や組織を中心として総力戦体制の研究に励むようになりました。その研究の一端を示した『**総力戦体制研究―日本陸軍の国家総動員構想―**』（三一書房、一九八一年）が私の最初の出版物となりました。

これは当時私自身も深く関わっていた軍事問題研究会（一九七五年設立）の機関誌『軍事民論』に「総力戦体制研究序説」と題し、二度にわたり連載した論文を膨らませて単行本化したものです。より具体的には戦前期総力戦形態の戦争に対応して、如何にして国家総動員体制が進められていったかを一連の動員法や動員組織の展開に焦点を当てて論究したものです。

それはまた当時活発に展開されていたファシズム研究の実態研究を進めたいとの思いから執筆したものでした。一九八〇年代初頭期において、総力戦体制研究は、さほど注目されていなかったこともあってか、予想外に多くの書評をも得ることになりました。その後、社会評論社から二〇一〇年に同名で復刻版を出して頂きました。これは何と三〇年ぶりの復刻でした。総力戦体制研究は、その後も続け、『**日本陸軍の総力戦政策**』（大学教育出版、一九九九年）は、その一環と言えます。

一九九〇年代に入り、近代日本政治軍事史への研究に時間を割くことになります。その過程で陸軍大将から政友会総裁に抜擢され、ついには内閣総理大臣に就く田中義一に強い関心を抱くことになりました。そこで『**近代日本の政軍関係―軍人政治家田中義一の軌跡―**』（大学教育出版、一九八七年）を纏めることになりました。これは大学院時代の恩師であった藤原彰先生の研究室に所蔵してあった「田中義一関係文書」を自由に利用させて頂ける機会を得た故でありました。同文書の読み解きの続きは、私が一九九一年に山口大学に勤務するようになってからも、山口県立図書館附属公文書館に原本が所蔵され、マイクロ化もされておりましたので可能となりました。

御蔭で田中義一研究は、その後も細々ながら続け、同書をベースにしながら、新しい知見を踏まえて『**田中義一―総力戦国家の先導者―**』（芙蓉書房、二〇〇九年）を出版しました。本書執筆中にも、大学のゼミ学生を引率しながら、萩市平安古《へやこ》に再建された田中義一邸に足繁く出かけては、田中義一論を熱く語っていたことを記憶しています。

その後、私はサミュエル・ハンチントンやパール・マターをはじめとするアメリカの政軍関係論に強く惹かれ、そうした理論研究を踏まえた実証研究を進めてきました。その研究成果として、『近代日本政軍関係史の研究』（岩波書店、二〇〇五年）を纏めました。これは同名で明治大学に提出した博士論文をベースにしたものでした。

私は日本近現代史を学びながら戦前と戦後の連続性の問題に関心を寄せてきましたが、その起点となったのは、山田朗氏（現在、明治大学教授）との共著『遅すぎた聖断』（昭和出版、一九九一年）でした。それ以来、戦前権力の戦後権力へのスライドの役割を果たした「聖断論」を私なりに追究してきました。そこで数多の文献・史料に当たりながら書き上げたのが『「聖断」虚構と昭和天皇』（新日本出版社、二〇〇六年）でした。

その後、聖断論を中心にアジア太平洋戦争期における日本の政治軍事指導者の言動を追いつつ、日本の無責任体系を念頭に据えて論じた『日本降伏―迷走する戦争指導の果てに―』（日本評論社、二〇一三年）や、同書と同時進行で書き上げた『日本はなぜ戦争をやめられなかったか―中心軸なき国家の矛盾―』（社会評論社、二〇一三年）があります。そして、これまで四〇年に及ぶ私の主要な研究成果の集大成として、母校明治大学から『昭和政治史研究の諸相―総力戦・植民地・政軍関係―』（明治大学出版会、二〇一九年）の刊行の機会を頂きました。

## 個別研究と歴史認識論

日本近現代政治軍事史の研究者として、その研究成果を可能な限り普及していきたいとの思いから、新書サイズの出版も手掛けることになりました。先ず海軍の終戦工作を中心に海軍の位置を探った『**日本海軍の終戦工作—アジア太平洋戦争の再検証—**』（中央公論社・新書、一九九六年）は、従来の陸軍悪玉・海軍善玉論的な見方への異議申し立ての意味合いも込めた研究成果でもありました。

当時恵比寿に所在していた防衛庁防衛研修所戦史部図書館（現在の防衛省防衛研究所戦史部図書館）に秘蔵されていた「高木惣吉関係文書」を同図書館地下室で見つけ、連日通い詰めて筆写し、その途中で複写を許された膨大な史料をベースにしています。現在では『**高木惣吉—日記と情報—**』（上・下巻、伊藤隆他編、みすず書房、二〇〇〇年）として単行本化されている貴重な史料です。

さらに歴史認識論の一環として何本かの論文や評論を編集した『**侵略戦争—歴史事実と歴史認識—**』（筑摩書房・新書、一九九九年）があります。その後、同書は長らく品切れ状態にありましたが、『**侵略戦争と総力戦**』（社会評論社、二〇一一年）という題名で復刻されました。

また、本の帯に「過去の戦争に責任はなくとも、明日の戦争には責任がある。」と記した『**私たちの戦争責任—「昭和」初期二〇年と「平成」期二〇年の歴史的考察—**』（凱風社、二〇〇九年）があります。これは戦争責任を誰が語るのかとの問題意識から、私たちの主体性について論じた、言うならば〝第一人称で語る歴史認識論〟です。

また、それまでの中国・台湾・韓国などでの集中講義や現地調査を踏まえて執筆した『**領土問題と歴史認識—なぜ、日中韓は手をつなげないのか—**』（スペース伽耶、二〇一二年）があります。これも私自身が中国、台湾、韓国、シンガポール、マレーシアなどを訪問する折に得た現場感覚や証言などを基調に据えた、敢えて言えば随筆風のタッチで叙述した歴史認識論となっています。

また、戦前日本の軍拡史に焦点を当てた『**戦争と敗北—軍縮のなかの軍拡—**』（新日本出版社、二〇一九年）

を仕上げました。これは何本かの論文で日本の軍需工業動員の史的展開を長年追ってきたものを纏めたものです。副題が示すように日本は軍縮と称して事実上の軍近代化を果たし、結果的に大軍拡に繋がっていった歴史を刻んできたことを明らかにしています。私は現在、明治大学に設立されている国際武器移転史研究所の客員研究員も務めていますが、同研究所での私の研究テーマのひとつは、戦前期日本における「軍縮のなかの軍拡」です。それに合致した研究成果と捉えています。

個別のテーマでも出版を手掛けましたが、それには戦前と戦後の監視社会の実態を追った著作があります。主に戦前の監視社会を扱った『**防諜政策と民衆─国家秘密法制史の検証─**』（昭和出版、一九九一年）と、それを踏まえつつ戦後社会が監視社会となっていく実態に追った『**監視社会の未来─共謀罪・国民保護法と戦時動員体制─**』（小学館、二〇〇七年）があります。

それと関連から陸上自衛隊の保全隊という名の現代の〝憲兵組織〟について、戦前の憲兵との比較から書き下ろした『**憲兵政治─監視と恫喝の時代─**』（新日本出版社、二〇〇八年）をも刊行しています。

この間、大学の教養課程で政治学を講ずるようになった機会に、講義用に作成配布したレジュメをベースにしてテキスト『**現代政治の課題─戦争・平和・人権・環境の連関構造を考える─**』（北樹出版、一九九四年）と、これの継続本とし、『**戦争と平和の政治学**』（北樹出版、二〇〇五年）を書いています。

## 文民統制・自衛隊・有事法制・安倍政権

既述したように軍事問題研究での研究や編集の作業に従事して以来、文民統制、有事法制、自衛隊など広義には日本を中心とする安全保障問題にも手を染めることになりました。その契機は、一九七八年の福田赳夫内閣下での有事法制研究の本格化でした。

そこで『**検証・新ガイドライン安保体制**』（インパクト出版会、一九九八年）、『**周辺事態法—新たな地域総動員・有事法制の時代—**』（社会評論社、二〇〇〇年）、『**有事法制とは何か—その史的検証と現段階—**』（インパクト出版会、二〇〇二年）、『**有事法の罠にだまされるな！**』（凱風社、二〇〇二年）、『**有事体制論—派兵国家を超えて—**』（インパクト出版会、二〇〇四年）、『**憲法九条と日本の臨戦体制**』（凱風社、二〇〇六年）など、有事法制研究と一括可能な書物を手掛けてきました。国家総動員史研究を手掛けてきた一介の研究者として、当時、強行されようとした有事法制を戦前の教訓から何とか阻止したい、という思いで私なりに懸命に取り組んだ結果でもありました。

そして、自衛隊の動向と文民統制の実態に迫った『**文民統制—自衛隊はどこへ行くのか—**』（岩波書店、二〇〇五年）、『**集団的自衛権容認の深層**』（日本評論社、二〇一四年）、『**暴走する自衛隊**』（筑摩書房・新書、二〇一七年）、『**崩れゆく文民統制—自衛隊の現段階—**』（緑風出版、二〇一九年）などを出版してきました。これと並行しつつ、安倍政権の本質を論じた『**反〈安倍式積極的平和主義〉論**』（凱風社、二〇一四年）、『**逆走する安倍政権—馬上の安倍、安保を走らす—**』（日本評論社、二〇一六年）、『**権力者たちの罠—共謀罪・自衛隊・安倍政権—**』（社会評論社、二〇一七年）、『**自衛隊加害とは何か**』（日本機関紙出版センター、二〇一九年）等を発表してきました。

## 海外での出版

私は山口大学時代の二〇〇五年から二〇〇九年にかけて五年任期の「研究特任教授」の任用を受け、通常の個人特定研究費とは別に年間三〇〇万円の特別研究費を支給されることになりました。この経費を利用して、私は韓国人研究者と中国人研究者の二人を直属の助手として雇用し、自著の翻訳作業を企画しました。当時、山口大学には博士後期課程だけを対象とする独立大学院東アジア研究科が設立され、その大学院教授に就任したこともあって、俄然中国、韓国、台湾からの留学生の指導、これらアジア諸国への集中講義、学会・講演活動に追われることになり、そこで使用する研究書や教材の執筆が不可欠になってきたからでもありました。二人の助手は翻訳だけでなく、アジア各国での講義や講演のプロモート等に尽力してくれました。

それで最初に日本軍国主義の史的展開をテーマとする「日本軍国主義史」を出版することになりました。それは、中国で『日本军国主义的过去和现在』（中華麗訳、吉林文史出版、二〇〇八年）、台湾で『新日本軍國主義的新段階』（中華麗訳、人間出版社、二〇〇九年）、韓国で『부활하는일본의군국주의（復活する日本の軍国主義）』（제이앤씨、朴賢珠訳、二〇〇七年）のタイトルで相次ぎ出版されることになりました。

なお、私のライフワークのひとつであった『近代日本政軍関係の研究』は、北京大学歴史系教授（当時）徐勇先生の監訳で、中国で『近代日本政军事关系研究』（畢克寒・郭鑫・顧令儀他訳、社会科学文献出版社、二〇一二年）として出版されました。同書は私が北京大学歴史系大学院で二年続けて出講した折に教材として用いることが出来ました。翻訳者は現在、中国や日本の大学で教鞭を執っている私の教え子たちです。

既述の昭和天皇の発言を書名に盛り込んだ『「日本は支那をみくびりたり」―日中戦争とは何だったのか―』は、日本ではあまり読者を得られませんでしたが、「日本は中国に敗北し、アメリカに降伏した」とするフレーズが効いたのか、中国で『何謂中日戦争？』（中華麗訳、商務院書館、二〇一二年）、台湾で『何謂中日戰爭？』（中華麗訳、二〇一〇年）として翻訳出版されました。特に中国での出版に際し、同書が香港のフェニックス・テレビで、一冊につき八分間かけて書評する番組に取り上げられるなど好評でした。

この他にも、『私たちの戦争責任』が、中国で『我們的戰爭責任』（申華麗訳、人民日報出版社、二〇一〇年）、韓国で『우리들의전쟁책임』（金京玉訳、J&C、二〇一三年）、『「聖断」虚構と昭和天皇』が中国で『〝圣断〟虚构与昭和天皇』（畢克寒訳、辽宁教育出版社、二〇一五年）、韓国で『쇼와천황과일본패전（昭和天皇と日本敗戦）』（朴賢珠訳、제이앤씨、二〇〇八年）、『田中義一―総力戦国家の先導者―』が、中国で『田中义一――总力战的先导者――』（顧令儀訳、社会科学文献出版社、二〇一七年）、台湾で『田中義一―戰爭與陰謀―』（楊孟哲訳、五南出版、二〇一六年）と相次ぎ翻訳出版されました。

また、『侵略戦争―歴史事実と歴史認識―』が韓国で『침략전쟁』（朴仁植訳、凡友社、二〇〇六年）、台湾で『侵略戰爭』（楊孟哲訳、高雄復文図書出版社、二〇〇七年）から翻訳出版されています。さらに、『領土問題と歴史認識―なぜ、日中韓は手をつなげないのか―』が、中国では、『领土问题和历史认识』（申華麗訳、上海三聯書店、二〇一四年）、台湾で『領土問題和歷史認識』（申華麗訳、秋水堂、二〇一四年）として出版しています。

# あとがき

私にとっては、小冊子の出版物を除き、初めての講演録集です。これまで国外も含め、私のホームグラウンドである学会の場だけでなく、様々な機会や場所で、多くの方々に語りかけ、また議論をさせて頂いてきました。何度も声掛けして頂いている方や運動体も多く、改めてこの場で重ねて御礼を申したいと思います。

その場で限られた時間ですが、多くの質問も頂きました。十分な回答が出来なかった事も多々ありました。大学という特定の空間ではなく、様々な場所で話をする機会に恵まれてはきましたが、それは同時に私自身の不勉強さを痛感する場でもありました。また、その場で聴講してくださる方々から思わぬヒントを頂戴することも少なくありませんでした。その意味で講演とは語る場であると同時に学ぶ場でもある、というのが率直な思いです。

その意味で、これまで多くの場でお会いした方々にも御礼を申し上げたく思います。また、声掛けして頂いた主催者の方々には、講演のテープ起こしまでして頂き、なかには講演を私家版的な小冊子にして頂いたケースもいくつかあります。

今回、テープ起こし頂いた原稿や講演当日配布したレジュメをベースに、加筆修正を加えて講演録集を編むことが出来たことは本当に幸いでした。私の悪い癖で話が飛散するシーンも多いのですが、それはそのままにしました。焦点が霞む危うさもありますが、その場の雰囲気を壊したくない、という誠に勝手な判断です。それは講演に付随するものと御海容願いたく思います。

また本書の最後に、これまで私が何を学び、考えて来たかを示すものとして「纐纈厚の仕事」と題して、単著のみに絞り、これまで出版してきた自著の紹介をさせて頂いております。研究書から評論集までジャンル別に取り敢えず区分していますが、私はアカデミズムとジャーナリズムが交差する地点に立ちながら仕事をしたい、と思っておりましから、ジャンル分けなどあまり意味をなしていないかも知れません。

最後になりましたが、この講演録集を編んで頂いた緑風出版社長の高須次郎氏に、この場で改めて御礼申し上げます。高須さんとは、前著『崩れゆく文民統制』でお世話になったばかりでした。

いま、なすべき議論に資する素材として本講演録を活用して頂ければ幸いです。

二〇二〇年一月

纐纈厚

[著者略歴]

纐纈　厚（こうけつ　あつし）

1951年岐阜県生まれ。一橋大学大学院社会学研究科博士課程単位取得退学。博士（政治学、明治大学）。現在、明治大学特任教授（研究・知財戦略機構）、明治大学国際武器移転史研究所客員研究員。前山口大学理事・副学長。専門は、日本近現代政治史・安全保障論。

著書に『日本降伏』（日本評論社）、『侵略戦争』（筑摩書房・新書）、『日本海軍の終戦工作』（中央公論社・新書）、『田中義一　総力戦国家の先導者』（芙蓉書房）、『日本政治思想史研究の諸相』（明治大学出版会）、『戦争と敗北』（新日本出版社）『崩れゆく文民統制』（緑風出版）など多数。

重《おも》い扉《とびら》の向《む》こうに
——歴史和解と戦前回帰の相克

2020年1月30日　初版第1刷発行　　定価2500円＋税

著　者　纐纈厚©
発行者　高須次郎
発行所　緑風出版
〒113-0033　東京都文京区本郷2-17-5　ツイン壱岐坂
［電話］03-3812-9420　［FAX］03-3812-7262［郵便振替］00100-9-30776
［E-mail］info@ryokufu.com［URL］http://www.ryokufu.com/

装　幀　斎藤あかね
制　作　R 企 画　　印　刷　中央精版印刷・巣鴨美術印刷
製　本　中央精版印刷　　用　紙　中央精版印刷・巣鴨美術印刷


ISBN978-4-8461-1922-5　C0031

## ◎緑風出版の本

■全国どの書店でもご購入いただけます。
■店頭にない場合は、なるべく書店を通じてご注文ください。
■表示価格には消費税が加算されます。

### 私たちが中国でしたこと
中国帰還者連絡会の人びと【増補改訂版】

星　徹著

四六判並製
二八二頁
２３００円

戦後の日本は、侵略戦争の加害事実を十分には明らかにしてこなかった。本書は、「旧日本軍が中国で何をどのように行ったか」を加害将兵らの証言を通じて明らかにする。加害将兵の慟哭と悔恨の生々しい告白が示す衝撃の事実。

### 「戦争の記憶」
その隠蔽の構造

田中信尚著

四六判並製
三五〇頁
２５００円

千代田区九段に建設された「戦没者追悼平和記念館」。だが、記憶は過去の中に留まっているのではなく、現在の問題としても立ち上がる。植民地支配や侵略戦争をしたという戦争責任の自覚とくり返さないという意思が大事なのだ。

### 戦争責任
過去から未来へ

民集法廷準備会編著

四六判上製
四五〇頁
３２００円

アジアに対する日本の戦争責任を問う民集法廷の全記録。「私たちは、国家の不条理な命令、指示、指導に抗し、従わず、協力しない。不服従、抗命の権利と義務が人権の一つであると、ここに宣言する」。（民集法廷判決文）より。

### 時効なき戦争責任【増補版】
裁かれる天皇と日本

民集法廷準備会編

四六判上製
三〇二頁
２２００円

日本は戦争責任を回避し続けているばかりか、その正当性を目論む流れが強まっている。だが、戦争責任に時効はない。本書は一九九五年に開催された「アジアに対する日本の戦争責任を問う民集法廷」のために、多角的に問う。

## 崩れゆく文民統制
**自衛隊の現段階**

纐纈　厚著

四六判上製　二四八頁
２４００円

本書は、自衛隊制服組による自衛隊背広組の文官統制破壊の歴史的経過を詳述、自衛隊制服組の右翼的思想を分析し、同時に、現行平和憲法を守るなかで、自衛隊の文民統制、をどのようにして実質化・現実化して行くかを提言する。

---

## 日本軍性奴隷制を裁く
**二〇〇〇年女性国際戦犯法廷の記録**

ＶＡＷＷ－ＮＥＴ Ｊａｐａｎ編

四六判上製
〔全六巻〕
揃１８７００円

一五年戦争中の日本軍による「従軍慰安婦」制度によって戦時・性暴力の犠牲となった多くの女性。名誉を回復したい被害女性の願いに応え開かれた「二〇〇〇年女性国際戦犯法廷」の記録。山川菊栄賞特別賞、ＪＣＪ特別賞受賞。

---

## 石油の隠された貌

エリック・ローラン著／神尾賢二訳

四六判上製　四五二頁
３０００円

石油はこれまで絶えず世界の主要な紛争と戦争の原因であり、今後も多くの秘密と謎に包まれ続けるに違いない。本書は、世界の要人と石油の黒幕たちへの直接取材から、石油が動かす現代世界の戦慄すべき姿を明らかにする。

---

## 戦争の翌朝
**ポスト冷戦時代をジェンダーで読む**

シンシア・エンロー著／池田悦子訳

四六判上製　三七〇頁
２５００円

軍事化は特殊な男らしさとそれを認める女らしさによって支えられている。本書は、ランボー、レイプ、軍用売春、湾岸戦争、女性兵士などに視点を向け、戦争・軍事化をジェンダー分析し、ポスト父権制への道を指向する。

---

## 戦争の家〔上・下〕
**ペンタゴン**

ジェームズ・キャロル著／大沼安史訳

上巻　３４００円
下巻　３５００円

ペンタゴン＝「戦争の家」。このアメリカの戦争マシーンが、第二次世界大戦、原爆投下、核の支配、冷戦を通じて、いかにして合衆国の主権と権力を簒奪し、軍事的な好戦性を獲得し、世界の悲劇の「爆心」になっていったのか？

## ビルケナウからの生還
ナチス強制収容所の証言
モシェ・ガルバーズ著／小沢君江訳
四六判上製
四〇二頁
3200円
著者はナチスの強制収容所で三年間生き抜き、生還した。本書は、その過酷で想像を絶する体験の記憶を書き留め、四〇年後に息子が綴った証言。過去としてではなく、実体験として心にきざみ、読み継がれるべき本である。

## グローバルな正義を求めて
ユルゲン・トリッティン著／今本秀爾監訳、エコロ・ジャパン翻訳チーム訳
四六判上製
二六八頁
2300円
工業国は自ら資源節約型の経済をスタートさせるべきだ。前ドイツ環境大臣（独緑の党）が書き下ろしたエコロジーで公正な地球環境のためのヴィジョンと政策提言。グローバリゼーションを超える、もうひとつの世界は可能だ！

## ポストグローバル社会の可能性
ジョン・カバナ、ジェリー・マンダー編著／翻訳グループ「虹」訳
四六判上製
五六〇頁
3400円
経済のグローバル化がもたらす影響を、文化、社会、政治、環境というあらゆる面から分析し批判することを目的に創設された国際グローバル化フォーラム（IFG）による、反グローバル化論の集大成である。考えるための必読書！

## 戦争はいかに地球を破壊するか
最新兵器と生命の惑星
ロザリー・バーテル著／中川慶子・稲岡美奈子・振津かつみ訳
四六判上製
四一六頁
3000円
戦争は最悪の環境破壊。核実験からスターウオーズ計画まで、核兵器、劣化ウラン弾、レーザー兵器、電磁兵器等により、惑星としての地球が温暖化や核汚染をはじめとして、いかに破壊されてきているかを明らかにする衝撃の一冊。

## イラク占領
戦争と抵抗
パトリック・コバーン著／大沼安史訳
四六判上製
三七六頁
2800円
イラクに米軍が侵攻して四年がたつ。しかし、イラクの現状は真に内戦状態にあり、人々は常に命の危険にさらされている。本書は、開戦前からイラクを見続けてきた国際的に著名なジャーナリストの現地レポートの集大成。